周易相学點窍

李计忠思解《周易》系列

易界名家 独门首传

李计忠 著

团结出版社

图书在版编目（CIP）数据

周易相学点窍 / 李计忠著. -- 北京 : 团结出版社,
2012.1（2021.9 重印）
ISBN 978-7-80214-709-6

Ⅰ. ①周… Ⅱ. ①李… Ⅲ. ①周易－研究②命相－研
究－中国 Ⅳ. ①B221.5②B992.3

中国版本图书馆 CIP 数据核字 (2011) 第 254301 号

出　　版：团结出版社
　　　　　（北京市东城区东皇城根南街 84 号　邮编：100006）
电　　话：（010）65228880　65244790　（出版社）
　　　　　（010）65238766　85113874　65133603（发行部）
　　　　　（010）65133603（邮购）
网　　址：http://www.tjpress.com
E-mail：zb65244790@vip.163.com
　　　　　tjcbsfxb@163.com（发行部邮购）
经　　销：全国新华书店
印　　装：三河腾飞印务有限公司

开　　本：170mm×240mm　　　16 开
印　　张：24
字　　数：318 千字
版　　次：2012 年 1 月　第 1 版
印　　次：2021 年 9 月　第 3 次印刷

书　　号：978-7-80214-709-6
定　　价：59.00 元

　　相学是一种通过观察分析人的形体、外貌、精神、气质、举止、情态等方面的特征，测定、评判人的禀性和命运的学问。换言之，相学是一门关于人的学问。研究相学关键要看它对人具有怎样的积极影响，对人的生活能够起到什么样的作用。

　　在中华民族几千年的历史长河中，相学作为一种历史文化现象，源远流长。在相学的发展历程中，出现了许多重要人物，他们为相学的形成和完善作出了显著的贡献。相学在中国有着悠久的历史，最早可追溯到公元前七世纪的春秋时期。

　　《史记》中有吴市吏等早期相者活动情况的记载。至战国时，看相之术虽已流行，但主要作为一种参政手段被人注意，职业相士和严格意义上的相学理论尚未出现。两汉时期，相学得到迅速的发展，刘邦一家看相的事迹，《史记》里就有种种详细的记载。两汉以后，看相成为重要的社会职业，相书多达三十余种，一百三十多卷。宋、明两朝，看相风气发展到巅峰，许多相士成为显贵，不少知识分子、上层名流也以浓厚的兴趣开始研究相学理论。明代以后，相学逐渐流向民间。至此，无论相学理论还是看相技艺都少有新的发展。古代相学名流群芳灿烂，如春秋时期的姑布子卿、战国晚期的唐举、汉代的许负、唐代的袁天罡和李淳风、宋代初期的麻衣道者陈传、明代的袁忠彻、清代的陈钊等，皆负盛名。古代相学著作多不胜数，但大多数是相互转抄的，自成体系且较为实用的主要有《麻衣神相》《柳庄相法》《神相全编》《水镜集》《相理衡真》《神相铁关刀》等。其中《麻衣神相》流传最广，《神相全编》体系最完备。

　　运用相学的原理评断人的禀性和命运的方法，俗称为"相学"。"相"包括两方面的含义：一指命相，一指看相。按存在方式而言，命相可分为骨相、面相、色相等；按所示命禄的属性，命相可分为福相、寿相、贫相、夭相等。看相就是给人解读命运的吉凶信息。要给人看相，就要懂得相学理论中的一般相法和特殊相法。一般相法是以被相者的形貌、气色、情态、举止等外在特征为观察对象，据此推测个人的命运休咎，其中又可分为相面、相骨、相手、相痣、相卧、相行、相气色等多种。由于相学流派众多，各派的理论不同，因此对人的面部结构和面部器官的命相形成了多种说法，即五星六曜说、五官五行说、三停六府说、五官十二宫说、十三部位说等。特殊相法主要有结穴相法、太素脉相法、三世相法、听声嗅物相法及相心相德法等诸种。结穴相法取看风水的原理看相；太素脉相法以中医的切脉之道来阐释人的命相；三世相法以人的现世生活情景来推测前世，预言后世；听声嗅物相法以人说话的声音或所用的器物来判断贵贱吉凶；相心相德法以通过考察人的心术善恶、品性优劣来断其祸福。依据门户学派的区别，相法又分为麻衣相法、柳庄相法、水镜相法等多种。

相学以《易经》为基础，在发展过程中渗透了阴阳五行、天干、地支、八卦、佛道思想等内容，还包含中医学知识和中国古代朴素辩证唯物主义哲学的内容，可谓博大精深，并且逐渐形成一套完善的、独特的理论体系。

五行即指：一曰水，二曰火，三曰木，四曰金，五曰土。古人认为，天地万物皆由金、木、水、火、土五种基本物质组成，它们之间又存在着相生与相克的关系。相生是指一种物质对另一种物质有着生发促进的作用，即木生火、火生土、土生金、金生水、水生木；相克是指一种物质对另一种物质有着克制约束的作用，即木克土、土克水、水克火、火克金、金克木。正因为有了五行相生、相克的相互作用，天地万物才有进化、发展，同时又保持着平衡和协调。命理学家认为，既然天地万物的发展、变化和五行的生克制化有着密不可分的联系，那么也可以运用五行生克之理来测算人一生的凶吉祸福。基于这种认识，便从五行运动的规律中演化出金、木、水、火、土五行形相的相命方法，后来又将阴阳五行与天干、地支、四时五方相配。人的五官与阴阳五行性情相符，故将两者相配，赋予特定的命理意义。眼为甲乙木，主精华茂秀，定人贵贱；眉为丙丁火，主威势勇烈，定人刚柔；鼻为庚辛金，主刑诛危难，定人寿夭；口为戊己土，主载育万物，定人贫富；耳为壬癸水，主聪明敏达，定人贤愚。这样，便可以直接从一个人的五官形象推断比较复杂的命理内涵了。

又如五官与五行相生的关系：耳为轮珠鼻为梁，金水相生主大昌；眼明耳好多神气，若不为官富更强；口方鼻直人虽贵，金土相生紫绶郎；唇红眼黑木生火，为人志气足财粮；舌长唇正火生土，此人有神中年聚；眼长眉秀足风流，身挂金章朝省位。五官与五行相克的关系：耳大唇薄土克水，衣食贫寒空有智；唇大耳薄亦如前，此相之人终不贵；鼻大眼小金克木，一世贫寒主孤独；眼大耳小学难成，虽有资财寿命促；舌小口大水克火，急性孤单足人我；舌大鼻小火克金，钱帛方盛祸来侵；耳小鼻蠢亦不佳，悭贪心恶多灾祸；鼻大舌小招贫苦，寿长无子送郊林；眼大唇小木克土，此相之人终不富；唇大眼小贵难求，到老贫寒死无墓。

再如五形相：金形人，《相五德配五行》云："金之位于乾兑，含西方肃杀之气，禀坚刚之体，在人为义，得其形并得其性，是为真君也。"金形人的肤色以白中带黄为最佳。木形人，《相五德配五行》云："木居东方仁发生，木之枝干发于甲，木位天地长生之府，配于五德居其首，在人为仁，得其形并得其性，是为真木。"水形人，《麻衣相法》曰："眉粗并眼大，城廓要团圆，此相名真水，平生福自然。"火形人，《神相铁关刀》曰："头尖肉红性又急，发黑须黄鼻露骨，颧尖骨露眼睛红，眉上欠毛胸又突。掌尖大薄又露筋，行路身摇耳尖拂，声焦声破额孤高，唇超露齿火形实。"土形人，《麻衣相法》曰："肥大，敦厚而重实，背高皮厚，气魄宏大，声响如雷，项短头圆，骨肉全实。"土形人，《神相全编》曰："似土得土厚柜库。"即是说，土眉，宽广清长者衣禄丰足，眉头纹破或两眉相连者坎坷多难、骨肉难全。

但是，相学作为一门传统文化，确有其封建迷信的色彩，不能把它神秘化，更不能用来骗人或牟利。只有抱着对生命负责任的态度，认真研究，科学观察，合理判断，剔除其封建迷信的时代烙印，才能够得出较为正确的结论，并对症下药来解决人生中的实际问题。

本人青年时期就开始拜师学习周易象数和术数，不仅风水上得到名师的点拨，而且手面相上得到易学大师曹宝件的亲传，又得到手面相大师陈鼎龙的点拨。长期的实践证明，从面相是可以分析人的富贵、夭寿、善恶、忠奸、贤愚，以及家庭、婚姻是否幸福等方面信息的。我希望把自己几十年学习传统文化积累的宝贵相学经验公之于众，献给社会，并发扬光大。因此，在出版一系列风水著作之后，又整理撰写《周易相学入门》《周易相学点窍》《周易相学通解》《周易相学精粹》《周易相学释疑》五本著作，以供读者学习和参考。

李计忠

辛卯年辛卯月撰于海口

　　《周易》是我国最古老、最有权威的一部经典哲学著作，是百经之首，是中华民族先贤的聪明智慧凝集而成的精品，是一部光辉而灿烂的传统文化瑰宝。《周易》作为中华民族的优秀文化遗产，其易道博大精深、源远流长，对于中华文化的各个领域，都有着深远的影响。

　　《周易》是讲一分为二的客观规律，是讲对立与统一的辩证关系，揭示宇宙一般的变化规律。易道讲究阴阳互应、刚柔相济，提倡自强不息、厚德载物。它是中国古代智者仰视天文、俯视地理、融通万物之情及探索宇宙法则、人生奥秘的哲学著作。《周易》是术数之学，主要体现于八卦定位及阴阳五行的属性。八卦是《周易》的重要理论，具体是乾、坤、震、巽、坎、离、艮、兑。乾为天，卦象是上乾下乾，纯阳卦；坤为地，卦象是上坤下坤，纯阴卦。乾坤二卦作为中华民族的重要语汇，指代了最广阔的天空与大地，与其他六卦构成了八卦，成为中国古代先贤们探究宇宙万物万象的密码。八卦本身有五行，即乾为金、坤为土、震为木、巽为木、坎为水、离为火、艮为土、兑为金。八卦中藏有地支，具体是乾藏戌亥支、坤藏未申支、震藏卯支、巽藏辰巳支、坎藏子支、离藏午支、艮藏丑寅支、兑藏酉支。地支又分属于五行，具体是寅卯属木、巳午属火、申酉属金、亥子属水、辰戌丑未属土。古人用它来预测未来、决策重大事项、反映当前现象，上测天，下测地，中间测人事。

　　周易乃帝王之学，素称"群经之首，百科之源"，是历代人们修身、齐家、治国、平天下的哲学经典。在中国五千年的文明史上，中华民族能历众劫而不覆，逢万难而不倾，遇衰而又能复振，而且能够不断地发展壮大，与我们中华民族对易道精神的把握是息息相关的。我们的祖先在日常生活中遇到了疑难之事，习惯于运用周易八卦预测的科学方法，预测自然和人事方面的吉凶信息，对相关事物和现象做到心中有数，有备无患。

　　虽然《周易》最初只是一本用于占卜的书，但是它不仅对中国主流文化有着深远而广泛的影响，而且对中国传统文化的影响几乎渗透到了每个角落，特别是对哲学、伦理、宗教、环境、建筑、医学、天文、数学、物理、文学、音乐、艺术、军事和武术等，具有非常重要的指导和规范意义。各门科学文化也能从《周易》哲学原理中得到显示。《周易》指导着各门科学文化的研究，而且其逻辑推理也在数学、几何学、八卦预测学、人居环境学、四柱预测学、人体面相学等学科上得到广泛应用。我们学习和研究《周易》的最终目的，就是要把《周易》中的逻辑推理法则运用到实际生活当中，加以考察，力图对我们的学习、工作、处世等日常行为有所借鉴。

　　相学作为周易演化出来的一支门类学科，有着悠久的历史。从历史的渊源来看，面相术是预测一个人的流年运气、富贵贫贱、祸福寿夭等的一种学术，它与中国的易术、道术、医术和养生学都有着紧密而不可分割的关系。早在春秋战国时期，相术和相士就已经出现，著名学者、儒学大师荀子曰："相人者，古之者无有也。……古者有姑布子卿，相从之形状颜色而知其吉凶。"姑布子卿就是春秋著名的相士，《左传》《周书》中都有关于相士相术的记载。这些文献资料证明春秋时期我国相术已经开始发展，并且最基本的理论是以八卦、五行、地支为基础初步确立的。三国时期，医学大大发展，出现了张仲景、华佗等名医，同时相术也有了大的飞跃，从原先的观形发展为观气色，相士通过观察人的气色来判断吉凶，这与中国古老的医术紧密地结合了起来，只不过所观察的角度不同而已。隋唐时期是我国相术发展的一个重要时期。这一阶段的相书数量繁多，种类多样，并且广为流传。如《新唐书·艺文志》中的《袁天罡相书》七卷，在敦煌发现的唐人所撰写的相书残本，等等。此时的相术已将八卦配以人的面部，从察看人的面相扩展到了身体的各个部位，剖析得详尽透彻。宋元时期是我国相术发展的鼎盛时期。在北宋画师张择端的《清明上河图》风俗长卷中，就有看相批命的职业形成，反映了当时相术的风起之盛，而且出现了总结性的著作。在这些著作中，首推《麻衣神相》。《麻衣神相》是相书史上一部具有划时代意义的著作。它集前代相书之大成，无论是理论上还是实践上都有了较为系统的阐述和发挥，并最终奠定了相术学的根本体系。《麻衣神相》总结了千余年的相术理论和实战精华，摒弃了一些繁琐的无稽之谈，使相术的理论水平达到了前人后者都难以企及的高度。尤其是附着大量的插图，八卦、五行、地支都配于人的面部，翔实具体、通俗直观，使它成为迄今为止影响最大的一本相书。明清时期的面相理论是宋元时期的理论延续。此时相书版本很多，最重要的当属袁忠撤的《袁柳庄神相》，此书虽然有自己独到的见解和理论，但是与《麻衣神相》也有许多共通之处。

本人四十多年来，深研古贤相典及各种门类相书，加之青年时期就开始拜师学习周易八卦象数和术数，同时面相上得到易学大师曹宝件的亲传，又得到手面相大师陈鼎龙的点拨。本人在长期的实践与应用中，将古著经典记载的观相之法在实践中印证，总结归纳，去伪存真，做了大量的手稿笔记。手稿笔记内容涉及广泛，有手面相、骨相、痣相、气色的吉凶，以及富贵贫贱、夭寿、善恶、忠奸、贤愚、六亲刑克、伤病灾、家庭、婚姻是否幸福等的精确看法，特别是在观相实践中总结出来的八卦断面相的方法更加神验。我希望把自己几十年来在学习和探索中积累的宝贵经验公之于众，奉献给社会，并将之发扬光大。

这五本相学著作，以《周易》八卦为基础，渗透了阴阳、五行、地支、佛道思想、中医学知识等。正如周易八卦九宫，即天心为中宫，五行为土；南方离卦，五行为火；北方坎卦，五行为水；东方震卦，五行为木；西方兑卦，五行为金；西南方坤卦，五行为土；东南方巽卦，五行为木；西北方乾卦，五行为金；东北方艮卦，五行为土。在给人看相论命时，将八卦九宫套入面部，即鼻子位居面部中央，为土星，准头代表中宫；额顶为火星，以离卦代之；下巴为水星，坎卦占位；右颧骨上为震卦；左颧骨上为兑卦；左眼尾下为坤卦；右眼尾上为巽卦；左笑靥下为乾卦；右笑靥下为艮卦。例如，鼻大丰满右颧削，为木克土，财薄而无权势；额头方圆下巴尖，为水克火，早年吉祥晚景差；右颧丰满左颧低平，为金克木，中年蹉跎无权势；左颧圆满额头尖，为火克金，早年贫穷中年颠，等等。又如，耳为金木星，主聪明敏达，定人贤愚及寿夭；眼为木星，主精华茂秀，定人贵贱；眉为火，主威势勇烈，定人刚柔；口为水星，主食禄，又主刑诛危难，定人疾病与灾厄；鼻为土星，主载育万物，定人贫富。如此，就可以直接从一个人的五官形相推断比较复杂的命理内涵了。

八卦中藏有地支，各有五行属性，八卦断面相吉凶之法可依八卦和地支五行辨别。五行即金、木、水、火、土五种物质元素。天地万物皆由金、木、水、火、土五种基本物质组成，它们之间相生相克的关系，推动了事物的运动、变化和发展。五行相生是指一种物质对另一种物质有着生发促进的作用，即木生火、火生土、土生金、金生水、水生木；五行相克是指一种物质对另一种物质有着克制约束的作用，即木克土、土克水、水克火、火克金、金克木。基于五行的生克制化的运动规律，演化出五行金木水火土形相命理方法及赋予特定的相理意义，并运用五行生克制化原理来测算人一生的凶吉祸福。八卦断面相吉凶之法是本书最突出的、最准验的相理吉凶信息的推断方法，也是其他书中所没有的。在给人看相论命时，将地支套入面部，论人老年之吉凶，具体方法是：将地支子丑寅卯辰巳午未申酉戌亥分布在被观者面部的边缘，从地阁起子位，女命按顺时针方向运行，每二岁行一部，周而复始，至一百岁归还子位；男命按逆时针方向运行，每二岁行一部，周而复始，至一百岁归还子位。

人的身体五部可冠于五行之别，主要根据人的周身骨骼所形成的头、面、身、手、脚五部的外形及周身肤色，判定个人的五行形相法。

金形人，周身五部都方正，眉清目秀，骨肉坚实且白皙银亮，肤色白中带黄润，额、鼻、颚三停均有方正之象，头圆、耳色白润，唇红齿白，发须疏，腹部圆垂，背部宽厚，颧部骨起，胸平有肉，手掌方厚，声音明朗而铿锵有力。金形人的周身五部及面部均具金五行的特性。

木形人，周身五部都长大，腰瘦而圆，眉目清秀，人中有须而无困口，颈有喉结，鼻略露节，头部隆起，额耸，手掌瘦长，肤色青中带黄润，额、鼻、颚、三停均有修长之象，头长，耳赤，唇红纹细，腹部瘦直，颧部骨平，胸部骨露，声音明朗合节拍。木形人的周身五部及面部均具木五行的特性。

水形人，周身五部都圆肥，特别是上下眼胞及腹臀更圆肥，面短，眉粗眼大，肤色黑，额、鼻、颌、三停均有圆肥之感，耳色赤，唇褐齿白，发须密，腹部圆垂，背部圆厚，颧骨稳起，胸厚有肉，手掌圆厚，声音浊。水形人的周身五部及面部均具水五行的特性。

火形人，周身五部上尖下宽，上锐下丰，性格急躁，眉发焦黄，鼻梁起节，颧尖骨露，筋骨俱露，眉骨露，口齿露，手指瘦且指尖，声音刚烈且紧急。火形人的周身五部及面部均具火五行的特性。

土形人，周身五部都方正，头圆项短，背耸皮厚，身段腰圆，腮颐宽厚，耳大，唇厚，地阁方厚，五岳相朝，步稳语迟，敦厚重实，厚发浓眉，鼻准丰隆，手掌指节均方厚，声音沉而迟缓，耳色黄润，肤色黄润带赤气，额、鼻、颚、三停均有方正之象。土形人的周身五部及面部均具土五行的特性。

人的面部气色千差万别，主要气色变化通常有黄、红、青、白、黑五种，黄色为土、红色为火、青色为木、白色为金、黑色为水，这是大自然的本色。但由于人体内部的五脏各具五行，人的面部气色变化跟五脏的五行生克制化相关联，同时也受到四时季节交替变化的影响。在人体内部，心为火，肝为木，脾胃为土，肺为金，肾为水，春季木旺而发青色，夏季火旺而发红色，秋季金旺而发白色，冬季水旺而发黑色，并且一年都伴有黄色。春季木旺，右颧发青色大吉；秋季金旺，左颧发白色大吉；夏季火旺，额头发红紫色大吉；冬季水旺，地阁（下巴）发黑色大吉；一年四季，面部都伴有黄色，鼻子准头发润黄色为大吉。

气是隐藏于皮肤下面的一种轻细柔滑的东西，色是呈现于皮肤表面的五行色彩。一般地说，观察人的气色，木形人以青色略带红紫色为大吉，火形人以红色略带青色为大吉，水形人以黑色略带白色为大吉，金形人以白色略带黄色为大吉，土形人以黄色略带红色为大吉。青色是木的本色，主惊忧，发于一、二、三月间；红色是火的本色，主口舌是非、破财，发于四、五、六月间；白色是金的本色，主悲伤，发于七、八、九月间；黑色是水的本色，主疾病、灾厄，发于十、十一、十二月间。还有十二宫、三十六宫及七十五部位气色的吉凶断法。

这五本相学著作，以《易经》八卦为基础，渗透了阴阳、五行、地支、佛道思想、中医学知识等，内容较为丰富。书中用通俗易懂的文字及图片，试图对人进行全面的观察而做出较为合理、正确的判断，并从不同的角度向读者展现了古代相学的发展渊源以及与相学有关的故事与传说，为广大读者全面了解我国这一古老的文化现象有一定的帮助。当然，作为传统文化的一部分，中国古代相学也夹杂一些封建思想的糟粕和迷信的色彩，作者亦作了剖析，相信今天的读者自有辨别。编著该书就是为了对古代相学的社会功效进行解密，帮助读者更好地了解相学的内涵，打破相学的迷信色彩。这对研究相学的专业人士和爱好者具有一定的参考意义。

目　录

第一章　面相结构

第一节　面部三停相理

停者，意为阶段或区间之义也。三停，即指将人的面部划分为三个阶段或三部分，从不同的时间、空间去评判和鉴定一个人一生的穷通得失、妻财子禄、吉凶祸福、寿夭灾疾以及人的个性、智慧等情况。

一、三停划分

将人的整个面部分成三大块，即上停、中停、下停三停。三停也称为三才。

1. 上停

范围上自头发边沿起，下至两眉上沿及印堂，包括额头的全部。在三才而言，上停象征天位，主管人的初运（早年运）。上停相理，是人的先天智力遗传、脑组织前头叶的功能是否优良的主要观察点，也是人的智慧、道德、感情及宗教、艺术的表现点。上停管一个人十五岁至三十岁青少年时期人生际遇的顺逆情况。

2. 中停

范围自两眉、印堂的上沿开始，下至鼻头下端的鼻中隔止，包括双眉、双目、鼻、颧、耳等部位。在三才而言，中停象征人位，主人的中运（中年运）。中停相理，是人脑组织颅顶叶是否发达，脊椎骨结构、呼吸系统、代谢系统、消化系统等先天发育状况及后天运转是否正常的观察点，也是人的社会适应力、家庭凝聚力、事业心及对金钱的追求与拥有的表现点。另外还是人的健康状况、精力、意志力、决断力是否优良的观察点。中停管一个人三十一岁至五十岁中年时期的婚姻、金钱、社会地位等人生际遇的顺逆情况。

3. 下停

范围上自鼻中隔开始，下至地阁止，包括人中、法令、口、地阁、腮颐等部位。在三才而言，下停象征地位，主管人的晚运（晚年运）。下停相理，是人脑组织后头叶是否发达，生殖系统、泌尿系统、排泄系统的先天功能是否优良，以及内部器官的后天运转是否正常的观察点；也是人的晚年体能强弱、子孙是否孝敬、精力是否旺盛、事业是否辉煌、身体是否健康等的观察点。下停管一个人五十岁以后人生际遇的顺逆情况及寿命的长短、子女的成就等。

三停划分如图 1 所示：

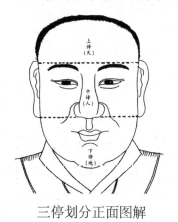
三停划分正面图解

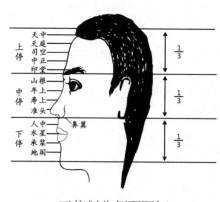
三停划分侧面图解

图 1

二、三停的理想要求

（1）三停宜平均，长短相等，则一生平安吉利。

（2）三停宜宽广丰隆，不宜瘦小，则一生有福禄。

三、三停的佳劣寓意

（一）上停

佳状：长而丰隆，方而广阔，说明有聪明才智，少年运通达（主贵），也说明祖上及父母积德，本人从小受到双亲爱护，环境影响良好。

劣状：尖小狭窄或有破陷，说明初年运差，为贫贱之相，难免刑克父母，一生多灾难。男命左边恶刑父，右边恶刑母，女命则与之相反。

（二）中停

佳状：丰满，鼻隆而直，说明中年运发达，大有作为，事业有成。

劣状：短促偏塌，说明中年运不顺，劳而无功，不仁不义，也不得兄弟妻子之力。

（三）下停

佳状：平满、端正厚实，说明晚年运吉，富而子孙贤孝。

劣状：短小、尖薄或尖长而狭、歪斜不正，说明晚年艰辛贫苦，子孙不肖。

四、三停相理优劣分析

（一）上停

1. 优相

不论额头有无奇骨，额部必须丰隆宽广，形如覆肝，没有伤疤、痣斑、凹陷，皱纹少而整齐，发际整齐不冲印堂，日月角不偏高不偏低，整个额部色泽光润，两耳金木不克而又三星拱照，才算为良好的相理标准。主此人青少年时期，诸事顺利，头脑聪明，健康幸福，父母健在，可享亲情祖荫；同时，具有明朗的个性，开阔的胸襟，推理和创造能力强，有分辨是非善恶的判断力，青少年时期际遇多，成就大。

再将额头分上、中、下三个等分。额的上部无瑕疵，象征人的大脑功能及神经运作功能均佳，具有天生的求知欲望和理解能力，求学过程顺利；额的中部无瑕疵，主人天生具有强大的记忆力，知识丰富，常有贵人赏识提拔；额的下部无瑕疵，象征人天生具有直觉力和实行力，在三十岁前事业即可获得成就。

2. 劣相

额部高低不平、倾斜，上下左右狭窄，或有凹陷、伤疤、痣斑、发际不整齐且低削冲印，印堂有恶纹或恶痣，额纹多又杂乱，日月角偏高或偏低，或发际遮盖日月角，整个额部毫无光润色泽，金木两星（两耳）不照火星（额头），这是坏的相理标准。主此人先天遗传及后天培育均差，智力低下，个性表现不良，人生观不正确；家境贫寒，双亲不和睦，求学过程不顺利，青少年时期的人生际遇逆多顺少，孤苦奔波，多灾多难，身心均受折磨，耳相再差者，刑克父母，不享亲情祖荫。凡上停相理欠佳者，必须忍耐，屈就保守，不可莽撞好强，不可贪多急进，以等待中停好运的到来，否则必偾事后悔。

（二）中停

1. 优相

眉弯长过目，且昂扬秀润，两眉开展，不锁印堂，不压眼睛；两眼黑白分明，秀长藏神；鼻丰隆不露孔，势如悬胆；两颊丰圆有势，有颧有面（面即禾仓），鼻颧相配，耳鼻颧贯气，此为标准相理。若此人上停相理亦合标准，则主三十岁过后，必然锦上添花；如上停相理不好，亦必在步入三十一岁后否极泰来，得贵人相助，人际关系良好，家庭美满，金钱充裕。

2. 劣相

眉形恶劣，或眉低压眼锁印，眼形恶劣无神，鼻塌无势或独耸，双颧无势或露骨横张，耳、鼻、颧气势不贯，此为坏的相理标准。人上停相理虽好，若中停相理差，待步入中年后，亦必慢慢步入逆境；如上停相理不佳，则必然运程坎坷，纵然偶有所得亦终必破败，家庭及婚姻欠美满，社会关系不佳，常遭小人迫害。凡中停相理不佳之人，在三十一至岁五十岁之间，最好从事有固定收入的职业为佳，切忌贪多急进、投资创业，否则必然挫败。

（三）下停

1. 优相

人中深长且上窄下宽，法令明朗圆而深正；人中长毫，胡须黑亮或白亮；口形良好且开大合小，有棱有势，口角不下垂，色泽鲜艳；地阁宽厚有朝，腮颐丰隆饱满；耳珠又朝口。此为符合相理之标准，主此人大器晚成，五十岁后好运来临，必能把握人生最佳的一段旅程，大有收获，同时妻贤子孝，在社会上必享有名誉与地位。

2. 劣相

面部三停以均等为吉相，切忌下停特长或特短。下停特长或特短，人中浅歪短细或有恶纹、恶痣，上唇无须或胡须困口，法令短而不见或螣蛇锁口，口形小或如一撮或口角下垂，地阁尖削凹陷或天地不朝，腮颐陷削枯瘦，耳色黯黑耳珠不朝口，此为坏的相理标准。主人虽然中少运良好，老年亦不免破败或疾病缠绵，妻子儿女少缘或有子不肖；如中少运劣，则老年更为孤苦凄凉，贫病交迫，寿年亦不高。凡老年运不好之人，唯有正确认识自己相理的缺点，才能乐享天年。

五、几种特殊情况

1. 上停过宽：人虽聪明，但不切实际。尤其女性额头太过高广光亮，必克夫刑子。

2. 中停过于发达：性格倔强、刚烈，宜干军职或冒险事业。

3. 下停过宽：性机能发达，色欲之徒。

4. 上停过小：智商低，小气，少年困苦。

5. 中停短小：精神不振，无所作为，唯唯诺诺。

6. 下停过小：性机能早衰，晚年孤苦。

7. 上下两停不相称，仅中停特别美满，中年易腾达，但也易遭危险。

请熟背下面的口诀与诗句：

口诀：

上停长，少吉昌；中停长，近君王；下停长，老吉祥。

三停平均，富贵荣显；三停不均，孤天贫贱。

诗曰：

面上三停仔细看，额高须得耳门宽。

学堂三部奚堪足，空有文章恐不官。

鼻梁隆起如悬胆，促者中年寿不长。

地阁满来田地盛，天庭平阔子孙昌。

第二节　六府部位相理

一、六府位置

1. 上两府，指两辅骨。范围：自辅角至天仓，包括日月角、边城等部位。

2. 中两府，指两颧骨。范围：自命门至虎耳。

3. 下两府，指两颐骨。范围：自腮骨至地阁，包括地库等部位。

如图 2 所示：

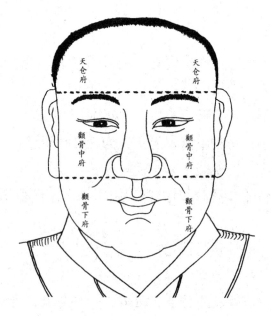

图 2：六府位置图

二、六府要求

六府是观察一个人在人生旅途中外力辅助条件的部位。若六府部位饱满充实，则在人生旅途中易得贵人提携，社会人际关系良好，家庭助力大，受人尊重。

上二府相理优良，青少年时期就可得父母、祖辈的荫护，出门在外有贵人相助；中二府相理优良，中年时期家庭助力大，社会人际关系良好，事业有成就；下二府相理优良，老年时期运气好，生活安定，深受晚辈的尊敬。

六府饱满无缺陷、无瘢痕，主财旺。天仓峻起多财禄，地阁方圆万顷田。若六府凹陷、露骨或有瘢痕、恶痣、纹路，则为六府不成，人生事业难成，虽奋发努力，但收获极少。

第三节　五岳与四渎部位相理

一、概念

1.[五岳]：南岳——衡山，指额部。

　　　　北岳——恒山，指颏部。

　　　　东岳——泰山，指右颧（男左女右）。

　　　　西岳——华山，指左颧（男左女右）。

　　　　中岳——嵩山，指鼻梁。

2.[四渎]：江渎——指耳。

　　　　河渎——指目。

　　　　淮渎——指口。

　　　　济渎——指鼻。

如图 3 所示：

周易相学点窍

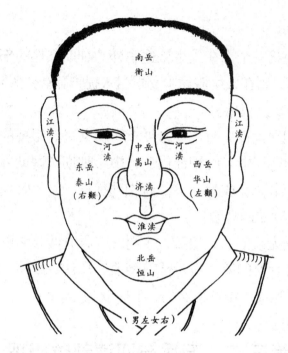

图 3：五岳四渎图

二、五岳四渎的相理要求

1. 五岳

①中岳要得高隆，东岳亦须耸。若此两岳朝应不隆不峻，则无势，为小人，亦无高寿。

②中岳薄而无势，则四岳无主。纵有好处，不至大贵，无威严，权寿不远。

③中岳不及且长者，只中寿；如尖薄，晚年见破，少称意。

④南岳倾倒，主见破，不宜掌家。

⑤北岳尖陷，末运无成，终亦不贵。

⑥东西倾侧无势，则心恶毒，无慈爱。

总之，五岳须要相朝，方为吉相。

2. 四渎

①耳为江渎。窍要阔而深，有重城之副（轮廓），紧贴则聪明，家业不破。

②目为河渎。深为寿，小长则贵，光明聪明，浅则短命，昏浊多滞，圆则多夭，不大不小，贵。

③口为淮渎。要方阔，且须上下唇相覆载；上薄则不覆，下薄则不载；不覆不载则无寿，无晚福。

④鼻为济渎。要三隆光圆，不破不露，则家必富。

总之，四渎要深远成就，则财谷有成，财物不耗，多积蓄。

三、五岳四渎相理分析

1. 五岳

五岳是观相引喻词，鼻为中岳，意思是人的鼻子要像中岳嵩山一样高耸矗立；其他额、颏、双颧须分别象南岳衡山、北岳恒山、东岳泰山（男左女右）、西岳华山（男左女右）一样高耸丰隆，形成面有重城之势。五岳相理优良，象征人的主要骨骼结构均衡，发育良好；若五岳气势不起，相理恶劣，则象征人的整体骨骼结构不均衡，发育不良。五岳是观察人在旅途中的奋斗条件，而六府是观察人生旅途中外力辅助的条件，二者是相辅相成，不可分离的，观相时应综合论断。六府凹陷、露骨或有斑痕痣纹，一生事业落空，少收获；五岳有缺陷，则人生运逆寿促。

五岳最怕无主，须以中岳（鼻子）最为重要。中岳丰隆高耸，象征人的脊椎骨骼系统强壮，但又忌中岳"孤峰独耸"。中岳"孤峰独耸"者，一生难免有孤独之感，因此中岳丰隆高耸，必有充实饱满的其他各岳相朝拱方为吉相，若其他各岳肉少露骨，搭配不佳，必是一生劳碌，事业少成，并寿促。

2. 四渎

渎是指水沟、河流。四渎是面相学中的比喻词，即把人面部的耳、目、鼻、口分别比喻为长江、黄河、济水、淮河四条长而宽的江河，同时又把"人中"部位比喻为沟通四水的运河。在人的面相上，耳、目、鼻就像三条源远流长的大江河，经过"人中"这条运河汇总流入口（即大海）。它们的整体组合，显示了人的一生中的福寿、富贵与贫贱、夭亡的信息，也显示人的五脏六腑内分泌系统的构造和运转情况。眼窍深者主寿，长者主贵，光明者主聪明，浅露者主短寿，昏浊者主蹇滞。耳窍阔且深，轮廓分明，主少年聪明，家境富裕。相反者，主家业破败，生性愚笨。鼻窍光圆，不破不露，主一生富裕。相反者，主一生难聚钱财。口窍方而阔，上下唇有覆有载，主有晚福。相反者，主无晚福，且无寿。虽然四渎相理符合标准，但是人中相理欠佳，也主老年事业破败或健康不佳。

五岳象山峰，四渎象河流，山明水秀方是吉相的大格局，若只有山高而四水不秀，则人生际遇失意，事业破败，必成为贩夫走卒之人。

五岳丰隆朝拱，四渎清明秀丽，非贵即富。

第四节　五星与六曜部位相理

概念及要求

1. 五星

五星是面相学的引喻词，即指金、木、水、火、土星。

①火星：指额。要求方正，方者有金章（能做官）。

②土星：指鼻。要求厚实，厚者得长寿。

③木星：指右耳。要求朝应，朝者五福相绕。

④金星：指左耳。要求白净，白者官位终须获。

⑤水星：指口。要求红润，红者做三公（高官）。

五星象征人体内部五行器官金、木、水、火、土的排列位置和运转情况。若面相上的五星相互拱照且光亮清明，则人体内部的五行器官排列位置适当且运转正常；若面相上的五星黯淡无光，则说明人体内部的五行器官排列位置不适当，相互间存在排挤压制的现象，其人生际遇也就很不如意。

五星中若有一星黯淡不明，则人生际遇（命运）就会有二十年蹇滞，其中以火土二星最为重要。如火星不明（额相不好），三十岁前的人生际遇坎坷，中年际遇也不好，原因是五行火星不能生土星（鼻子）；若土星不明（鼻相不好），中年际遇欠佳，晚年运气亦不好，原因是五行土星克水星（口）；若水星不明（口相不好），则老年际遇凄怜；若金木二星不明（左右两耳相不好），则幼年运程坎坷，尤以金星克木星（左耳相坏过右耳相）情况更为严重。

若金、木、火、土、水五星在面部排列位置适当，五星相理又无缺陷，并相互拱照，则一生中即使无大富大贵，也能过着幸福美满、富裕快乐的生活。因火星明亮，火能生土又不克金；土星明亮，土不克水又能生金；水星明亮，水不克火又能生木；金星明亮，金不克木又能生水；木星明亮，木不克土又能生火。金、木、火三星均明亮者，称为"三星拱照"，主早年发达。

2. 六曜

六曜也称六星，即指太阳星、太阴星、月孛星、罗喉星、计都星、紫气星。六曜主人的青中年际遇。

①紫气星：指印堂。要求圆满，圆者有高官。

②罗喉星：指左眉。要求长，长者衣食足。

③计都星：指右眉。要求齐，齐者有妻儿。

④月孛星：指山根。要求直，直者得衣食。

⑤太阴星：指左眼。要求黑，黑者有官职。

⑥太阳星：指右眼。要求光，光者福禄强。

六曜象征人体内部"上焦系统"的内脏器官。若六曜齐明，说明"上焦系统"的内脏器官先天发育良好，又相互照应，无互相压制之弊病；同时，说明人的一生身体健康，智慧优良，个性开朗，无凶险，不急躁。

如图4所示：

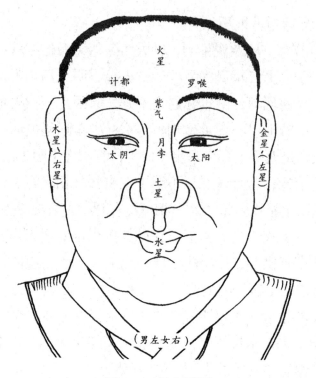

图 4：五星六曜图

　　六曜以紫气星（印堂）、月孛星（山根）二星为主星，位居中央为六星之首。因为印堂是人脑思维系统的总开关，山根为人的内部运作系统（五脏六腑）的总开关及面部相理的主体，是人的面相最至关紧要的部位，因此印堂与山根相理不可有缺陷，天人要接连（山根不低陷），其他各星更不可来侵犯。例如，两眉不可锁印堂，眉不可冲山根，两眼不可过于靠近而造成山根窄狭，眉与眼不可龙虎相斗（即眉压眼或眉细眼大或眼小眉粗），否则谓之诸星相侵，六曜不明，一生妻财子禄均受影响。其他各星相侵，亦会影响一个人的健康、智慧和个性，特别影响一个人廿五岁至四十五岁时的人生际遇。五星与六曜亦有相互关系，前者为边陲之星，后者为中央之星，最宜二星相互照应。但对人生际遇的作用而言，前者不及后者之作用大，因印堂（紫气星）为命宫，为人一生福、禄、寿的中心点。

第五节　四学堂与八学堂部位相理

四学堂与八学堂，亦为先贤观相之引喻词，以观看吾人之聪明才智为主，一生收获为辅的观相方法。四学堂又为观看官运及为官之道的相理所在，八学堂又为观看一生的福禄寿与心性品德的相理所在。

一、四学堂

（一）四学堂部位与要求

1. 官学堂：指眼，眼要长而清，主官职之位。

2. 禄学堂：指额，额阔而长，主官寿。

3. 内学堂：指当门两齿，要周正而密，主忠信孝敬。疏缺而小，主多狂妄。

4. 外学堂：指耳门之前的部位，要耳前丰满光润，主聪明；若昏沉，主愚鲁。

（二）四学堂相理分析

眼睛是官学堂，又为官星。若眼睛黑白分明，秀长有神，主人的学问超群，文章出众，来日官运亨通并且为官清正。

前额为禄学堂，又为天爵位。若额头丰隆，中正部位饱满，主人的考运优良，官运早，青少年时期有成就。

耳朵为外学堂，又为金马玉堂位。若耳朵轮廓分明，厚圆贴脑，色白过面，主人为官清廉，声誉好，名声远播。

门牙为内学堂。若当门二齿长大整齐，其余各齿周正而密，莹洁如玉，主人的学问高，口才伶俐，为官清廉，为人忠信、仁厚。

若眼睛、前额、耳朵、牙齿四部位相理不合标准，则谓学堂不成。主人的聪明才智均非上品，一生考运、官运均欠佳，在官途中难得大发展，尤以官学堂不成甚为破格。

二、八学堂

（一）八学堂位与要求

第一高明部学堂：头圆或有异骨昂。

第二高广部学堂：额角明润骨起方。

第三光大部学堂：印堂平明无痕伤。

第四明秀部学堂：眼光黑多入隐藏。

第五聪明部学堂：耳有轮廓红白黄。

第六忠信部学堂：齿齐周密白如霜。

第七广德部学堂：舌长至准红纹长。

第八班笋部学堂：横纹中节停合双（指眉）。

八位学堂合此格，人生富贵多吉祥。

（二）八学堂相理分析

头为高明学堂，头圆并有奇骨者，主福。

额为高广学堂，天庭高广有角者，主富。

印堂为光大学堂，印堂开阔平满如镜者，主官。

眼睛为明秀学堂，眼睛黑白分明、神强而藏者，主贵。

耳朵为聪明学堂，耳朵轮廓分明、色白珠红者，主名气。

口唇为忠信学堂，上下唇覆载均匀、唇红齿白者，主禄。

舌头为广德学堂，舌长而厚、色红有蕾者，主德。

眉毛为班笋学堂，眉弯长过目、昂扬有势者，主寿。

八学堂中，如一堂有瑕疵破绽者，主此人的聪明才智必有一分缺憾，并损伤该学堂的福分。若八学堂俱成者，不但人的聪明才智为上品，而且心性品德亦俱佳，一生中必享五福之庆。

如图 5 所示：

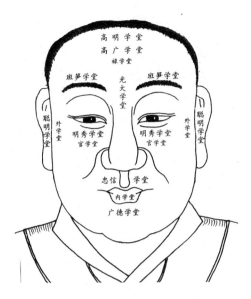

图 5：四学堂八学堂图

第六节　八卦九州部位相理特性及分析

　　八卦九州是观相使用的引喻词。八卦是方位名词，九州为地理名词，观看人的先天吉利方位应以八卦为观察点，观看后天吉利方位则以气色为准，观看外出贵人所在方位则以九州部位为观察点。八卦九州亦为父祖遗传优劣及祖荫祖德厚薄的观察点。

　　若八卦九州各部位丰隆饱满，则主遗传优良，祖德祖荫深厚，不论在家乡发展还是出外（含外国）发展，也不论做官或是经商，均有贵人提携并顺利有成；做官者迁调的吉利方位及时机，更应以八卦九州当时呈现的气色为准，若气色未开，则迁调的时机未到。八卦九州各部位尖削、凸露、凹陷，或有伤痕、恶纹、恶痣，主其先天遗传不良，祖德祖荫不厚；不论在家乡发展或出外发展，均难有贵人提携，少有为官和创业的机会，多属从事技艺劳作之人，一生事业劳多获少，常有凶险伴随，多疾病，寿促。

　　如图 6 所示：

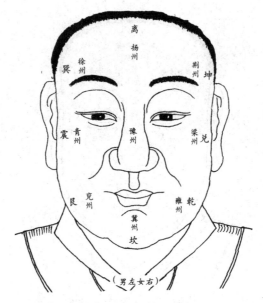

图6：九州八卦图

第二章　五形相法

　　五形是人相学的专门用语，相当于命理学中的五行。五形相法即是根据五行的自然特性，辨别人的身体五部属于何类。辨别方法是根据人周身之骨骼所形成的头、面、身、手、足五部的外形及周身肤色而判定。如木形瘦长，肤色喜青润：火形尖露，肤色喜红润；土形厚重，肤色喜黄润；金形方正，肤色喜白润；水形圆肥，肤色喜黑润。得正形者为正局，得兼形者为兼局，得杂形者为杂局。五形得一形真者，不贵亦富，五形得一形性者，不富亦寿。五形纯真者易辨，且吉凶易明；兼局或杂局者难明，且其吉凶更不易判定，可谓差之毫厘，失之千里。西洋相法中的"营养质""筋骨质""心性质"等形质分类法，是根据生理学及病理学来立论，而我国相学中的五形相法是根据宇宙生命的起源立论的。中国的五形相法除了能观察人的外形与健康、疾病、个性外，还可观察男女配婚及一生运程顺逆等现象，尤其是五形兼局及杂局所衍生的五行生克制化。而这些，是西洋形质相法望尘莫及的。为人论相，必须分辨其面相的五形。

第一节　木形人相理特征

　　木形正局——木形正局之人，周身五部皆长大，神藏而瘦，身长挺直，腰瘦而圆，唇红纹细，颈有喉结，鼻略露节，头部隆起而额耸，眉眼清秀，人中有须，精神充足，手掌瘦长而多纹。木形人不忌秃头，但忌开顶（即鬼剃头），开顶即非死亦前程大穷大败；木形人发际亦不宜过高。木形之人不忌悬针，但有悬针之人，难免少年奔波及克长子，木形妇女则损胎、不利夫婿并有孤相。不忌颏小颐削，色喜青黑忌焦黄，声喜高畅中显清幽忌嘶破，喜脊椎挺直，忌背曲偏歪，否则难成大器。木形人形寒如鹤难发大运，五官尖露必主孤刑，眼神不足难有兴创，气色焦黄孤刑败退，色白气清短命夭寿。木形人为五形人中人最多的，约占十分之七，但发达较迟，往往要经过一番磨练后才能成为栋梁之材。木形正局之人，大多只能立言独善，清贵而享大名而已，不能享大权大财；凡享大权大财者，多是木形兼局之体。木形兼局必须主客分明，如相生相化或相克相化均可取，如鹬蚌相争，若生而不化，或克而不化，虽五官五岳奇特，亦难发运，均不可取。

木形兼火局——木形兼火之人，是相生相化格局。其人头顶尖，耳高提，色红润，乃木火通明之相，天资英明，奇巧聪慧，事业早发，必然富贵，但个性好动急躁。木形兼火局之人，不可带火过重，如五官尖露，面色焦赤，眼神昏蒙，声破音急为火重伤身，乃相生不化之格局，主人的心性凶暴，幼克六亲，奔波劳碌，事业无成，身有暗疾，不贫则夭。

木形兼土局——木形兼土之人，是相制相化之格局。其面长横，眼大藏神，鼻大颧横，背腰端圆，如配合气色红润，主其可贵至拜相或富甲一方。若带土过厚，再加骨粗肉涩，目欠真神，乃相制不化之格，主无大成就。

木形兼金局——木形兼金之人，是相克相化之格局。其面微方而白，因木被金斩，中晚年必有成就，若任公职，主其必贵，有实权；木形如不兼金，虽贵而无实权。如面白过甚，额方骨横，鼻露节，体态多肉，眼大无神，五官不贯通接气，乃相克不化之格，主其一生营谋不遂，到老难成。木形气色寒白，主其一生难发达，又刑克六亲，为多凶促寿之相。

木形兼水局——木形兼水之人，是相生相化之格局。其人目大有神，鼻正准丰，耳明唇厚，百形长圆，须眉粗浓，形貌秀奇，身躯挺直，气色青黑而润，此为木水相生之格，必然富贵（文贵居多）。木形如带水过重，乃相生不化之格，其人体形高大浮肥而圆，五官庸俗不奇，神昏气滞，肤色浓黑，主其心性不宽，身带暗疾，一生运蹇潦倒，事业虽有小成但欠风光，同时刑克六亲多灾厄，晚年孤贫。女性木形兼水局者为"凤脸"，主旺夫兴家，必嫁贵夫。

木形杂局——木形杂局之人，除身体一部分显现瘦长的特征外，其五部应有的木形特征与个性均隐藏而模糊不明，反而显现火、土、金、水等形人的特征与个性，主客不分。其所兼之局，大多为兼二局兼三局兼四局而无定数，甚至有重叠而兼者，例如木形兼金金或金兼土土局。木形杂局之人，因五形质素配合不当，质素不真不纯，质素与质素之间多相互克制，影响其健康、智慧和个性，进而影响其事业、收获，并寿促。

木形人

第二节　火形人相理特征

火形正局——火形正局之人，周身五部上尖下阔，上锐下丰，性格急躁，眉发焦黄，鼻梁起节，白睛红色，颧尖骨露，筋骨俱露，眉骨口齿亦露，手掌瘦而指尖，声音刚烈且紧急。如再得气色红润，双耳高提，发达必早，未到中年即可飞黄腾达，但事业险阻多，发展艰难。火形人的职业，男性以从事军职为佳，女性以从事艺术工作为佳。火形人忌气藏色静，忌体圆肉肥，忌声嘶气短，主一生不发运；忌耳尖，主刑克早；忌面色赤燥，主破财败业；忌口大，主终身运蹇。火形人再依其外形及体质，分为纯火、野火、微火、烈火，休咎各有不同。

火形兼木局——火形兼木之人，乃相生相化之格。其身瘦长而有精神，鼻丰准隆，山根略低，印堂平宽，耳口稍露，眉须清奇，气足神稳，面尖起而气色青黑射光者。主其才智过人，性情孤傲怀才不遇，虽享大名但无实权，可立言流芳或有艺术成就。

火形兼土局——火形兼土之人，乃相生相化之格。其面上尖而腮颐横厚，但六府角度不明，体虽肥而不相称，眼虽长而无神，鼻准虽高而上翘。如再眉须不秀者，主其心性奸贪，刑克重；如气色黄润，主有寿考，并先贫而后小富小就；如过于痴肥，乃相生不化之格，因带土过重，主难发运，一生多劳多累，子女不孝。

火形兼金局——火形兼金之人，乃相克相化之格。其面带微方又尖起，五官俱露，色白润透红，主其智慧谋略高超出众，但多狐疑，中晚年有中小成就。如面方白过甚又欠红润，乃相克不化之格，主早发晚困，并有破家亡身的危险。火形兼金之人，主早刑六亲，幼少离乡奔走，常涉凶险。

火形兼水局——火形兼水之人，乃相克相生之格。其面圆三浓（即眉、须、鬓毛多而密），五官俱露，面色红润，为水火既济之格，主有中小成就。如身体浮肥，眼大无神，鼻大无梁，口大无角，口如吹火，神昏气短，性情古怪异于常人，面色赤黑滞涩，为重水之相，乃相克不化之格，主其刑克六亲，离乡奔走而无成。

火形杂局——火形杂局之人，除身体一部分显现尖露的特征外，其五部的火形特征与个性均隐藏而模糊不明，反而显现木、土、金、水等形人的特征与个性，主客不分。其所兼之局数，为兼二局兼三局兼四局无定数，甚至有重叠而兼者，例如火形兼金金、水水局。火形杂局之人，因五形质素配合不当，质素不真不纯，质素与质素之间多相互克制，影响其健康、智慧和个性，进而影响其事业、收获，并寿促。

火形人

第三节　土形人相理特征

土形正局——土形正局之人，头圆项短，背高皮厚，身短腰圆，腮颐宽厚，耳大唇厚，地阁方厚，五岳相朝，步稳语迟，敦厚重实，厚发浓眉，鼻准丰隆，手掌指节亦方厚，声音沉厚且迟缓。土形人气色黄润、黑润，必主富贵寿考，女则主旺夫兴家。土形人忌鼻梁起节，颈有喉结，尤忌须多浓密，主性急而偏执；忌声音浊杂，主难发运。土形人的职业，以营商为佳。

土形兼木局——土形兼木之人，乃相克相化之格。其身躯不宜长大，不宜露骨浮筋，否则土被木克，主其终生难发运并促寿。如容貌、须发浊乱，神昏气寒，面色青黑，声低音破，六府不明，五官不扬，此为相克不化之格，主心性不良，一生事业常处逆境，六亲难靠。

土形兼火局——土形兼火之人，乃相生相化之格。其面上端微尖，其余厚实，皮肉红润，五官丰隆，贯气透神，眉须有情，坐如磐石，立似栋梁，心性忠厚重义，先苦后甜。若面色燥赤乃带火过重，乃相生不化之格，主其个性拘泥而贪，愚诚而妄，一生劳碌奔波，烦扰不休，孤刑到老；如肤色过青，则主终生破败贫苦。

土形兼金局——土形兼金之人，乃相生相化之格。其面微方横，面色白润，乃土里藏金，主白手起家，创业有成，福泽深厚，有中等富贵。如面色寒白，胡须过多，神情虚沉，中气不足，乃带金过重，金多土虚，为相生不化之格，主其身体健康欠佳，并有暗疾。

土形兼水局——土形兼水之人，乃相克相化之格。其身躯魁梧，头面微圆，五官丰厚，气色黑润，为土带微木，滋生万物，主其初年顺利，为巨富之人。如头面五官过圆，眼大露神，气促神昏，面色黯黑者，主带水过重，为相克不化之格，主其一生难发运并有暗疾；如面色黄润，眼大而不露神，主有小成就，可丰衣足食。

土形杂局——土形杂局之人，除身体一部分显现厚实的特征外，其五部的土形特征与个性均隐藏而模糊不明，反而显现木、火、金、水形的特征与个性，主客不分。其所兼之局数，为兼二局兼三局兼四局也无定数，甚至有重叠而兼者，例如土形兼木木、水水局。土形杂局之人，因五形质素配合不当，质素不真不纯，质素与质素之间相互克制，影响其健康、智慧和个性，进而影响其人的事业、收获，并促寿。

土形人

第四节　金形人相理特征

金形正局——金形正局之人，周身五部皆方正，眉清目秀，声韵清朗，骨肉坚实而又白皙银亮，额部、鼻、下颚三停均有方正之感，整个头部圆形，耳色白润，唇红齿白，体形匀称，发须疏而不密，腹部圆垂，背部宽厚，颧部骨起，胸平有肉，行动时身体不轻浮，手掌方厚，声音明朗铿锵。金形正局人，如气色白润，主文贵，大多为开国帝王或中兴之主，亦有大富；如气色黑润，则主武职大贵，乱世尤发。金形人大多自律严，要求亦严，精力充沛，奋斗不懈，属于多劳贵辛苦型人物。金形人忌鼻尖准赤，忌色白如枯骨，主一生贫寒；忌鼻小耳小，主一生虽有小成但得来辛苦；忌声音尖锐，主一生难有成就并多破败；忌鼻梁起节，主其性急而有刑克；忌气色赤燥，主官非败退。金形人见义勇为，乐于助人，处事踏实，值得信赖，可从事公职或自由职业。女性金形者，为"虎面"，主其智慧高超，精明干练，才华不输异性，有成就，但多刑克，声音低弱沙哑者不可同论。

金形兼木局——金形兼木之人，乃相克相化之格。其面方正身长大，鼻直，口耳俱正，眼秀神足，眉清须秀，色白兼微青，此为栋梁之材。个性英明，略有傲气，有大志能出奇冒险制胜，多武贵兼领文职，但初运欠顺，成就于中晚年。如身面瘦小露骨者，成就有限。金形兼木之人，最忌面部五岳五星不明，为相克不化之格，主夭折促寿。

金形兼火局——金形兼火局之人，乃相克相化之格。其面方、顶尖、耳尖、面色白中带红，眉须轻清，双目有神，智慧颇高，干练而性急，此为微火炼金之格，主其早岁孤贫，三十五至四十五岁之间发运；乱世因危难而成大功致富贵，盛世减力但亦可享大名。如面形尖方，鼻尖肉少，年寿起节，眼神急露，耳露轮廓，面色赤

周易相学点窍

滞，此乃带重火之相，为相克不化之格，主火旺金熔，一生多灾多难，不贫则夭。

金形兼土局——金形带土之人，乃相生化之格，为兼局中最难得之格局。其面方背厚，肩横步迟，身躯厚重壮实，五官端正，神足气爽，面色黄润，个性忠义，谨慎稳重，盛世必主大富贵或享大名又寿考，乱世减力。如背高痴肥，面肉横生，五官庸俗，声音低破，面色黄黑焦滞，乃带土过重，土厚金埋，为相生不化之格，主其智慧不高，处境多逆，终生难发运；如印堂破陷痣纹，为带土兼带火，主其一生饱经忧患之后才能发达，然无实权，只宜从事异路事业。如掌薄指疏，气色暗滞，主其手脑不能并用，一生难发运，往往成事不足，败事有余。

金形兼水局——金形兼水之人，乃相生相化之格。其面方而肥，面色黑润或白润，气宇轩昂，一生福厚，平步青云。乱世可显武贵而司政柄，盛世可任文职而领武权。如肉浮气虚，肉色黯黑为带水过重，为相生不化之格，主水多金泄，一生运蹇。

金形杂局——金形杂局之人，除身体一部分显现方止的特征外，其五部金形杂局特征与个性均隐藏而模糊不明，反而显现木、火、土、水各形人的特征与个性，主客不分。其所兼之局数为兼二局兼三局也无定数，甚至有重叠而兼者，例如金形兼火火，木木局。金形杂局之人，因五形质素配合不当，质素不真不纯，质素与质素之间多相互克制，影响其健康、智慧与个性，进而影响其事业。这类人事业少收获，并寿促。

金形人

第五节　水形人相理特征

水形正局——水形正局之人，面短色黑，五部均圆肥，甚至上下眼胞及腹臀亦圆肥，声音圆润中显余韵。如口形方阔，眉粗眼大，腰圆厚垂，主个性宽大，能随遇而安，又胸怀磊落，不善与人争强斗狠，个性不疾不徐，圆通多智，一生福泽深厚，安享成功，乃大富贵又厚福之格。水形人最忌面色黄浊，声音不聚，主个性呆滞，一生贫贱；忌鼻起节或有喉结，主性急刑克；忌耳缺、目昏、鼻空、唇掀，为四水泛滥之格，主一生运塞，多灾多难。女水形人，为"满月脸"，如眉形弯秀，主其圆通多智，富有经营头脑，可嫁富夫，并能旺夫兴家。

水形兼木局——水形兼木之人，乃相生相化之格。其身长大，但面肥不圆，眉须不浓无彩，腰欠丰圆又无臀部，整个身躯形貌缺乏气势，主其个性急，一生难有大成就，小富小贵而已。如肉浮下垂，主寿促；面色青滞者，为带木过重，为相生不化之格，主木多水涸，一生多凶险终必夭亡。

水形兼火局——水形兼火之人，乃相克相化之格。其面微圆，头耳带尖，眉轻无须，身躯坚实，眼神充足，为水火既济之相，主聪慧绝伦，灵巧异常，遇事机警，善于谋略，可为圣贤。但一生命塞运乖，多穷困，仅文章能传世而已。如面色紫红，则有中等富贵；如面色过赤，为相克不化之格，主早克六亲，一生孤刑；如面色滞黑，眼神昏浊，主其有暗疾，不贫即夭，晚年困苦。

水形兼土局——水形兼土之人，乃相克相化之格。其步迟腮阔，肩横背厚，身躯短圆。如面色黄润，唇红齿白，为有源之水，主其忠诚而福寿，一生闲逸富裕。女水形兼土局，主旺夫兴家。水形兼土局之人，如神昏气促，五官不秀，背高腰肥，骨粗肉横，体态痴肥，眉须不聚，为带土过重，为相克不化之格；如面色再焦黄或滞黑，主其少年刑克六亲，破祖离乡，并性暴招凶，常处逆境。

水形兼金局——水形兼金之人，为相生相化之格。其手面微方，色微白或微黑，肥而不浮，气足神充，五官丰隆端正，眉须适中有情，个性坚忍耐劳，允文允武，有大作为，不论男女均主发达必早，最终可至大富贵。女水形兼金者，主婚姻欠美满，有刑克发生；若面色白如敷粉，面手过于坚实，为相生不化之格，主金多水溢，一生灾祸多端。

水形杂局——水形杂局之人，除身体一部分显现圆肥的特征外，其五部水形的特征与个性均隐藏而模糊不明，反而显现木、火、土、金各形人的特征与个性，主客不分。其所兼的局数为兼二局兼三局兼四局也无定数，甚至有重叠而兼者，例如水形兼火火、土土局。水形杂局之人，因五形质素配合不当，质素不真不纯，质素与质素之间相互克制，影响其健康、智慧和个性，进而影响其事业、收获，并寿促。

水形人

第三章　面部十二宫相理

横向观看人的面部，古人将它分成十二宫，即命宫、财帛宫、兄弟宫、田宅宫、男女宫、奴仆宫、妻妾宫、疾厄宫、迁移宫、官禄宫、福德宫、父母宫。还附有相貌宫。

十二宫相法，主要是从十二种角度（或十二种因素）来分析和探讨人生际遇的顺逆及收获的多少，其理论完全以中医学、生理学和遗传学作为出发点，这与以星象学作为理论基础的命理学十二宫的提法是完全不同的。

十二宫观相法则除了论述面相主体的人生际遇休咎外，还论述其父母、兄弟、夫妻、子女、部属及社会人际关系、周边环境的休咎。

一、十二宫的名称及范围位置

1. 命宫：居于两眉之间，山根之上。

2. 财帛宫：指整个鼻部，包括山根、年上、寿上、准头等部位。

3. 兄弟宫：位居两眉，属罗喉，计都。

4. 田宅宫：位居两眼。看时，要参看土星，地阁两部。

5. 男女宫：位居两眼下（即泪堂）。

6. 奴仆宫：位于地阁与水星之间。

7. 妻妾宫：位于鱼尾，即眉尾奸门处。

8. 疾厄宫：位居山根（印堂之下）。

9. 迁移宫：位居眉角（即天仓）。

10. 官禄宫：位居中正、上合离宫。

11. 福德宫：位居天仓，牵连地阁。

12. 父母宫：位居日角、月角两位。

如下图所示：

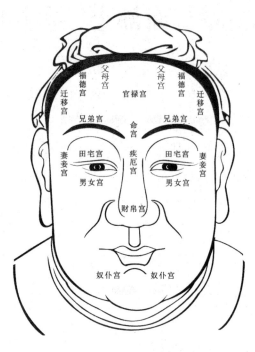

十二宫部位图

二、十二宫性状特征及吉凶

（一）命宫

佳状：

（1）印堂圆满如镜，红黄光润，说明有才智，并有贵人相帮，命运好。

（2）如加上鼻耸而直，山根丰满，眼睛黑白分明，更表明有福有寿，又有钱财。

（3）再加上额角耸起如川字，还可有官有禄。

劣状：

（1）印堂凹陷，两眉相交，则一生贫贱。

（2）印堂有乱纹相冲，不利妻子儿女，且离家破祖。

（3）加上额窄眉枯，则一生坎坷艰难而又破财。

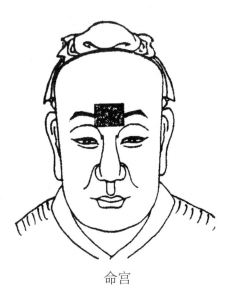

命宫

（4）若印堂气色为青黄主虚惊，焦赤主刑伤，白而无光主有亲人亡故，黯黑则说明有自身丧亡的危险。

（二）财帛宫

佳状：

（1）高耸、丰满、明润、洁净，形如截开的竹筒那样齐整，鼻翼如悬挂的胆，两鼻孔丰厚不仰露，则一生富贵荣华，财源滚滚。

（2）若还有饱满的天庭和方厚的地阁来相应，则不但自身一生富贵荣华，还可使子孙后代受惠。

（3）若再有红黄色出现，为进财禄的喜兆，有青黄色贯鼻，可得横财。

劣状：

（1）若鼻子像鹰嘴尖勾弯下，鼻梁如山峰一样尖削孤立，偏歪不正，暗无光色，枯陷而有瑕疵，鼻孔大而薄，仰而露，则家无所积，破财贫寒。

（2）若天府地库不相应，即有天无地，先富后贫（有地无天，先贫后富），加上额尖而狭窄，一生贫贱。

（3）此财帛宫出现黑气色主破财失禄，出现赤色，主有口舌。

（4）鹰嘴鼻，为人狡猾，心毒。

财帛宫

（三）兄弟宫

佳状：

（1）眉长过眼，清秀有彩，黑亮光润，或枯干自然端正，或如新月样，说明与兄弟姐妹，朋友、同事和睦，人缘好。一生无大的灾难，并可超群出众。

（2）若有光润的红莹气色出现，可获荣耀喜庆。

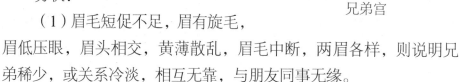

兄弟宫

劣状：

（1）眉毛短促不足，眉有旋毛，眉低压眼，眉头相交，黄薄散乱，眉毛中断，两眉各样，则说明兄弟稀少，或关系冷淡，相互无靠，与朋友同事无缘。

（2）若眉毛散者，还散钱财，眉毛逆生，则不但易与兄弟手足成仇，亦易与同事朋友反目。

（3）兄弟宫有青色出现，预示兄弟之间有争斗口舌之事发生。出现黑白色，兄弟中将有人伤亡。

（四）田宅宫

佳状：

眼睛黑白分明，明亮如点漆，鼻子隆直，天庭地阁丰满相朝，神足气旺，目光灼然而蓄，显示财产有很好的进益，也有益于职位的晋升。

劣状：

如果赤脉侵睛，缠满红丝，昏浊无神，或光散、光流，加上

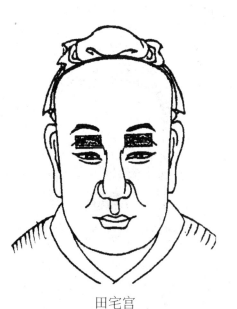

田宅宫

凸露肉枯，则一生困顿贫寒，难以补救。

（五）男女宫

佳状：

（1）泪堂丰厚饱满，神盈不脱，血泽明润，光不浮不流，加上妻妾宫有威，人中深长宽直，说明性能力旺盛，生殖力健全，必有子孙。

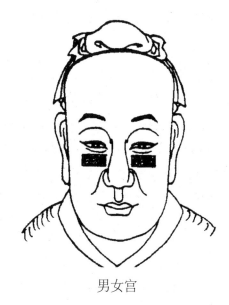

男女宫

（2）若眼下隐隐有卧蚕，包括鱼尾有红黄色环绕，这阴骘纹出现，说明积有阴德，有生命运很佳子女。

劣状：

（1）泪堂深陷肉枯，血泽不旺，目光浮流，说明生理有缺陷，或因性生活过度而引起的精血衰败。加上妻妾宫不好，人中短促、平满、狭窄，则难得子女，或妨害子孙。

（2）若三阳（左眼下）肉枯，气色昏暗，预示少子或克子。三阴（右眼下）肉枯，气色昏暗，预示少女或克女。

（3）若还有黑痣，斜纹，乱纹，加上口形如吹火，而无其他部位的救应，即使有子女，到老也将孤独。

（4）如出现青色，主妻子产危；出现黑色，主夫妻性生活出现问题。

（六）奴仆宫

佳状：

（1）颏和腮圆而丰满；地阁与唇相朝，口红润方正，两嘴角有棱朝上，表示其人自身修养高，有信义，有风范，深得众人敬重，所以必获得显赫的地位和职权，部下成群，一呼百应。

（2）若再加上口如四字，则有权有威。

劣状：

（1）地阁尖斜不朝，颏腮尖削凹陷，肉枯骨露，或有乱纹瑕疵，气色昏暗不洁，将预示与部下或雇佣人员关系不好，工作也必不如意。即使有一定职权，也不能服众。

（2）若嘴角下垂，必惹人嫌弃。

（3）奴仆宫出现青、黑、白色，主部下或雇佣人员有灾难而与自己不利；赤色出现，易与部下或雇佣人员发生冲突，或丢失财物。

奴仆宫

（七）妻妾宫

佳状：

（1）奸门光润净洁，丰隆丰满，无纹无痣，气色红黄，说明丈夫或妻子都有较高修养，夫妻关系和谐，心心相印，精神生活充实，或妻贵夫荣，或夫贵妻荣。

（2）对男人来说，奸门丰满，可得妻子钱财，颧位高起朝天，可因妻子获得事业上的成功。

（3）对女人来说，奸门明润，可得到一位如意的丈夫。

劣状：

（1）奸门深陷枯缺，鱼尾多纹，气色昏黯，而又无相关的

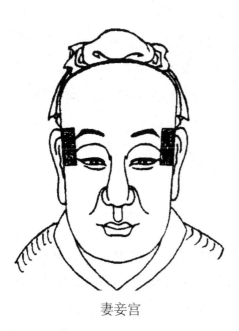

妻妾宫

部位来补救，则夫妻相克，常娶常嫁，难以得到如意丈夫或妻子。

（2）若奸门有黑痣斜纹，男女皆好淫欲或放荡，或各有情人为伴。

（3）夫妻部位出现青色，主丈夫或妻子将有忧愁；赤色出现，夫妻有口舌冲突；黑色主夫妻间将因意想不到的原因，而使心灵上受到严重创伤。

（八）疾厄宫

佳状：

山根丰满明润，不陷不断，连接印堂，年寿莹泽高圆，洁净无疤痕，不低陷，不陡峭，并有良好的耳朵、眉毛、人中来朝应，则说明有福有寿，一生健康，有文采。

劣状：

（1）山根和年寿低陷而缺断，纹痕乱侵，气色昏暗；年寿又高低不平，或如孤峰刀背，若又无相关的部位来补应，则说明其人一生多灾多厄，疾病缠身。

疾厄宫

（2）疾厄部位出现青色，将有忧悖之事发生；赤色出现，须提防重大灾祸。出现白色，妻子将有灾难；特别是出现了煤烟般黑色盘绕，则可能丧命。

（九）迁移宫

佳状：

（1）额角包括山林、边地、发际。若额角饱满丰隆，明润洁净，红黄光彩，显示利于远行，适合在外地工作。

（2）若鱼尾丰满光洁，并有其他部位来应，将容易获得社会的重用，受人钦羡。

（3）如果驿马、山林、边地、发际一线隆起如骨，适宜四处工作，并预示能到处受到重用。

劣状：

（1）额角（包括天仓、山林、驿马、边地、发际）昏暗低陷，有黑子、疤痕，加之天庭和地阁偏斜不正，眉头相交于印堂，气色不正，则预示不利出入。一生难被社会重用，四处求职，到老也无固定场所。

（2）迁移宫出现青色、白色，远行将有受惊的预兆，可能失财或受伤；若出现黑色，有亡于道路的危险。

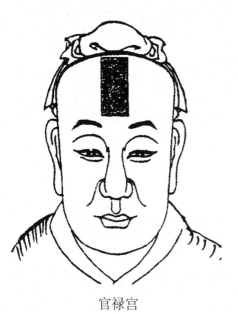

迁移宫

（十）官禄宫

佳状：

中正与司空、天庭、印堂连成平缓的曲线，光明莹洁；左右发际一线（驿马等部位），丰满方阔；两眼神足够明亮，犹如曙光；印堂圆隆；两耳高耸，有轮有廓；口红润方正；鼻子隆直齐正；面部气色光润，遥相呼应，则一生无灾无难，绝处逢生，可望显达。

劣状：

（1）中正缺陷，两眼、两耳、印堂、口、鼻子都无威，气色昏暗不正，乱纹侵额，常招是非官司，诸事不吉，灾厄缠身。

官禄宫

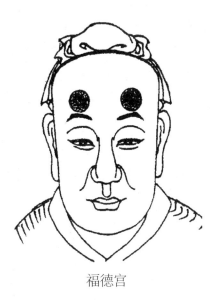

福德宫

（2）官禄宫出现青色，将有忧愁；出现赤色，有口舌是非；出现白色，可能有亲人亡故。

（十一）福德宫

佳状：

（1）天仓和地库丰满，气色明润，五岳相朝，显示祖上有阴德，并施及于其人，故平生幸福，无灾无难，生活充裕，事业顺心，工作如意，长寿健康。

（2）若是颏圆丰而额窄，一般讲初年辛苦，老年幸福；额宽广，颏颐地阁尖陷，一般晚年不如早岁。

劣状：

（1）天仓、地库缺破凹陷，颐额尖削，天地五岳不朝，倘若无其他部位来救补，表示一生困顿多灾。

（2）天仓出现青色，主有忧疑之事发生；出现白色，为灾厄和疾病的征兆；出现赤色，主口舌是非。

（十二）父母宫

位置：在两眉上，位于日角与月角。

寓意：主父母的命运吉凶状况、与父母的缘分及父母所给予的恩惠。

佳状：

（1）两眉高眼，齐正对称；长而过目，清秀有彩；两眉角齐整明

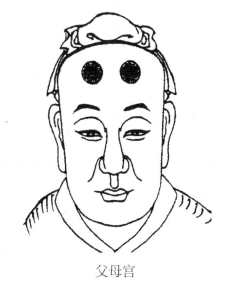

父母宫

净，疏然伸向鬓角。日月角高圆明净，显示父母的命运不错，长寿康宁，与父母的缘分也很好，受父母的恩惠不少。

（2）若两眉毛向上，似同进入头顶，父母地位荣贵显达，自身必受庇护。

（3）此宫出现红黄色主父母喜庆。

劣状：

（1）两眉低压眼，粗短不足，两眉相交，眉毛向下，且日月角低陷，则表示父母的命运一般，与父母的缘分淡薄，所受的恩惠也很少，或失双亲。

（2）两角暗昧，主父母有疾。左角偏妨父，右角偏妨母。或同父异母，或随母嫁，离祖成家。

（3）一眉高，一眉低；两眉相交，或眉毛一分为二，重叠在一起，则克损父母，或同父异母，同母异父。

（4）此宫出现青色，主父母忧疑，又有口舌刑伤；黑白气色，主父母丧亡。

父母宫秘诀：

父母宫论日月角，须要高圆明净，则父母长寿康宁。低陷，则幼失双亲。暗昧，主父母有疾。左角偏妨父，右角偏妨母。或同父异母，或随母嫁，离祖成家。重重灾异，只宜假养，方免刑伤。又云重罗叠计，父母重拜。或父乱母淫，与外通奸。又主妨父害母。头侧额突，多是庶出，或因奸而得。又云左眉高、右眉低，父在母先归。左眉下、右眉上，父死母再嫁。额削眉交，父母早抛。是为隔角，反面无情。两角入顶，父母双荣，更受祖荫，父母闻名。气色青，主父母忧疑。又有口舌伤刑，黑白主父母丧亡，红黄主双亲喜庆。

附相貌宫：

佳状：

（1）三停均等，永得平生显达。

（2）五岳朝耸，官禄荣达。

（3）行坐威严，为人尊重。

（4）骨法精神，骨肉相称，气色相和，精神清秀，则贵显名流，翰苑吉士。

（5）气色红黄明润，主大吉。

劣状：

（1）三停不均，五岳不耸，不吉；若有克陷，断为凶恶。

（2）气色暗淡者凶。

三、十二宫相理分析

（一）命宫

命宫即印堂，为十二宫之首，是观看人一生际遇（命运）的顺逆及收获多寡情况。因命宫为人的思维系统（脑组织）的总开关，是观察人的智慧、个性及精神意识的窗户，凡人的喜、怒、哀、惧、爱、恶、欲七情，及眼、耳、鼻、舌、身、意六欲，均在印堂凝聚或扩散。命宫相理佳者，在处理七情六欲时能恰如其分，人生际遇顺多逆少，并少劳多获；命宫相理不佳者，在处理七情六欲时往往过度或不及，反应迟钝，人生际遇逆多顺少且多劳少获。

若命宫宽阔平满，无恶纹、恶痣为符合相理标准，主其父祖辈遗传优良，脑组织及呼吸系统先天发育良好，功能正常，身体健康，精神生活平衡，智慧高，气量大，意志力及体力均坚强，事业上有收获，六亲关系和社会人际关系亦良好；若命宫气色明润如镜时，主其正处于顺境，同时身心两健。若命宫低陷、狭窄（两眉之间距离小于自己二指的宽度），或有恶纹、恶痣，则为不符合相理标准，主人的先天遗传不良，健康、智慧、个性均欠优良，尤其在个性上易致忧郁、愁思、紧张、敏感、性急、偏执、暴躁、倔强、易怒、怨恨或神经质等，影响人的健康、寿命及一生事业的收获和婚姻的美满。痣大、纹深、两眉交接者，情况愈加严重。命宫有悬针纹的人更易遭凶险，一生事业少成多败。若印堂旁边生有牢狱痣，主一

37

生必坐牢一次；若命宫气色暗滞，则目前为官或从商均难遂意，应忍耐保守并注意保健；若黑气袭击命宫，则要注意外出车马安全及意外灾厄；若赤气袭击命宫，则要注意口舌是非，官非牢狱之灾。

命宫标准宽度

（二）财帛宫

鼻子的准头为财帛宫。一般的说法是，鼻为土星，有土才有财，若鼻子丰满，则表示土地肥沃，必定生出大财。鼻子的准头及左右鼻翼与消化系统、生殖系统，均有密切关系，若消化系统、生殖系统先天发育无缺陷，后天又无功能性的障碍，主人的土系统不压制水系统，而水系统又能滋润土系统，人的个性必稳定有恒，不急躁，有计划，理财观念与守财方法为良性循环；若消化系统、生殖系统有先天性瑕疵或后天性功能障碍，均会影响人的个性，尤其会在工作、事业及金钱投资上造成最大的损失，导致理财观念与守财方法为恶性循环。所以一个人的准头与鼻翼相理不好，必不能聚财，这是将鼻准、鼻翼定为财帛宫的道理所在。

鼻如截筒悬胆，耸直丰隆，中正不偏，准头圆满不坠，鼻孔不仰有收，兰台、廷尉及两颧相辅相成且有势，财帛宫相理才符合标准，谓之"财星得地"，主其人善于理财，更善于守财，财产越聚越多，若眼睛相理再好者，必达大富之境界。相反，若鼻偏平、短小、瘦削、露骨、起节或孤峰独耸，两鼻翼狭小，鼻孔仰露或鼻梁、鼻准、鼻翼部位均有痣斑伤疵，再加两颧低平无势，主其人一生运程不如意，缺乏理财观念和守财妙方，终生财来财去。

（三）兄弟宫

两眉为兄弟宫。兄弟宫除观看兄弟多寡和兄弟感情外，亦可观看家族亲戚、交友状况和社会人际关系，故亦称为"交友宫"。眉毛的后半部，又称为"妻子财帛宫"，眉尾结聚，象征妻子财帛的缘分厚；眉尾散乱，象征妻子财帛缘分薄。相书云"藏精于骨，现精于眉"，如父系精髓强壮，则眉随骨起，眉长过目，兄弟姐妹必多。

眉头与肺有关系，眉尾与肝有关系，前者与一个人的气量大小有关，后者与一个人的脾气急缓有关。如眉形好，象征其人不但气量大，脾气好，兄弟姐妹间的感情自然也好，社会上结交朋友亦顺利，夫妻能相处和睦，其一生贵人多，小人少，事业有成，财帛收获多。

双眉清秀有扬，弯长过目，退印居额，毛顺有聚，光亮有彩，覆盖有致，才为符合相理标准。主兄弟姐妹多，朋友多，又无刑克并能得到兄弟姐妹朋友的帮助，社会人际关系良好。若眉毛黄薄、粗浓、竖起、逆生、倒生、散乱、不聚，或眉头锁印，眉低压眼，短下过目，眉身间断，左高右低，左长右短，眉棱骨不起，或眉有恶痣、恶纹等，均为不符合相理标准，主其兄弟姐妹少，或兄弟分离不睦，没有帮助，在社会上坏朋友多而好朋友少，也主其人不善于处理人际关系，性情急躁、怪异，难立足社会，家庭和婚姻难以幸福美满。

（四）田宅宫

田宅宫位于眉与眼之间的上眼睑处，为观看田宅、财产、家运与名望的部位。田宅宫与父祖辈的遗产有密切关系，从生理学上言，田宅宫为消化系统机能的反射区，与父母祖父母的消化系统遗传有关。田宅宫除了观看田宅财产、个人及家族生活状况，也可观看个人的心性、品德和异性相处关系等。

上眼睑饱满丰腴，高广清朗，无伤疤痣斑，为符合相理标准，主其人可继承祖辈遗产，若无祖辈遗产亦能自置产业，家庭生活安定、快乐；同时重视精神生活，公正仁厚，待人处事正规正矩；又可获得异性好感，婚姻生活美满，女子早婚容易觅得合意对象；精力旺盛，人缘佳，可得长辈和上司的提携，影艺人员易获得观众的捧场。两眼深陷，上眼睑狭窄（眉眼间距不足一指宽），或有伤疤痣斑者，主自身有遗传性消化系统疾病；亦象征其自身性情急躁，人缘不佳，心性或品德欠佳；又主无祖业继承，或有少许祖业，亦会在青年时期将祖业破败；家族关系不亲密，双亲早离，社会上创业艰难，难以置产购屋，又容易吃亏上当，或居无定所常常搬家。田宅宫气色污浊，主人的个性贪婪背信，德行均差，与异性或夫妻家人相处不睦。眉眼间距离过宽（超过二指宽度），有富贵相者，主人的心性宽广、仁慈、愉快、长寿，并有远见；一般人田宅过于宽广者，主其没有进取心，没有理财观念和方法，好空想，无主见，为人处事不能收放自如。女人田宅过宽，主个性嚣张。

（五）男女宫

男女宫即子女宫，位于下眼睑，即白眼的下弦起约__厘米宽隐隐高起的部位，又名泪堂、阴骘宫、龙宫、凤袋、卧蚕、三阳三阴、六阳等。男女宫为"心肾交会之所"，即小脑的内分泌系统、心脏的血液循环系统和神经在此感应交会。因人成胎是源于"父精母血"，故此部位为男女宫。人的个性是否优良，行为是否符合道德标准，男女性关系是否正当，均与小脑的神经作用有关，故此部位又名为阴骘宫，或称为心性宫。

若人的下眼睑平满光润色黄，年满四十岁后的人有阴骘纹或阴骘色出现者，为符合相理标准，主人的身心两健、仁厚公正，夫妻感情恩爱，子女贤能且事业如意。若下眼睑有恶纹、恶痣或皮肉干枯者，表示其小脑内分泌系统曾有病变或内分泌失调，可能终身不育或生育不健康的儿女；若下眼睑有斑痣和伤疤，则主一生为其子女忧虑，或刑克子女（男左女右）。无论男女，如年未过四十岁，下眼睑有蠹肉堆积或枯陷无肉，表示其人因沉溺色欲耗损过度，或心性品德欠佳，常做不道德之事，以致影响血液循环系统和内分泌系统的正常功能，主无子女或子女不肖，严重时会永久失去生殖能力，事业不顺，婚姻不美满；如蠹肉下垂成袋状者，则无性能力，小脑已经失去性爱发动功能；老年人泪堂不下垂成袋状，表示其性机能尚正常。如下眼睑色暗污浊，表示夫妻感情不睦，或子女事业运欠佳，或健康欠佳。如眼睛四周均色暗污浊，则表示人的心性不正，小脑性神经乱动之象，容易发生家庭不和、桃色纠纷。如下眼睑有直纹或罗网纹，损伤阴骘纹，则表示其人心性品德欠佳，常做亏心事，或曾做了严重损阴德的事情。如泪堂出现青筋红脉，是心地有不良意念的表现，应修心养性。

（六）奴仆宫

奴仆宫包括地阁、地库及腮颐等部位，是观看人的老年运及其一生与部属、子女关系的相理部位。地阁、地库部位与下焦系统及内分泌系统及消化系统关系密切，腮颐部位与下肢系统有密切关系。

地阁与地库有势，腮颐丰满端正，整个下颚部位无缺陷为符合相理标准，主人的意志坚强，智慧超群，处理事物英明果决，对部属、子女公正又奖惩严明；因此用人得力，统御有方，德能服众，部属乐于追随，子女贤能孝顺，晚年身体健康，小脑功能正常，事业运佳，衣食财帛有余，家庭及婚姻生活美满。地阁尖削或向内收缩，或向前突出，过长或过短，地库及腮颐部位陷斜伤疵者，这些都不符合相理标准，主人的意志薄弱，决断力不足，智力不高，个性不良，小脑功能不正常，爱情及家庭生活不美满，晚年健康欠佳，生活条件不足而劳苦。尤其奴仆宫有恶纹恶痣，或腮骨尖而突出之人，主欠缺君子威风，老年孤苦贫寒，六亲少缘。下巴特别突出像戽斗状者，主个性固执，自信心太强，晚年贫困潦倒多病，易患高血压、心脏病等症。

凡地阁有瑕疵缺陷者，不论其一生成就大小，七十一岁在健康上一定有关限。

（七）妻妾宫

妻妾宫是眉尾眼尾延伸而靠近鬓发部位的一片区间，又名奸门。妻妾宫也称为夫妻宫或婚姻宫。奸门一带是小脑与肝脏神经交会的反射区，小脑为性欲的发动中枢，肝脏则为脾气的发动中枢，也可以说前者为肉欲生活的主宰者，后者为精神生活的主宰者。

奸门部位肌肉丰隆厚实，皮肤润泽，无恶纹、恶痣，鱼尾不凹陷且鱼尾纹不多不少并井然有序者，为符合相理标准，象征小脑及肝脏功能均发育正常，主人的个性优良，情绪稳定，不乱发脾气，同时性欲正常且容易满足，夫妻相处恩爱和睦，家庭生活快乐美满。小脑及肝脏功能发育正常，夫妻宫相理也会符合标准，男必娶得贤淑貌美之妻，女必嫁得有成就的好丈夫；反之，奸门露骨不丰，或奸门深陷，鱼尾（即眼尾）凹陷，或奸门有灰黑色痣及交叉纹路者，不符合相理标准，主小脑及肝脏的内分泌不优良，影响配偶的身心健康，事业上易判断错误而导致失败，或使配偶遭遇凶险，严重时会导致配偶色痨亡身。双方均肝脑发育不良，双方个性均偏执急躁，夫妻之间常生口舌，夫妻感情不睦，最后导致夫妻分居离异，或导致对方寻花问柳，有外遇等。古相书谓"奸门纹交，主妻妾缢死"，经印证，男性奸门有纹，其人肝与小脑必曾有病变，内分泌必不正常，脾气必乖张，性欲不是过强就是过弱；女方奸门有纹，不能得到丈夫肉欲方面的满足，又会受到丈夫精神方面的虐待。古相书谓"左边妻妾宫有痣，主克妻；右边妻妾宫有痣，主婚姻不美满并易致外遇"（男左女右）。确有九成以上的应验率，夫妻之间或是聚少离多，或是同床异梦等，婚姻不美满。鱼尾纹多而杂乱，或奸门露骨，象征人的情欲甚盛，又主劳碌。年过四十岁的人，鱼尾纹尚不明显，象征其人心性乐观而积极性不足，或情欲旺盛。如二十多岁，就有明显的鱼尾纹，主其人早熟或劳碌而又奸猾。

（八）疾厄宫

鼻子的山根、年上、寿上三位为疾厄宫，是观察个人健康状况和寿命的部位，也能观看疾病未发生前的免疫力和疾病已发生后的抵抗力。疾厄宫的山根与心脏血液循环系统相关联，年寿与肝胆代谢系统相关联，山根年寿又是消化系统神经的反射区，整个鼻梁骨与脊椎系统相关联，故先贤将山根、年上、寿上三位定为疾厄宫。

整体鼻柱丰隆端正，气色明润，无恶纹痣斑，无歪斜曲折凹凸之象，山根无断折低陷之象者，为符合相理标准，主其人一生健康良好，少有疾病。反之，如山根低陷，鼻柱平塌无势，主人一生健康欠佳，意志不够坚强，性格亦颇怪异，缺乏忍耐力，常常变换事业目标或工作岗位，一生事业少有成就。山根底部靠近年上部位有痣，或山根断陷、年寿骨架有裂痕者，一生外出均要注意车马安全，勿开快车。尤以山根断陷者，对灾害的应变力更不足。山根两侧有痣斑，主有肠胃方面的痼疾；年寿正面及两侧均有痣斑，更主人有肝胆方面的痼疾；印堂下方山根上方靠近上眼睑部位有痣斑，主人的心脏循环系统有毛病；印堂的悬针纹下破山根年寿，主其人一生大灾大凶难免，如无阴骘纹或阴骘色出现，必难逃一死；山根有横纹者，均主事业或婚姻失败；年寿有直纹，主养他人之子；年寿凸起或有结节状者，主一生定有一次大失败，同时个性偏执偏强；年上有薄黑气引至山根，则主家内有久病之人。

（九）迁移宫

天仓、福堂、驿马、山林等部位合称为迁移宫。迁移宫相理是观看居家迁徙、远行旅游、投资创业及工作职位变动的情况，故有些相书称迁移宫为变动宫。迁移宫与人的侧脑系统有关系，因侧脑系统为主管声音、方位、时间、视觉的机关，而人的一切变动顺利与否，都与声音、方位、时间、视觉息息相关，因此额头左右的天仓、福堂、驿马、山林等部位定为迁移宫。

天仓、福堂、驿马、山林各部位饱满明润，又无缺陷痣伤者，为符合相理标准，主人有出外或出国发展的机会。反之，如天仓、福堂、驿马、山林各部位偏高或偏低，缺陷痣伤，气色灰暗，主此人不利远行，居家亦非吉利，在职之人则主工作环境不理想，出外经商之人则主周边环境欠协调。迁移宫有恶痣伤疤的人出门在外难得贵人提携，还易招小人陷害，本身缺乏周边环境应变的能力，故迁移宫相理不佳之人，不宜从事外交、公关、旅游、贸易等具有动态性且接触面广的工作。迁移宫相理欠佳或气色不好之人，外出时要特别注意车马安全；若迁移宫出现红黄气色，是即将有良好变动的预兆。

（十）官禄宫

官禄宫位于天中以下印堂以上的额头中央部位，是反映人脑组织是否优良的最佳部位。此处长相佳，说明人脑组织功能优良，主人的学习能力、思考能力、记忆能力、创新能力、鉴识能力、判断能力、处事能力、识人能力、反应能力均强，有自尊心、仁慈心及奋斗精神，善于处理人际关系，因此一生官运亨通。

自人的正面看，整个额部四平八稳、高广丰满，由侧面看，中央部位丰隆稍高，同时无痣斑杂纹冲破者为符合相理标准，主人的一生名利高显，易得贵人或上司的赏识及提拔，又一生不会犯官非。如额头的中央部位凹凸不平，左右两侧歪斜或有伤疤斑痣，主其人一生与名、利无分，或名利富贵如过眼烟云，可望而不可及；在人生的旅途上，虽有才华，亦主怀才不遇，职业屡变，波折重重，劳多获少，坎坷一生。有好的额相，才有好的健康、智慧和个性，在事业上必定胜过额相不好的人。女性的额头如过高过宽，主其人性格男性化，待人处事太过精明，自尊心及事业心均强，除非三十岁后结婚或配额头更高更宽的男士，否则，难得美满，非生离即死别。

（十一）福德宫

"福"在"德"上，意为一个人的福禄是以道德作基础的，否则其享福是不能持久的。古人将福堂、天仓、地库、五岳、四渎合称福德宫，但现今相书以眉上福堂部位称为福德宫，是由于这些部位与父祖辈的德行及自身修持均有连带关系，都是阴骘出入的神路。如果一个人的父祖或自己积有阴德，其自身上这些部位相理必佳。两者交替观看，就明白其人一生是福薄还是福厚了。福德宫又名为贵人宫，凡是福厚之人，所到之处均有贵人相助；福薄之人，所到之处必有小人为害。

福堂、天仓、地库、五岳、四渎肉厚骨实、丰隆饱满，相互朝揖扶拱，气色明润者为符合相理标准，主其人父祖及自身均德行良好，为人心地善良，乐善好施，喜做阴德（做善事不欲人知，谓之阴德；记功得名，谓之功德。两者意义迥然不同）。此人必有祖业继承，平生有禄有财，坐享富贵，无凶无险，福泽深远，享用到老，子孙满堂，善始善终，而享五福之庆。福堂、天仓、地库、五岳、四渎尖削缺陷，或有恶痣恶纹，主其人父祖德行欠佳，或无祖业可承，或祖业破败，一生福薄。若福德宫每一部位均有缺陷，则此人一生贫苦劳碌到老，多灾多难，诸事不利；若福德宫各部位相理都好，但气色不佳，则要提高警觉，预防灾祸。福堂位于眉上一厘米处，近印堂者为内福堂，近眉尾者为外福堂，内福堂之气色可观看目前财运旺衰的情况，外福堂之气色可观看未来财运旺衰的情况。

（十二）父母宫

父母宫即指日角、月角两位。父母宫是观看父母遗传基因是否相辅相成的最佳部位。此二部位定为父母宫，以骨与神代表父，以肉与血代表母。假如父母遗传良好，此二部位的额骨会隐隐圆起，面相其他各部位亦不会有缺陷，因此不但父母宫有成，相貌宫亦有成。

日角月角隐隐圆起，骨开肉润，不偏高偏低且左右相称者，主其父母双全、健康高寿，事业有成，自身必接受父母优良的遗传与良好的栽培，深受父母的庇护。若再得额两边的辅骨相衬，主有中等成就（中富中贵）；如日角月角圆起插入顶脑，边地隆起，六曜齐明，主其有大成就；如仅有日月角者，一生仅有小成就或贵在浮沉之间。《相理衡真》云："日月角生低，主幼失双亲。日角有偏者，主父亲健康寿命有差；月角有偏者，主母亲健康寿命有差，或同父异母或随母嫁父。额左偏高者损父，额右偏高者损母。鼻偏左先损父，鼻偏右先损母。左颧高先损父，右颧高先损母。左耳短小先损父，右耳短小先损母。重罗叠计者，主重拜父母或父乱母淫。左眉低，右眉高，父死母再嫁。头侧额窄多是庶出或外室所生。发浓发际低或发角冲眉，早别双亲。以上各部位，象征父母身体健康有所差异，或先损父或先损母。既然父母健康有差异，子女承受的遗传当然亦有差异，这都会在子女面相各部位显现出来。子女承受父母两人的遗传同样优良，不但日月角两部位相理符合标准，其他各部位的相理亦符合标准，因此子女的健康、智慧、个性亦必优良，他们在事业上必有成就，这就是遗传学、优生学的道理。

注意：女性不可有日月角，否则在家不利父母，出嫁不利夫。因为女性有日月角，主个性男性化，事业心重，独立性强，不依赖父母丈夫。女性有日月角，主克父刑夫，颇为应验。女性日月角有恶色痣瘤，不但刑克父母，并主一生考运不佳。若有斑点，另当别论。

第四章　面部十三部位相理

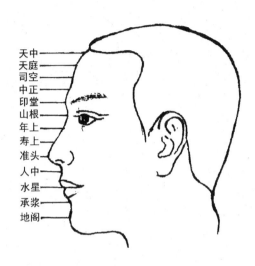

十三部位侧面

天中
天庭
司空
中正
印堂
山根
年上
寿上
准头
人中
水星
承浆
地阁

　　纵向观看人的面部，古人将它分成十三部位。此十三部位的划分是从上到下，对应天、地、人三才。面相学将面部划分成十三个横列，是以面部中心一条竖线的十三部位，这是面部中最重要的部位。学习和研究人的面相，务必熟记此十三部位。十三部位自上而下竖列，依次如下图所示：

01. 天　　中
02. 天　　庭
03. 司　　空
04. 中　　正
05. 印　　堂
06. 山　　根
07. 年　　上
08. 寿　　上
09. 准　　头
10. 人　　中
11. 水　　星
12. 承　　浆
13. 地　　阁

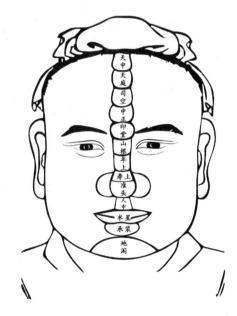

十三部位正面图

第一节 十三部位总图歌

十三部位只是人的面部中心一条竖线上的十三个大点，每一个大点都包含若干个小点。可以说：这十三个大点相当于十三位组长，每位组长又带领一批组员，其组员都站在组长的左右两边，成横向排列。

面相十三部位总图名称表：

右 厢	天 中	天左内高尺武军辅边 岳厢府广阳库门角地
虎月 角角	天 庭	日龙天房父上四战驿吊 角角府心墓墓杀堂马庭
奏 书	司 空	额上少交道交重山圣 角卿府友中额眉林贤
繁 霞	中 正	额虎牛辅元斧华福彩郊 角眉角骨角铖盖堂霞外
右刑 目狱	印 堂	交左蚕林酒精嫔劫巷青 锁目室中樽舍门路路路
少中太 阴阴阴	山 根	太中少外鱼奸神天天天元 阳阳阳阳尾门光仓井门武
甲少中长妻 匮女女女座	年 上	夫长中少金禁盗游书玉 座男男男匮房贼军上堂
	寿 上	甲归堂正姑姊兄外学命 匮来上面姨妹弟甥堂门
廷 尉	准 头	兰法灶宫曲囤后守兵印 台令上室御仓阁门卒绶
	人 中	井帐细内小仆妓婴博悬 部下厨阁使从堂门士壁
	水 星	闺比委通客兵家商生山 门邻巷衢舍兰库旅门头
	承 浆	祖孙外林下庄酒郊荒道 宅宅院苑墓田池廓丘路
	地 阁	下奴礁坑地陂鹅大舟 舍仆磨堑库池鸭海车

注： 本表名称以《神相全编》为准。

请熟背十三部位总图歌：

第一天中对天岳，左厢内府相随续；

高广尺阳武库同，军门辅角边地足。

第二天庭连日角，龙角天府房心墓；

上墓四煞战堂连，驿马吊庭分善恶。

第三司空额角前，上卿少府更相连；

交友道中交额好，重眉山林看圣贤。

第四中正额角头，虎角牛角辅骨游；

玄角斧乾及华盖，福堂彩霞郊外求。

第五印堂交锁里，左目蚕室林中起；

酒樽精舍对嫔门，劫路巷路青路尾。

第六山根对太阳，中阴少阳及外阳；

鱼尾奸门神光接，仓井天门玄武藏。

第七年上夫座参，长男中男及少男，

金匮禁房并贼盗，游军书上玉堂庵。

第八寿上甲匮依，归来堂上正面时；

姑姨姐妹好兄弟，外堂命门学堂墓。

第九准头兰台正，法令灶上宫室盛，

典御囷仓后阁连，守门兵卒记印缓。

第十人中对井部，帐下细厨内阁附，

小使仆从妓堂前，婴门博士悬壁路。

十一水星阁门对，比邻委巷通衢至，

客舍兵兰及家库，商旅生门山头寄。

十二承浆祖宅安，孙宅外院林苑看，

下墓庄田酒池上，郊廓荒丘道路傍。

十三地阁下舍随，奴仆碓磨坑堑危，

地库陂池及鹅鸭，大海舟车无忧疑。

[注意]：熟背此歌时，须认识歌诀中的某些部位在面部左右分

列的名称异同：

1.“天中”部位组：面左部称左厢，面右部称右厢。

2.“天庭”部位组：面之左称晶角、龙角，面之右称月角、虎角，一般并称日月角、龙虎角。

3.“中正”部位组：面左称斧乾、彩霞，面右称奏书、繁霞。

4.“山根”部位组：左称太阳、中阳、少阳，右称太阴、中阴、少阴，一般并称“三阴三阳”。

5.“年上”部位组：左称长男、中男、少男；右称长女、中女、少女。

6.“准头”部位组：鼻翼左称兰台，右称廷尉，一般是兰台、廷尉并称。

7.鼻翼两边伸向口角的纹线：左称法令，右称腾蛇。

8.耳朵部位组：左耳称天轮、天城、天廓，右耳称天轮、人轮、地轮。

9.两嘴角（水星角）：左称陂池，右称鹅鸭。

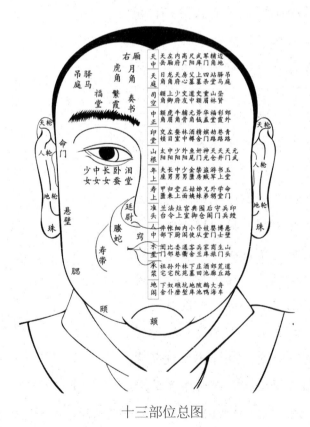

十三部位总图

十三部位总图歌中的各个部位点的具体位置，在论流年运气时都会用到，所以必须背熟。凡是流年运气歌中牵涉到的具体部位，务必记住。关于十三部位总歌图的具体位置及名称排列请参看左图：

第二节　十三部位的佳劣寓意

十三部位中，每一个部位都包含若干个小部位。本节讲的十三部位的佳劣寓意，是对十三个大点部位而言的。

1. 天中（主父）

佳状：丰满高朗，则代表幼年运好，父母双全，身心康泰。

劣状：①天中凹凸不平，或有破损黑斑，或发根突出侵入天中，则代表幼运不佳，环境恶劣，或难得亲人恩惠，甚至早年丧父。②天中若有一条蓝黑之气，状如蚯蚓，直下命宫，则代表一生之中将常有突如其来的灾祸，所谋之事，多数难成，或功亏一篑。

2. 天庭（主母）

佳状：饱满丰润，寓意与天中相同。若此处气色艳丽光泽，必能多得长上之爱护或贵人之嘉奖。

劣状：①若气色为暗淡无光，灰而不洁，则代表长上怀疑，信用损失之时。②若气色为青色，则代表有惊险之事发生。

3. 司空（主自身之事）

佳状：与天中天庭看法大致相同。若气色鲜而明艳，不管色之红黄都说明能得长上信任，得贵人牵引，所谋皆成。

劣状：若气色一片灰暗，垢秽不洁，说明有倒霉之兆，或是自己有忧厄之事，或是长辈有凶险之事发生。

4. 中正

佳状：丰满润泽，则说明立身必早，百事可成。

劣状：①中正低陷的人，则说明其人乃愚蠢之辈，缺乏才智。②中正有疤痕或有黑痣，则说明其人无忍耐力，运多拂逆，事多不顺，且难免被人无端憎恶。

5. 印堂

佳状：丰润平正，两眉开阔而清朗，则说明其人聪明，有祖业家财，做事也易成功。

劣状：①印堂狭而倾陷，眉头交促，则说明其人难免破产，多学少成。②印堂之两眉连接起来，则说明其人一生劳碌，且不务正业，另外也说明其父母夫妻感情不和。③印堂部位出现黑痣，则为有痼疾之症。④印堂两侧出现黑痣（即与刑狱交界的部位），则表示其一生必有一次牢狱之灾。

6. 山根（天人交界之际，阴阳相遇之所）

标准：①山根宜高不宜陷，陷则天人之气不接；②山根宜宽不宜窄，窄则阴阳之交不畅。

劣状：①山根若出现灰暗之色，则为疾病之预兆，宜小心提防。②山根灰暗之色延及山根两旁，即延及夫座与妻座之间者，则为与人通奸之象。③山根黑气下逼年上，代表家人有病，黑气越重，病也越重，甚至死亡。④山根有痣者为奔走离乡之人。此痣若在山根之上部，会有牢狱之灾；若在山根的左右两侧，多半患有胃病。

7. 年上

劣状：①年上有痣，预示其人有桃花劫，会因女色而辛苦或闯祸，并不免身患疾病。②年上有垂直之纹，乃是养子纹，必养他人之子。③年上有薄黑之气，说明家人有病。

8. 寿上

佳状：寿上两侧气色鲜润，乃为衣食充盈之征。

劣状：①寿上如有骨凸起状如结节者，说明其人一生中难免有一次大的失败，若为女性，则性格男性化，富有攻击性。②若女性寿上有痣，则说明其所嫁之夫是有疾病的人。

9. 准头

标准：准头贵在肉厚而圆，切忌尖薄。

劣状：①准头圆厚，而颜色恶劣，即灰暗而无光艳之气，则说明其人难有佳运，诸多拂逆，甚至破财。必须恶色退去，才能得好处。②准头布满斑点或黑点，或穴毛丛生，垢秽不堪，则说明其人一世辛劳，难得实利。

10. 人中

标准：人中正直，上狭下广，深而且长，这是上等的人中。显示子孙必定昌盛，而且富贵寿考。

劣状：①人中上宽下尖，且又短浅，说明其人不仅子少而性恶，而且自己也必心术不正，行为不端。②人中上下同等宽大，则说明其人虽可享高寿，但难免克子，老年孤苦。③人中歪斜不直，为无子之征，且难免多行不义，形状愈歪者愈甚。④人中端正，但中间有直纹，则说明得子甚迟。⑤若人中歪斜，或上下两端小而中间大，必然克子，中年以后，运必恶。⑥若人中优美，却其中出现横纹，乃为克子或子息难之象。有之也为养他人之子。⑦若人中不端，又出现横纹，则不仅无子，而且一生孤穷。⑧人中平坦若无，乃为运塞，也为无子之征。

11. 水星（口）

佳状：口方而阔，开如四字，上下唇相覆载；红润。

劣状：口似吹火或两边嘴角下弯；上唇薄不覆下唇或下唇薄不载上唇，无寿，无晚福。

12. 承浆

劣状：①若承浆特别凹进，形成下唇陷空而无所依托，再加上神色枯萎，则六十一岁、六十二岁时，必难度过。②承浆若有黑之色，旅行必须小心，尤其航海旅行，须待黑气消退后再动身。

13. 地阁

佳状：丰满色鲜，朝拱有力，表示晚年吉祥。

劣状：①地阁若尖薄而削，即使长大也无大用，纵能长寿，也必辛劳一生。②地阁若向左右歪斜，眼鼻又不正，说明此人一定是恩将仇报之人。③地阁有痣或有其他伤痕，则说明其人必无祖业可承，或不愿继承祖业。④地阁若有横亘而深刻之纹，乃为破福纹，即使地阁丰隆，也不免破败，难有好果。⑤地阁若色黑或灰气蒙蒙，则说明家人有病或有其他灾祸。

第三节 十三部位相理分析

十三部位就是面相中央的纵线区分为十三点，各点相理的好坏都暗示人生际遇的休咎。《相理衡真》云："十三部位为面相'紧要关限'之所在，行运至此，如丰隆明润必主吉，若有痣斑、纹疵、凸露、凹陷、破伤、偏斜者必主凶。"十三部位是人的五脏六腑、脑组织和脊髓神经各系统在母体里成长过程的表征，天中、天庭代表胎儿最先形成的神经系统（即脊髓与脑髓）及血液循环系统，司空、中正、印堂代表咽喉及呼吸系统，山根代表心脏循环系统，年上、寿上代表代谢系统（肝与胆），准头代表消化系统，人中代表内分泌及生殖系统，水星、承浆代表消化排泄系统，地阁代表骨骼与小脑的发育情况。

天中——天中平伏丰起，主人青少年运佳，父母健在，出仕早或创业早，并有利于远行，一生不犯官刑。如天中低陷，主无祖业可享，并有官刑牢狱之灾；如天中有灰黑痣及斑纹者，主刑克父母。凡天中相理有瑕疵者，行运至此十六岁必主不吉，附在天中上下左右各部位亦受影响。

天庭——天庭丰隆骨起，主青少年运佳，如再有日月角及边城、山林骨起，主大贵之相格。如天庭骨陷、色恶，主幼少年运程不顺，难得长上爱护。凡天庭相理有瑕疵者，行运至此十九岁必主不吉，附在天庭上下左右各部位亦受影响。

司空——司空主自身之事。司空丰隆骨起者，主立身早，易得贵人提携；如司空平塌、低陷者，主青年时期事业多波折，一生功名无分，如再有恶纹恶痣者，主一生均处于坎坷境地；如司空气色不佳，主有惊恐或不测之灾祸。凡司空相理有瑕疵者，行运至此廿二岁必主不吉，附在司空上下左右各部位亦受影响。

中正——中正主自身之事，凡丰隆骨起者，主人立身早，功名易得，事业易成。如中正低陷者，主没有才智，一生事业难成，难得贵人提携，如再有恶纹恶痣者，不但一生难成事业，而且常遭社会众人嫌弃。凡中正相理有瑕疵者，行运至此二十五岁必主不吉，附在中正上下左右各部位亦受影响。

印堂——印堂为观看人一生命运的中心点。印堂宽平且明润如镜者，主其人一生运气通达，事业有成，可承祖业，同时其人智高超群。如印堂狭窄塌陷，主其人个性不良，多学少成，一生难有好运，也难承受祖业，双眉锁印者尤甚。如印堂有痘痕者，主养他人子女。有灰黑子痣或有悬针纹者，均为命宫陷破而影响一生命运。凡印堂相理有瑕疵者，行运至二十八岁必主不吉，印堂当令之年（即廿八岁至三十二岁，四十一至四十三岁，五十二岁，五十三岁、五十六岁、五十七岁）亦主不吉，附在印堂上下左右各部位亦受影响。

山根——山根为天部与人部连接处，亦是三阳与三阴相会之所。山根宜高不宜低，低则天人二气不接，行运至此必主灾祸；宜宽不宜窄，窄则阴阳之交不畅，行运至此必主小人是非。山根有恶纹恶痣，均主刑克灾祸。恶色来侵山根，更是疾病的前兆。凡山根相理有瑕疵者，行运至此及当令之年（即廿六岁、三十岁、三十四岁、四十一岁）必主不吉，附在山根上下左右各部位亦受影响。

年上——年上丰隆明润，主其人一生健康少病，衣食丰盛。年上塌陷、凸露者，主其人中年多病，事业无成；如有直纹者，难生育而养他人之子；如有横纹者，则要注意外出车马安全。凡年上相理有瑕疵者，行运至当令之年（即三十一岁、三十二岁、三十七岁、

三十八岁、四十四岁、四十五岁）必主不吉，附在年上左右上下各部位亦受影响。（以生日年龄为准）

寿上——寿上之相理标准与年上之标准相同。年上寿上有痣者，男主一生至少有一次桃花劫，或因女色而招祸；女则嫁病夫，或一生为夫辛苦操劳。年上寿上起节者，一生至少有一次大破败。凡寿上相理有瑕疵者，行运至当令之年必主不吉，附在寿上左右上下各部位亦受影响。

准头——准头端圆肉厚者，主个性仁厚且富贵；准头尖薄者，主心毒奸贪，并有刑克；准头气色黄亮如粟者主见财见喜，如有斑点或垢秽颜色者，一生辛劳而少收获。凡准头相理有瑕疵者，行运至当令之年（即十九岁、廿八岁、四十八岁）必主不吉，附在准头上下左右各部位亦受影响。

人中——人中上窄下宽、深而长直者，主老年运气佳，身体健康，子女多且优秀，心性善良，才华高且有恒心。人中短浅、上宽下窄者，主心性不正，寿年不长，子女少。人中平坦若无者，主无子，一生难有好运（有须则另当别论）。人中生纹痣者，均主不吉。凡人中相理有瑕疵者，行运至当令之年（廿二岁、五十一岁、五十六岁）必主不吉，附在人中上下左右各部位亦受影响。

水星——口的棱角分明，形如角弓，开大合小，·唇部有纹，上下唇相覆载，唇色泽鲜润者，主聪明仁厚，文化水准、生活水准及社会地位均高人一筹。口相不成或脸大口小者，主其人老年运不好。凡水星相理有瑕疵者，行运至当令之年（即五十一岁、五十二岁、五十三岁、五十四岁，五十七岁、六十岁、六十四岁、六十五岁）必主不吉，附在水星上下左右各部位行运时亦受影响。

承浆——承浆肉厚，两边有骨起，中心有凹有须且又耸上，主有千杯不醉酒量，并主贵富。承浆有缺陷者主有水厄，亦主服药或饮食中毒，或服药之效果较差。凡承浆相理有瑕疵者，行运至六十一岁定主不吉，附在承浆上下左右各部位亦受影响。

地阁——地阁端厚丰实、天地朝揖者，主贵富，老年健康福寿。如地阁尖薄凹削，主个性不良，劳碌终生；如地阁有恶纹痣或凹陷者，主晚年破败，老运坎坷。凡地阁相理有瑕疵者，行运至七十一岁必主不吉，附在地阁上下左右各部位亦受影响。

第五章　面相部位流年运气

第一节　流年运气歌诀

流年运气是根据人的年龄对应于面相上具体部位的形状佳劣及气色好坏，来判定某人在某一年中的吉凶状况。古人已将其总结成歌诀，读者务必背熟。

流年运气歌：

欲识流年运气程，男左女右各分行。

一岁二岁天轮左，三四周行至天城。

天廓垂珠五六七，八九天轮之上停。

人轮十岁及十一，轮正廓反必相刑。

十二十三并十四，地轮朝口寿康宁。

十五火星居正额，十六天中骨法成。

十七十八日月角，运逢十九应天庭。

辅角二十二十一，二十二岁司空衡。

二十三四边城池，二十五岁中正评。

二十六上主丘陵，二十七岁看墓宏。

二十八遇印堂限，二九三十看山林。

三十一岁行何部，正是得志凌运程。

人命又逢三十二，额上黄光紫气生。

三十三行繁霞上，三十四看彩霞明。

三十五岁太阳位，三十六上会太阴。

三七中阳光似月，三八中阴灿若星。

少阳年当三十九，少阴四十主亨成。

山根路逢四十一，四十二造精舍睛。

四十三岁登光殿，四十有四年上增。

寿上又逢四十五，四十六七两颧擎。

准头喜居四十八，四十九入兰台中。

廷尉相逢正五十，人中五一见深痕。

五十二三居仙库，五十有四食仓盈。

五五得清禄仓米，五十六七法令明。

五十八九过虎耳，耳顺之年过水星。

承浆正居六十一，地库六十二三迎。

六十四岁陂池内，六十五闻鹅鸭鸣。

六十六七穿金缕，归来六十八九程。

不逾之年颂堂上，地阁七十一有情。

七十二三名奴仆，腮骨七十四五真。

七十六七寻子位，七十八九丑牛耕。

太公之年添一岁，更临寅虎相偏灵。

八十二三卯兔宫，八十四五辰龙行。

八十六七巳蛇位，八十八九午马声。

九旬九一未羊走，九十二三猴结群。

九十四五鸡鸣吵，九十六七犬吠鸣。

九十八九亥猪看，人生百岁顺流行。

周而复始轮于面，返老还童兴不尽。

运限并冲明暗九，纹痣缺陷祸非轻。

又兼气色相刑克，骨肉破散自伶仃。

晦滞偏斜非吉兆，更逢破败入幽冥。

倘若运逢部位好，顺明喜色福相迎。

谁识神仙真妙诀，相逢谈笑世人惊。

[注释]：1.耳顺之年，指六十岁。不逾之年，指七十岁。太公之年，指八十岁。

2.七十六岁至一百岁，两岁为一部分，用十二地支去代替。歌诀中用地支或生肖，即子（鼠）、丑（牛）、寅（虎）、卯（兔）、辰（龙）、巳（蛇）、午（马）、未（羊）、申（猴）、酉（鸡）、戌（犬）、亥（猪）。

现将流年对应的部位名称列成下表，以帮助理解和记忆。

岁 数	部 位	岁数	部 位	岁 数	部 位	岁 数	部 位
1、2、3	天轮	32	紫气	54	食仓	86、87	巳
4	天城	33	繁霞	55	禄仓	88、89	午
5、6、7	天廓	34	彩霞	56、57	法令	90、91	未
8、9	天轮	45	太阳	58、59	虎耳	92、93	申
10、11	人轮	36	太阴	60	水星	94、95	酉
12、13、14	地轮	37	中阳	61	承浆	96、97	戌
15	火星	38	中阴	62、63	地库	98、99	亥
16	天中	39	少阳	64	陂池		
17	日角	40	少阴	65	鹅鸭		
18	月角	41	山根	66、67	金缕		
19	天庭	42	精舍	68、69	归来		
20、21	辅角	43	光殿	70	颂堂		
22	司空	44	年上	71	地阁		
23、24	边城	45	寿上	72、73	奴仆		
25	中正	46、47	颧骨	74、75	腮骨		
26	丘陵	48	准头	76、77	子		
27	坟墓	49	兰台	78、79	丑		
28	印堂	50	廷尉	80、81	寅		
29、30	山林	51	人中	82、83	卯		
31	凌云	52、53	仙库	84、85	辰		

第二节　面部流年运气图解

一、流年段的区间划分和具体位置

流年运气部位歌，实际包含五个时间段：

第一段：两耳部分，管 1～14 岁。

第二段：上停部位，管 15～30 岁。

第三段：中停部位，管 31～50 岁。

第四段：下停部位，管 51～75 岁。

第五段：长寿部位，管 76～99 岁。

由于实际运用中，判定流年运气多数针对 15～75 岁的阶段而言。故这里着重将此阶段的各个部位具体位置作个解析：

上停部位：

15 岁——火星，在前额深入发际约二厘米处。

16 岁——天中，在前额最上部紧接发际处。

17、18 岁——日月角，在额骨左右微凸之处。

19 岁——天庭，在额骨中心，即额部中心。

20、21 岁——左右辅角，在日月角之下偏左、右两眉之上，约与司空成一线偏下之处。

22 岁——司空，在整个额部的中心。

23、24 岁——左右边城，在上发际与左右发际交会处。

25 岁——中正，在司空与印堂之间。

26 岁——丘陵，在左太阳穴。

27 岁——冢墓，在右太阳穴。

28 岁——印堂，在两眉之间，山根之上。

29、30 岁——左右山林，在额骨之左右端，与日月角一线靠左右发际之处。

中停部位：

31 岁——凌云，位于左眉头。

32 岁——紫气，位于右眉头。

33 岁——繁霞，位于左眉尾。

34 岁——彩霞，位于右眉尾。

35 岁——太阳，位于左眼头及眼白。

36 岁——太阴，位于右眼头及眼白。

37 岁——中阳，位于左瞳孔虹膜。

38 岁——中阴，位于右瞳孔虹膜。

39 岁——少阳，位于左眼角白眼及眼眉。

40 岁——少阴，位于右眼角白眼及眼尾。

41 岁——山根，位于眼与眼之间，印堂下面的低凹处。

42 岁——精舍，位于左眼头上。

43 岁——光殿，位于右眼头上面。

44 岁——年上，位于山根下，鼻骨上部。

45 岁——寿上，位于年上下面，准头上面，即鼻骨中间。

46 岁——左颧，位于左颊骨上面隆起之处。

47 岁——右颧，位于右颊骨上面隆起之处。

48 岁——准头，即指鼻头。

49 岁——兰台，指左鼻翼。

50 岁——延尉，指右鼻翼。

下停部分：

51 岁——人中，位于鼻之下的沟洫。

52 岁——左仙库，位于人中的左外侧。

53 岁——右仙库，位于人中的右外侧。

54 岁——食仓，位于左仙库之外侧，左嘴角之上靠近左法令线之处。

55 岁——禄仓，位于右仙库之外侧，右嘴角之上靠近右法令线之处。

56岁——左法令线。

57岁——右法令线。

58岁——左虎耳，位于颧骨稍左下。

59岁——右虎耳，位于颧骨稍右下。

60岁——水星，位于上下嘴唇。

61岁——承浆，位于下唇下低凹处。

62岁——左地库，位于承浆之左侧。

63岁——右地库，位于承浆之右侧。

64岁——陂池，位于左唇的外侧。

65岁——鹅鸭，位于右唇的外侧。

66岁——左金缕，位于陂池的左边斜上，法令线外。

67岁——右金缕，位于鹅鸭的右边斜上，法令线外。

68岁——左归来，位于左臼齿之正上面，约为嘴唇一线处。

69岁——右归来，位于右臼齿之正上面，约为嘴唇一线处。

70岁——颂堂，位于承浆下，地阁边。

71岁——地阁，即颏骨尖。

72岁——左奴仆，位于地库之左侧，约在陂池正下方。

73岁——右奴仆，位于地库之右侧，约在鹅鸭正下方。

74岁——左腮，位于左归来左侧。

75岁——右腮，位于右归来右侧。

二、流年运气图解

面相部位流年运气，如下图所示：

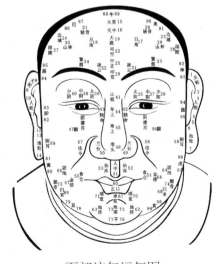

面部流年运气图

周易相学点窍

1. 流年运气七大部属

为了便于解析和记忆，我们把一岁至七十五岁的流年运气结合面上的主要部位将之划分为七大部属：

（1）耳运（管十四年）。

（2）额运（管十六年）。

（3）眉运（管四年）。

（4）眼运（管六年）。

（5）鼻运（管十年）。

（6）唇运（管十年）。

（7）颏运（管十五年）。

2. 七大部属区的概况

（1）耳运：耳部运管十四年，左耳为金星管一岁至七岁，右耳为木星管八岁至十四岁。

这段时间是人生的幼年、少年时期，受双亲及长辈的保护，此间受大人们运气的影响较大。耳部是祖先余德、双亲恩惠的象征。耳也是自己过去的记录。耳的上部轮廓凹凸，左右耳之形状极端不同者，说明与双亲缘薄，十五岁时与双亲的分离之可能性大。反之，耳上部轮廓整齐，说明小时候充分受到双亲的恩泽，或是承受祖先余荫，预示以后的人生能顺顺当当。耳主聪，贯脑通肾，为心之司，肾之侯，故肾气实则清而聪，肾气虚则昏而浊。在五官中，耳为采听官，主声誉。

（2）额运：额部运管十六年，即从十五岁至三十岁。

额为一体之府，一身之天，诸阳之首，形体之先。喜阔而圆，忌窄而尖，阔而圆者贵，窄而尖者贱。经云："额大而方，富贵无殃；促面狭额，至老贫厄。"观乎此，可见额之美恶，关系人生之荣枯。额部运气是由色泽之变化决定，走额部运时正是人生的青年时期，故额部决定职业与婚姻大事。另外，额的上部（靠近发际）可看出人的推理、智慧、想象能力的高低，额的中部（额骨中心及周围），可体现人记忆力的好坏，额的下部（眉上与眉间），可体现人直观力的强弱。

（3）眉运：眉部运管四年，即从三十一岁至三十四岁。

眉为五官之一，凡人的善恶、邪正，眉均足以表示之。眉者，媚也，为两目之会盖，一面之威仪，且属两目之精英，故眉之粗细浓淡及其高低长短，均与人的性情行为有着密切的关系。决定女性生涯运的为眉与眼。实际上，不论男女，眉相的好坏均会对姻缘与人缘产生影响。

（4）眼运：眼部运管六年，即从三十五岁至四十岁。

眼者，身之日月也。左眼为日，像父；右眼为月，像母。寐（熟睡）则神和于心，寤（睡醒）则神依于眼，故眼神为神之游息宫也。另外，人的贵贱在很大程度上也决定于眼，人的心灵善恶完全藏于眼神之中。

（5）鼻运：此部运管十年，即从四十一岁至五十岁。

鼻乃一面之柱，为肺之灵苗，肺虚则鼻通，肺实则鼻塞。人面之鼻，无异于地面之土山也。山不厌高，土不厌厚，故鼻宜端正耸直，准头圆润，孔窍丰厚，且收藏不露也。鼻是男性最重要的部分，由鼻可知男子之"能力"。对于男性而言，到四十岁又是重新开始，为一大转机。故鼻运为男性开创新人生之年限。鼻乃财帛宫，一生钱财多寡由鼻可以预示。对于女性而言，鼻乃夫座，鼻之好坏，也可测知其夫之优劣。

（6）唇运：此部运管十年，即从五十一岁至六十岁。

唇为口之城廓，舌之门户，一开一闭，荣辱之所也。唇宜端厚而不宜尖薄，欲棱方而不宜促缩，取覆载，多纹理，上下唇相当，其色如丹砂者贵，白或黑者贱矣。

（7）颏运：此部运管十五年，即从六十一岁至七十五岁。

颏即地阁，主富贵之根基，验运限之否泰，决人生晚年之祸福。颏欲端而方，欲厚而肥，欲朝而拱，欲宽而满。不宜狭薄尖小，昏黑亏缺。故丰盈者富贵，狭小者贫贱；肥厚者积衣食，瘦削者破祖业，一生无根基，万事不成。

以上只是七部运的概况，欲知每年运气的吉凶，还必须逐一对应于具体部位，并参看相关联的部位进行判断，这是相术中的应用技能，望读者们务必学会。

第三节　面相流年运气断法

中国的人相学起源于中医学，又融会了遗传学和生理学的基础理论，运用流年作为验证方法，其历史悠久而又博大精深。该相学不仅能观察人的健康、智慧与个性，同时也能判定人的富贵贫贱、妻财子禄、寿夭凶亡、六亲刑克及流年运程，既能为中国人作分析判断，也能为世界其他国家的人作分析判断。

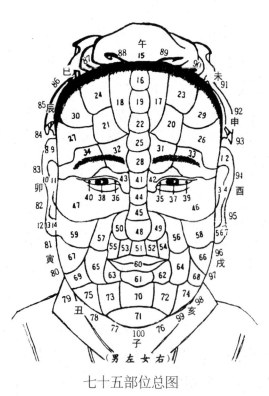

七十五部位总图

人相学观看流年的方法，最通行的有"七十五部位流年法"，其他的还有"法令流年法""三停流年法""耳鼻流年法"等多种方法。

一、七十五部位流年法

七十五部位流年法是根据面相七十五部位本位的优劣判断人命运流年的吉凶，此是最普遍通行的流年法，简单易学是其最大的优点。例如，三十一岁为左眉前端部位，视其左眉前端部位相理的优劣而推断其命运流年的吉凶。如果运用七十五部位流年法观看大富大贵或大凶大败的相格，则可谓相当准确；如果用于观看普通相格，则准确度相对递减，但人世间普通相格占绝大多数，而大富大贵或大凶大败的相格只占万分之一，能观看每岁之流年运程，而不能观看数年或十数年阶段性的流年运程。

面相七十五部位名称表：

左天轮 1、2岁	左人轮 3、4岁	左地轮 5、6、7岁	右天轮 8、9岁	右人轮 10、11岁	右地轮 12、13、14岁
火星 15岁	天中 16岁	日角 17岁	月角 18岁	天庭 19岁	辅角 20、21岁
司空 22岁	边城 23、24岁	中正 25岁	邱陵 26岁	冢墓 27岁	印堂 28岁
山林 29、30岁	凌云 31岁	紫气 32岁	繁霞 33岁	彩霞 34岁	太阳 35岁
太阴 36岁	中阳 37岁	中阴 38岁	少阳 39岁	少阴 40岁	山根 41岁
精舍 42岁	光殿 43岁	年上 44岁	寿上 45岁	颧骨 46、47岁	准头 48岁
兰台 49岁	廷尉 50岁	人中 51岁	仙库 52、53岁	食仓 54岁	禄仓 55岁
法令 56、57岁	附耳 58、59岁	水星 60岁	承浆 61岁	地库 62、63岁	陂池 64岁
鹅鸭 65岁	金缕 66、67岁	归来 68、69岁	颂堂 70岁	地阁 71岁	奴仆 72、73岁
腮骨 74、75岁	子 76、77岁	丑 78、79岁	寅 80、81岁	卯 82、83岁	辰 84、85岁
巳 86、87岁	午 88、89岁	未 90、91岁	申 92、93岁	酉 94、95岁	戌 96、97岁
亥 98、99岁					

运用七十五部位流年判断流年运程，面部左右眉、左右眼、左右耳、额、鼻、口等九个部位相理相当重要。判断一个人面相部位当令流年运程的吉凶，这九个部位有显著缺陷或瑕疵时，该部位当令流年运程一定欠顺利，颇为准确。

左眉：主 1 岁、10 岁、19 岁、28 岁、37 岁、46 岁、55 岁、64 岁、73 岁、82 岁、91 岁流年吉凶。

右眉：主 7 岁、16 岁、25 岁、34 岁、43 岁、52 岁、61 岁、70 岁、79 岁、88 岁、97 岁流年吉凶。

左眼：主 5 岁、14 岁、23 岁、32 岁、41 岁、50 岁、59 岁、68 岁、77 岁、86 岁、95 岁流年吉凶。

右眼：主 8 岁、17 岁、26 岁、35 岁、44 岁、53 岁、62 岁、71 岁、80 岁、89 岁、98 岁流年吉凶。

左耳：主 4 岁、13 岁、22 岁、31 岁、40 岁、49 岁、58 岁、67 岁、76 岁、85 岁、94 岁流年吉凶。

右耳：主 9 岁、18 岁、27 岁、36 岁、45 岁、54 岁、63 岁、72 岁、81 岁、90 岁、99 岁流年吉凶。

额部：主 6 岁、15 岁、24 岁、33 岁、42 岁、51 岁、60 岁、69 岁、78 岁、87 岁、96 岁流年吉凶。

鼻部：主 2 岁、11 岁、20 岁、29 岁、38 岁、47 岁、56 岁、65 岁、74 岁、83 岁、92 岁流年吉凶。

口部：主 3 岁、12 岁、21 岁、30 岁、39 岁、48 岁、57 岁、66 岁、75 岁、84 岁、93 岁流年吉凶。

二、法令流年法

法令流年法，是根据面部左右法令优劣而判断人的流年运程吉凶。例如，左法令形状优良，则主一岁至三十岁事业上顺利有成；右法令形状优良，则主三十岁至六十岁事业顺利有成。根据当今社会的情况，一般是左法令主二十岁至五十岁之流年运程，右法令主五十岁以后之晚年运程。

三、三停流年法

三停流年法是根据面相三停的优劣而判断人流年运程的吉凶。上停主十五岁至三十岁之流年运程吉凶，中停主三十一岁至五十岁之流年运程吉凶，下停主五十一岁后之流年运程吉凶。三停流年法的缺点，是无法观看面相细部流年运程之吉凶的。

四、耳鼻流年法

耳鼻流年法是根据两耳及鼻形的优劣而判断人流年运程的吉凶。其方法是，先以左耳算起主行运二十年，次以鼻主行运二十年，最后以右耳主行运二十年。其缺点是只能观看一生运程的基本概况，而不能观看细部流年的吉凶。

五、地支流年法

从七十六岁至一百岁，用地支表示外侧一圈（面部的边缘）分为十二个部位，用十二地支表示。从地阁子位起，男命按逆时针方向，女命按顺时针方向行运，每二岁行一步，周而复始，至一百岁归还子位，故称为周游运。如下图所示：

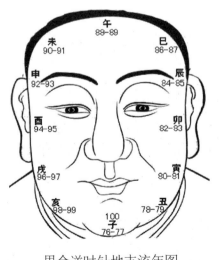

男命逆时针地支流年图

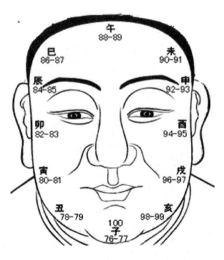

女命顺时针地支流年图

十二地支的流年位，用子、丑、寅、卯、辰、巳、午、未、申、酉、戌、亥来表示，其看法重点观察精、气、神、色四项。形相贵在丰正平满，忌偏侧倾斜；色贵在红黄明润，忌青黑暗晦。若再观看眼神、语神、坐神、立神、行神，则吉凶休咎成竹于胸。

1. 子位

[年龄]：七十六岁、七十七岁。男女同论。

[部位]：在下颚正中、地阁之下。

[看法]：子位端方平满者富贵，又主子孙荣昌。狭薄削小者贫贱，又主耄耋清寒。肥厚者，起居爽健；色泽者，田宅饶余，皆主末运亨泰。行运至此，尤重髭须，清秀朗健，景阳高广气足；唇齿不露，地阁丰朝。总之，子位端方平满，燕颔重颐，再额头宽广，耳色白润，精、气、神、色四者俱佳，必享荣华富贵，福寿双全；相反者，主不贫苦也、灾或死亡。

[诗诀]：

> 子宫正北壬癸水，髭须清秀水星为。
>
> 若得景阳来相扶，水火既济气魁魁。

2. 丑位

[年龄]：七十八岁、七十九岁。

[部位]：在左腮骨的下缘，近归来；女性在右腮骨的下缘，近归来。

[看法]：丑位吉凶，当与左腮骨及左地库二部合而观之，丰厚圆满，平正朝接，气色明润者，再加头颈不倾，眉毛不落，精、气、神、色俱佳，主富贵且寿考；偏狭尖陋、瘢痕、破缺、气色枯暗者，皆主困苦贱贫。行年至此，宜精神充足，步履稳健。

[诗诀]：

> 丑逢七八七十九，形神固体不倾头。
>
> 最怕神滞又气短，不久人间有寿忧。

3. 寅位

[年龄]：八十岁、八十一岁。

[部位]：在左耳珠下缘，近附耳（女性在右）。

[看法]：寅位吉凶，当与左腮骨入左附耳二部合而观之，喜丰满、润泽、色黄，忌塌陷枯燥色黑。总之，寅位丰满、色泽黄润，再加上后阳有势，耳色白润，眉有白毫，精、气、神、色四者俱佳，必福寿双全。

[诗诀]：

寅交八十八十一，液漕项绦不可失，

脑后忧毫须兼看，切忌色嫩目神急。

4. 卯位

[年龄]：八十二岁、八十三岁。

[部位]：左耳门旁，即命门位平对兰台之处（女性在右）。

[看法]：卯宫吉凶，当与两颧、骨及左附耳一部合而观之，宜丰满润泽，气色鲜明，忌陷削枯燥，气色暗滞。总之，卯位与颧骨、左附耳，丰满润泽，无凹陷、削薄、枯焦，眉毛不落，鼻色润，再加上精、气、神、色四者俱佳，必福寿齐全；相反者，不贫苦即病灾或死亡。

[诗诀]：

卯遇八二八十三，子午卯酉正冲关。

欲求此年平安过，紫气添增印堂间。

5. 辰位

[年龄]：八十四岁、八十五岁。

[部位]：在左眉尾上侧，逼近发际（女性在右）。

[看法]：辰位吉凶，当与丘陵、天轮二位合而观之，若辰位形色之宜忌，则休咎更显矣。须天轮照眉照额，丘陵骨势丰起，唇色鲜艳，耳色白，眉毫皆白，头不低垂，再加上精、气、神、色俱佳，

必福寿俱全；反之，不贫苦，也必病、灾或死亡。

[诗诀]：

> 辰居眉尾东南角，八十四五眉增白。
>
> 目有真光面有气，前山不倒寿近百。

6. 巳位

[年龄]：八十六岁、八十七岁。

[部位]：在左额头，逼近发际（女性在右）。

[看法]：巳位吉凶，当与左右二位边城同观，丰满光泽，无疵痕暗晦，额色光洁，再加上精、气、神、色四者俱佳，必享福寿齐全；相反者，必贫苦、病、灾或夭亡。

[诗诀]：

> 巳转上角逢太阳，龙争虎斗定有伤。
>
> 假如面暗神气亏，八十六七登仙堂。

7. 午位

[年龄]：八十八岁、八十九岁。

[部位]：在前额正中，火星之上（男女同论）。

[看法]：午位流年吉凶，须与额部同观，最重精神，气色黄明吉，黑暗者凶。若额顶巍峨，如旭日高升，则福寿无涯。说具体一点，午位吉凶，须与额部的天中、天庭及人中、地阁部位合观，各位均须符合相理标准，再者后有肉堆，眉毛无脱落，且精、气、神、色俱佳，必福寿双全。

[诗诀]：

> 午正南方火星位，冬寒逢水必难为。
>
> 八十八九如无事，满面莹光颈绦堆。

8. 未位

[年龄]：九十岁、九十一岁。

[部位]：在右额头，逼近发际（女性在左）。

[看法]：未位吉凶，须与右边城同观，再参以巳位及左边城之形色，则宜忌可知，按色立判矣。若丰满光泽，眼神充足，眉毛不枯落，耳色白润，再加上精、气、神、色俱佳，必享福寿双全；反之，不贫苦也必病、灾死亡。

[诗诀]：

> 未轮九十九十一，眼神眉头观祸福。
>
> 最忌眉枯眼神滞，子孙三代亦主位。

9. 申位

[年龄]：九十二岁、九十三岁。

[部位]：在右眉尾上侧，逼近发际（女性在左）。

[看法]：申位吉凶，宜与冢墓、丘陵及左右天轮合而观之，再证以辰位及天轮之形色是否左右相称，气色或明或暗，老境或甘或苦，可灼然而知矣。

总之，申位丰满，左右丘陵、冢墓和左右天轮四位形成左右相称之势，再加上满面寿斑、鼻部色润、口唇鲜艳，而且精、气、神、色俱佳，必主福寿双全。

[诗诀]：

> 申逢九二九十三，满面周流增寿斑。
>
> 如若是年人健在，神仙之体内气还。

10. 酉位

[年龄]：九十四岁、九十五岁。

[部位]：在右耳门旁，即命门位，平对廷尉（女性在左）。

[看法]：酉位吉凶，当与右颧骨及右附耳合而观之，再参以卯位及左附耳之形色，是否左右相应，气色或明或暗，进退存亡，不难预知。若左右相称，两耳色泽明润，额部光洁，再加上精、气、神、色俱佳，主必福寿双全；反之，不贫即病、灾或死亡。

[诗诀]：

酉与卯对四仲应，金木紫光印堂明。

九十四五从健寿，目藏真光不同论。

11. 戌位

[年龄]：九十六岁、九十七岁。

[部位]：在右耳珠下缘，近附耳（女性在左）。

[看法]：戌宫吉凶，当与右腮骨及附耳合而观之，再证寅位，及左附耳之形色，是否高低合格，气色明暗，如是则得失行藏不难，胸有成竹也。总之，戌位丰厚平满，同时右腮骨及右附耳也丰厚饱满，而且额部光洁，眉毛不脱落、头颅不倾侧低垂，再加上精、气、神、色俱佳，必主福寿齐全。

[诗诀]：

戌宫九六九十七，形正气爽精神足。

最忌头倾前山倒，子子孙孙衣孝服。

12. 亥位

[年龄]：九十八岁、九十九岁。

[部位]：在右腮骨之下缘，近归来（女性在左）。

[看法]：亥位吉凶，当与右腮骨及右地库对照观之，若其骨肉停匀，气色润泽，精神饱满，视听如常，虽寿逾百龄，也不得为善颂善祷也。亥位丰厚平满，同时右腮骨和右地库也丰厚饱满，而且眼伏真光，耳色光润，再加上精、气、神、色俱佳，主必福寿双全。

[诗诀]：

亥位难得交未宫，内外形脱犹如同。

九十八九精神好，鸡皮鹤发一仙翁。

13. 百岁期颐

[诗诀]：

欲问百岁何处有，耳大五寸寿星头。

如在延年百岁外，魁首灵台复始求。

六、八仓二库流年法

八仓二库是指外仓、人仓、眉仓、眼仓、天仓、禾仓、囤仓、食禄仓及家库、地库。八仓二库流年法的最大特点是将面相流年分为十个大运及三十六个小运。十个大运名为"八仓二库"所主的流年运气，仓与库的名称均系沿袭古籍所列的一百三十部位的"仓位"与"库位"名称。每一个大运年限最短为三年，最长为十四年。三十六个小运的名称是根据面相三停六府、五岳四渎、五星六曜、十二宫、十二起骨以及三十六宫的名称来命名的；小运年限最长为十四年，最短为一年。

1. 外仓运

年龄段： 一岁至十四岁。

大运位： 一岁至七岁在左耳；八岁至十四岁在右耳（耳相重点看耳垂）。

小运位： 山根、地库。

当令流年位： 一岁在左眉，二岁在鼻部，三岁在口部，四岁在左耳，五岁在左眼，六岁在额部，七岁在右眉。

八岁在右眼，九岁在右耳，十岁在左眉，十一岁在鼻部，十二岁在口部，十三岁在左耳，十四岁在左眼。

配观位： 额头、天仓和耳色。

一岁、二岁本位名为"天轮"，五官名"采听官"，五星名"金星"，四渎名"江渎"，四学堂名"外学堂"，又名"禄堂"，位于左耳上边部位（男左女右以下均同论），最宜轮廓分明，圆而厚实，色泽鲜艳，主一岁、二岁流年运佳；最忌薄而倾前，轮反廓露，天轮破缺，色泽枯暗，主一岁、二岁流年不佳。一岁至十四岁之流年休咎，应配合婴儿相、幼儿相、儿童相观看，综合论断。

三岁、四岁本位名为"人轮"，即左耳中凹处。轮廓厚实，耳孔（风门）宽大，色泽鲜艳，主三岁、四岁流年运佳聪慧过人；如色泽暗淡、枯燥、赤青者，不夭即病。最忌耳孔过小，廓高于轮（木火形人不忌），主三岁、四岁流年运气不佳，成年后离家发展而少子息；有轮无廓，主一生孤贫（鹿耳人不忌）。

五岁至七岁本位名为"地轮"，即左耳下边厚肉，又名"垂珠"。最宜垂珠朝口，主五岁至七岁流年运佳，健康少病，中老年富贵寿考；最忌垂珠上大下小，或无垂珠，主五岁至七岁流年运不佳，并一生操劳。耳无垂珠者，主幼年家境不佳，一生难聚大财，或虽有财富但晚年灾病孤独。

八岁、九岁本位名为"天轮"，即右耳上边部位（男右女左），五星名"木星"，观看标准同左耳天轮。

十岁、十一岁本位名为"人轮"，即右耳中凹之处，又名"命门"，观看标准同左耳人轮。

十二岁至十四岁本位名为"地轮"，即右耳下边之厚肉，又名"垂珠"，观看标准同左耳地轮。

观看一岁至十四岁之流年，除应着重本位（左耳或右耳）相理，左右两耳形状、高低、大小一致，金星木星不相互克制。小运位山根不断，地库不亏；一岁至四岁当令流年位相理无瑕疵。配观位额头高阔丰隆，天仓骨起，耳色鲜艳。若各部位相理均好，才可以断定一岁至十四岁流年运佳，幼少年聪明好养，家境富裕，亲情浓厚，可享父祖福荫，甚至幼年大发。即使自身不发，其父母亦必好运连年。如金木相克（即左耳坏右耳好），天仓骨陷，额头形劣，山根折断，地库有亏，耳色枯暗者，则主其人刑克父母及幼年灾凶夭折。耳轮和亲情特别有关，耳廓和健康特别有关，耳门和智慧特别有关。若垂珠朝边地，则主幼年早发。

2. 人仓运

年龄段：十五岁至廿四岁。

大运位：丘陵、冢墓。

小运位：十五岁、十六岁在中正，十七岁、十八岁在华阳，十九岁在准头，二十岁和廿一岁在天仓，廿二岁在人中，廿三岁和廿四岁在额头。

当令流年位：十五岁在额，十六岁在右眉，十七岁在右眼，十八岁在右耳，十九岁在左眉，二十岁在鼻，廿一岁在口，廿二岁在左耳，廿三岁在左眼，廿四岁在额。

配观位：十五岁、十六岁在天阳、华阳、两耳、发际、日角、月角，十七岁、十八岁在两眼、两耳、两眉、日角、天仓；十九岁在眉眼势、发角、日月角；二十岁、廿一岁在火星、年寿、水星；廿二岁在两耳、山根、痣斑、纹痕；廿三岁、廿四岁在眼神、华阳、发角、天庭。

十五岁、十六岁本位名分别为"火星"及"天中"，三停名"上停"，五岳名为"南岳"，四学堂名为"禄学堂"。火星位于发际正中的上端，天中位于发际正中的下端，须高隆平起，无凹陷痣纹，发际整齐无尖出。辅观位为"中正"。观看十五岁、十六岁流年运程，除应着重本位（火星、天中）相理外，尚须大运位丘陵、冢墓之骨法有起，小运位中正饱满丰隆，当令流年位（额与右眉）无缺陷，高起有托，配观位天阳（即头顶）平伏起，华阳气势不弱，两耳高耸照额，日角月角丰圆者，才可以判断十五岁、十六岁之流年运佳，主聪明上进，健康少病，又有胆识。如天阳、华阳、中正三位骨陷，发尖冲印，双耳低弱者，必主大不吉，非贫即夭，或破祖离乡、刑克灾厄。

十七岁、十八岁本位名分别为"日角""月角"，在十二宫中，日月角为"父母宫"，日角位于左额眉头之上，月角位于右额眉头之上（男左女右）。额须高耸明净，无斑痕、疵痣、低陷、倾斜。观看十七岁、十八岁之流年，除应着重本位（日角、月角）相理外，尚须大运位丘陵、冢墓之骨法有起，小运位华阳骨势隆起，当令流年位右眼与右耳无缺陷，同时配观位两眼要有神，两耳有托，两眉形秀，发际不掩日月角，天仓饱满，才可以判断十七岁、十八岁之流年运佳，主学业名列前茅，并得长上师长之爱护和提携。如果任何一位相理不佳者，均以不吉论，可依十二宫相理之优劣断其吉凶。如两眼无神光，再加两耳金木相克，华阳骨气弱，两眉形劣者，必主大不吉，非贫即夭，或刑克灾厄。

十九岁本位名为"天庭"，位于天中之下，司空之上，须平阔而又骨起，气色光明。

观看十九岁之流年，除着重本位（天庭）相理外，尚须大运位丘陵、冢墓之骨法有起，小运位准头圆满藏孔，当令流年位左眉无缺陷，配观位眉目势、发角、日月两角光明圆秀，鼻气势上贯于脑顶，发角不冲双眉，才可以判断十九岁流年运佳，考试及第，为人生一大转折点。如眉目无气势（尤重左眉），日月角破陷或偏斜，发角冲眉，鼻准扁塌气弱者，纵然天庭本位相理佳亦不发运。若天庭狭窄、缺陷或有恶痣乱纹，则主妨克父母，并防火厄，或学业不成误入歧途。

二十岁、廿一岁本位名分别为"左辅骨""右辅骨"，亦名"辅角"，位于左右额日角月角之旁。十二宫为"福德宫"，六府为"上二府"，生理学属"额部"，解剖学名"上顶部两侧"，须骨起而形势充实，气色黄明。观看二十岁、廿一岁之流年，除应着重本位（左辅骨、右辅骨）相理外，尚须大运位丘陵、冢墓之骨法有起，小运位天仓气势饱满，当令流年位（鼻与口）无缺陷，配观年寿丰隆、口形有托、火星不陷，才可以判定二十岁、廿一岁流年运佳，可遇贵人，诸事逢凶化吉。如年寿塌陷凹凸歪曲，水星形劣不托，天仓凹陷或露骨者，则运多逆滞阻碍或刑克灾厄。

廿二岁本位名为"司空"，位于前额天庭之下，中正之上，生理学属"额部"，解剖学名"前头部"。须平正起骨，色泽光明，无恶纹恶痣。观看二十二岁之流年，除应着重本位（司空）相理外，尚须大运位丘陵、冢墓之骨法有起，小运位人中四水有通，当令流年位左耳无缺陷，且配观位两耳山根应照眉照额、山根丰隆者，才可以判断廿二岁流年运佳，尤其是青年人之考试运，可保金榜提名。如果金木二星相克，两耳生低垢暗，山根折断，人中细窄短浅者，则主廿二岁有大凶，要特别注意保健及外出车马安全。但眉秀有彩，眼伏真光者，则减半论，主逢凶化吉。

廿三岁、廿四岁本位名分别为"左边城""右边城"，又名"边地"，位于发际线之两侧，须骨愈隆起愈佳，不宜倚侧凹陷，无恶纹恶痣，发际亦整齐。观看廿三岁、廿四岁之流年，除应着重本位（左边城、右边城）相理外，尚须大运位丘陵、冢墓之骨法有起，小运位额头如覆肝，当令流年位左眼与额头无缺陷，且配观位两眼要有神、华阳有势、天庭饱满、发角不冲眉，才可以判断廿三岁、廿四岁之流年运佳，尤其是青年们就业顺利创业成功，劳少获多，工作如意，晋级加薪。如两眼形恶带刹，华阳骨气弱，额窄有坑，本位骨势不起，发际不整齐，主本两岁流年大为不吉，多凶厄灾疾，或刑克六亲。

3. 眉仓运

年龄段： 廿五岁至三十四岁。

大运位： 眉仓。

小运位： 廿五岁在木星，廿六和廿七岁在景阳，廿八岁在后阳，廿九岁和三十岁在口形，三十一岁和三十二岁在年寿，三十三岁和三十四岁在法令

当令流年位： 廿五岁在右眉，廿六岁在右眼，廿七岁在右耳，廿八岁在左眉，廿九岁在鼻，三十岁在口，三十一岁在左耳，三十二岁在左眼，三十三岁在额，三十四岁在右眉。

配观位： 廿五岁在两眉、两耳、山根；廿六岁和廿七岁均在景阳、两眼、两耳、印堂、山根、发角；廿八岁在天仓、准头、两眼、地库；廿九岁和三十岁在印堂、山根；三十一岁和三十二岁在两眼、

两耳；三十三岁和三十四岁在山根、天仓、发角、鼻、眼、三轻、三浓。

廿五岁本位名为"中正"，位于司空之下，印堂之上，在十二宫中为"官禄宫"，宜丰满骨起，色泽光润，不宜凹陷成坑，亦无恶纹、恶痣。

观看廿五岁之流年，除应着重本位（中正）相理外，尚须大运位眉仓之饱满有势，木星高耸照眉，当令流年位右眉无缺陷，再配观两眉有势有彩、山根丰隆不断、两耳小运位形状一致、轮廓不露（木火形人不忌）、垂珠朝口，才可以判断廿五岁之流年运佳，可成家创业，或转行改业，百般顺利，见财见喜。

若两眉形状不一，尤其右眉带煞（即眉尾上翘不聚有旋等）山根断折，金星克木星，两耳形恶无珠者，必主大不吉。若本位再骨陷则主大凶（因十五岁、廿二岁、廿五岁、三十五岁为关限之年不吉则凶）。

廿六岁、廿七岁本位名分别为"丘陵"、"冢墓"，位于左右额眉梢之上，须骨起高隆峥嵘，愈大愈好，同时气色明朗，无低陷色恶。当令流年位为廿六岁在右眼，廿七岁在右耳；辅位为景阳；配观位为两眼、两耳、印堂、山根、发角。观看廿六岁、廿七岁之流年，除应着重本位（丘陵、冢墓）相理外，尚须大运位小运位眉仓饱满有气，景阳天庭骨隆阔，当令流年位右眼与右耳无缺陷，再以配观位的景阳两眼神藏形秀、两耳轮廓清晰，印堂宽平，山根不断，发角不冲眉，才可以判断廿六岁、廿七岁流年运佳，并连年好运。若天庭骨陷，两眼形恶神滞，两耳薄而无珠，轮飞廓反，山根断折，发角冲眉者，则主廿六岁、廿七岁之流年大为不吉；若本位再骨陷者，则必见凶厄刑克。

廿八岁本位名为"印堂"，又名"明堂"，六曜名"紫气星"，十二宫名"命宫"，中医学名"眉心"，位于两眉中央，须骨方起或圆平如镜，无乱纹恶痣。观看廿八岁之流年，除应着重本位

（印堂）相理外，尚须大运位眉仓饱满有气，小运位后阳骨高隆起或横强起，当令流年位左眉无缺陷，且配观位两眼形佳神定、天仓丰满不陷不露、准头圆厚隆起、地库不陷不削，才可以判断廿八岁之流年大吉大利，为官者官星大旺，必晋级加薪，或竞选公职成功，业商者可投资创业马到成功。

若左眉尾散乱逆旋，或眉形六害，天仓气弱或露骨，本位虽好，亦不发运；若本位再有破陷纹痣，后阳扁平，则定主大不吉，主有凶厄刑克，是非损财。

廿九岁、三十岁本位名分别为"左山林""右山林"，又名"驿马"，六府为"上二府"，十二宫为"迁移宫"，位于边城之旁，邱陵冢墓之上方，须骨肉饱满，色泽光明，左右山林无高低倾侧坑陷恶痣。观看廿九岁、三十岁之流年运程，除应着重本位（左山林、右山林）相理外，尚须大运位眉仓饱满有气，小运位口形上下唇整齐色鲜，当令流年位（鼻与口）无缺陷，且配观位印堂不陷、山根不断者，才可以判断廿九岁、三十岁之流年运吉，可见财见喜，更宜出外经商发展。若鼻形恶劣气弱，印堂破陷或有恶纹、恶痣，山根低陷或有恶纹、恶痣，再加口形恶劣者，则主败业凶灾或刑克六亲。

三十一岁、三十二岁本位名分别为"凌云""紫气"，五官名为"保寿官"，六曜左眉名"罗喉星"，右眉名"计都星"，十二宫名"兄弟宫"，须双眉清长，双分入鬓，或如悬犀新月，首尾丰盈，高居额中，无六害眉之各种缺陷，眉上无乱纹。观看三十一岁、三十二岁之流年运程，除应着重本位（凌云、紫气）相理外，尚须大运位眉仓饱满有气，小运位年寿骨起有势，当令流年位左耳与左眼无缺陷，再以配观位两耳形秀、轮廓分明、金木不相克，两眼神清、黑白分明，才可以判断三十一岁、三十二岁之流年运佳，为官者可迁调新职，经商者可发展新事业，并可遇贵人，交友得利，财喜重重。若金木二星（尤其左耳）形恶，年寿凹陷或凸露，双眼形恶无神者，虽本位相理佳，亦不发运、甚至败业凶灾或刑克六亲。

三十三岁、三十四岁本位分别为"繁霞""彩霞"，位于两眉的尾端，须眉疏而秀，长而过目，眉尾无黑子，无六害眉之各种缺陷。观看三十三岁、三十四岁之流年运程，除应着重本位（繁霞、彩霞）相理外，尚须大运位眉仓饱满有气，小运位法令隐隐下游，当令流年位（额与右眉）无缺陷，再以配观位山根隆起、鼻直有势、发角不盖眉不冲眉、两眼形秀有神，才可以判断三十三岁、三十四岁流年运佳，不论为官为商，均主事事顺利，少劳多获。若法令若无，鼻形不佳（兰台、廷尉两位），即使眉形疏秀亦不发运；若再眉形六害，则主败业损财，凶灾刑克。

4.眼仓运

年龄段： 三十五岁至四十岁。

大运位： 眼仓（指一百三十部位的奸门至天门）。

小运位： 华阳、双颧、鱼尾。

当令流年位： 三十五岁在右眼，三十六岁在右耳，三十七岁在左眉，三十八岁在鼻，三十九岁在口，四十岁在左耳。

配观位： 三十五岁和三十六岁均在两耳、两眉、山根、怒肉。三十七岁和三十八岁均在后阳、兰台、廷尉、两眉、年寿。三十九岁和四十岁均在两耳、两眉、两眼、奸门。

三十五岁、三十六岁本位名分别为"太阳""太阴"，又名"前眦"，五官名"监察官"，四渎名"河渎"，四学堂名"官学堂"，十二宫名"田宅宫"（上眼胞），眼尾名"妻妾宫"，眼下泪堂为"男女宫"，又名"龙宫""阴骘宫"，生理学属"眼部"。须前眦如钩，眼珠含藏不露，黑白分明，瞳仁端定，光彩照人，细长而秀，又无左右两眼大小不一形成阴阳眼。观看三十五岁、三十六岁之流年，除应着重本位之相理外，尚须大运位眼仓饱满有气，小运位华阳骨起有势不陷，当令流年位右眼与右耳无缺陷，再看配观位双耳（注重右耳）、两眉长过目、怒肉不过多过露、山根丰隆、日月不争辉，才可以判断三十五岁、三十六岁流年运佳。如眼分阴阳（即大小眼），两耳不秀，金木相克，眉有六害，华阳骨无势者，即使本位好亦不发运，甚至败业凶灾或刑克六亲。日月争辉即两眼太靠近。

三十七岁、三十八岁本位名分别为"中阳""中阴"，六曜左眼名"太阳星"，右眼名为"太阴星"，生理学属"眼部"。须神清不流，神定不怯，神藏不露，神和不怒，大体言男相要神"强发"，女相要神"和惠"，再黑睛多白睛少，无三白四白。

观看三十七岁、三十八岁之流年，除应着重本位之相理外，尚须大运位（眼仓）饱满有气，小运位（双颧）颧骨丰起，当令流年位左眉与鼻无缺陷，再以配观位两眉形秀有彩、年寿骨丰隆、后阳枕骨高隆起或横强起者，才可以判断三十七岁、三十八岁流年运佳，主官运财运亨通，或进田庄得利权。如眉形六害，两额陷而不托，年寿凹陷不起，兰台廷尉露孔，后阳扁平凹陷无气，即使眼形好亦不发运，如眼开不秀再带刹者，则主败业凶灾或刑克六亲。

三十九岁、四十岁本位名"少阳""少阴"，又名"后梢""鱼尾"，鱼尾旁名"奸门"，又曰"夫妻宫"。须眼睛细长，后梢平如刀裁，眼尾不垂下翘上。观看三十九岁、四十岁之流年，除应着重本位之相理外，尚须大运位（眼仓）饱满有气，小运位（鱼尾）平满，鱼尾纹向上，当令流年位口与左耳无缺陷，且配观位口唇红厚有纹、两耳明洁高耸照眉、两耳垂珠朝口、两眉形秀过目、两眼黑白分明藏神、奸门宽平不凹不露者，才可以判断三十九岁、四十岁之流年运佳，事业顺利，少劳多获。如口形恶劣，右歪右陷，两耳形劣色滞，鱼尾下陷露骨，鱼尾纹多乱向下者，主三十九岁、四十岁多困败；即使本位好亦不发运，甚或败业凶灾或刑克六亲。

5. 天仓运

年龄段：四十一岁至四十三岁。

大运位：天仓（指三十六宫天仓位）。

小运位：左眼、印堂。

当令流年位：四十一岁在左眼，四十二岁在额，四十三岁在右眉。

配观位：四十一岁在柱阳、地阁、垂珠；四十二岁和四十三岁，在两眉、发际、两眼、山根。

四十一岁本位名"山根"，六曜名"月孛星"，三停名"中停"，十二宫名"疾厄宫"。位于印堂之下，年寿之上，生理学属"鼻部"，解剖学名为"颞颧部眉间"。须丰隆光泽而又端正，不宜隆而无肉（不论中外各色人种同论），亦不宜低陷断折或有恶纹、恶痣者为符合相理标准。观看四十一岁之流年，除应着重本位（山根）相理外，尚须大运位（天仓）饱满隆起，小运位（左眼）清秀有神，当令流年位（四十一岁之流年左眼相理最为重要）无缺陷，再配观柱阳骨起肉厚，地阁有朝而无戽斗状或凹入短小状者，才可以判断四十一岁之流年运佳，事业上主有突破性的发展，或转行改业成功。如双目凸露神滞（注重左眼），地阁有痣纹或尖削偏凹短小或戽后反，柱阳或陷或露者，则主四十一岁必见败业凶灾或刑克六亲。（四十一岁、五十一岁、六十一岁、七十一岁为四隘之年不吉则凶。）

四十二岁、四十三岁本位分别为"左精舍""右光殿"，又名"仙舍""香田"。位于山根的左右两旁眉头下端，生理学属"鼻部"，解剖学名"颅顶部鼻背"。须光明润洁，其气贯额，无黑子恶痣。观看四十二岁、四十三岁之流年，除应着重本位之相理外，尚须大运位（天仓）饱满线起，小运位（印堂）平满如镜，当令流年位（额与右眉）无缺陷，再看配观位两眼神光蕴藏、两眉退印居额，眉不压眼、不冲山根，才可以判断四十二岁、四十三岁之流年运佳。如本位皮肉枯黑额窄额露额陷，发际不整齐，双眉浓浊压眼或眉形六害（注重右眉），印堂山根破陷痣纹者，则主四十二岁、四十三岁必见败业凶灾或刑克六亲。

6. 禾仓运

年龄段：四十四岁至四十七岁。

大运位：禾仓（指一百三十部位的正面位）。

小运位：双眉、后阳。

当令流年位：四十四岁在右眼；四十五岁在右耳；四十六岁在左眉；四十七岁在鼻部。

配观位：四十五岁和四十六岁，在印堂、两耳、鬓毛；四十六岁和四十七岁，在两眼、两耳、鬓毛、年寿。

四十四岁、四十五岁本位名分别为"年上""寿上"，二者又合称"怪部"，位于山根之下，准头之上，生理学属"鼻部"，须丰隆正直，坚而有骨，无斜曲凹凸痣纹色暗。

观看四十四岁、四十五岁之流年，除应着重本位之相理外，尚须大运位（正面）肌肉丰起，小运位（双眉）疏秀出毫，退印居额，当令流年位右眼与右耳无缺陷，再看配观位两耳高耸垂珠，轮廓分明，印堂无恶纹恶痣者，主四十四岁、四十五岁之流年运佳。如眼恶神滞，鬓毛过长过浓或鬓闭命门，耳薄无珠或耳恶露廓，两眉锁印或眉带六害，本位恶纹恶痣或斜曲凹凸，则主四十四岁、四十五岁败业凶灾或刑克六亲。

四十六岁、四十七岁——本位分别为"左颧""右颧"，五岳名分别为"西岳""东岳"，六府为"中二府"，生理学属"颧部"，位于两眼梢之下，须丰起充实，无倾侧破陷及恶纹恶痣。

观看四十六岁、四十七岁之流年。除应着重本位之相理外，尚须大运位（正面）肌肉丰起，小运位（后阳枕骨）骨势强起有肉包覆，当令流年位左眉与鼻无缺陷，再看配观位两眼形秀神清者，才可以判断四十六岁、四十七岁之流年运佳，为公者权力在握，业商者财星大旺。如两眉不秀，又未出毫，鼻恶无气，年寿凹凸，鬓闭命门（三浓格例外），再加后阳又陷者，纵然颧好亦不发运，甚或败业凶灾或刑克六亲。

7. 囤仓运

年龄段：四十八岁至五十岁。

大运位：囤仓（指一百三十部位的囤仓位），

小运位：水星（口部）。

当令流年位：四十八岁在口；四十九岁在左耳；五十岁在左眼。

配观位：四十八岁在两眼、两颧、口角、灵阳；四十九岁和五十岁，在两眼、口形、两耳、灵阳。

四十八岁本位名"准头"，五官名"审辨官"，三才为"人才"，五星为"土星"，五岳为"中岳"，四渎为"济渎"，十二宫为"财帛宫"，生理学属"鼻部"。位于年寿之下，人中之上，须圆厚丰隆，不尖不坠，无恶纹、恶痣，气色黄润中现白光。观看四十八岁之流年，除应着重本位（准头）相理外，尚须大运位（囤仓）饱满丰起，小运位（水星）口角向上唇齿相称，当令流年位口无缺陷，再看配观位两眼形秀藏神、两额圆耸有势且不陷不露、灵阳骨起有气，才可以判断四十八岁流年运佳，财喜重重。如两眼形恶无神，鼻形孤峰独耸，口小鼻大或口角下垂，即使本位好亦难发运。如再本位鹰鼻下钩或土伏水者，则四十八岁主有大破败大凶灾，或刑克六亲。

四十九岁、五十岁本位分别为"兰台""廷尉"，又名"仓库""井灶"、"金匮""甲匮"。位于准头之左右两翼，须准头高圆配方大之鼻翼，鼻翼左右高低大小一致，又无痣疵。观看四十九岁、五十岁之流年，除应着重本位之相理外，尚须大运位（囤仓）饱满丰起，小运位（水星）口角向上，唇齿相称，当令流年位左耳与左眼无缺陷，再看配观位。两眼形秀黑白分明，两耳一样色白有珠，灵阳骨丰起有气者，才可以判断四十九岁、五十岁流年运佳，可见偏财。

如耳恶（尤重左耳），眼恶（尤重左眼），口恶不托鼻者，主四十九岁、五十岁有大凶灾大破败，防夭寿刑克。

8. 食禄仓运

年龄段： 五十一岁至五十五岁。

大运位： 食禄仓（指七十五部位的食仓与禄仓二位）。

小运位： 五十一岁在额头，五十二岁和五十九岁在印堂，五十四岁和五十五岁在法令。

当令流年位： 五十一岁在额，五十二岁在右眉，五十三岁在右眼，五十四岁在右耳，五十五岁在左眉。

配观位： 五十一岁在耳珠、土星、法令、火星；五十二岁和五十三岁，在眉毫、印光、须神、眼神、井灶、人中；五十四岁和五十五岁，在耳珠、须神、眉毫、灵阳。

五十一岁本位名"人中"，又名"沟洫""寿堂""子庭""心性宫"。三停为"下停"，三才为"地才"。位于鼻中隔之下，口之上，须深长宽广，小水星有成（即人中底部成剑形），无疵痕痣纹。

观看五十一岁之流年，除应着重本位之相理外，尚须大运位（食禄仓）开阔厚平，小运位（额头）丰隆高广，气色和润。当令流年位额头（五十一岁流年额头相理最为重要）无缺陷，再看配观位土不伏水，耳白于面，垂珠朝口，法令隐隐下游过口，才可以判断五十一岁之流年运佳，官财两旺。如额有缺陷，耳恶无珠，土星伏水，法令锁口，或法令若无，或法令狭窄形如悬针，即使本位佳，亦主破败凶灾，或刑克六亲，或夭寿。

五十二岁、五十三岁本位名"左仙库""右仙库"，又名"仙仓"，位于鼻孔之下，人中两旁棱起之处。如棱线分明者，为符合相理标准；如无棱角，或缺露薄小，仙库即不成，亦表示四水泛滥，仙库受灾。观看五十二岁、五十三岁之流年，除应着重本位之相理外，尚须大运位（食禄二仓）开阔厚平，小运位（印堂）宽平紫光外透，当令流年位右眉与右眼无缺陷，再看配观位眼有神光，鼻孔圆厚收藏，两眉尾端出毫（尤重右眉），人中宽广不偏不斜，胡须疏秀黑亮，才可以判断五十二岁、五十三岁之流年运佳，为官者官运亨通，业商者财星高照。如眉毛脱落，眉毛形恶，眼睛形恶，眼神若无，尤其印堂枯暗无光，或印堂痣纹陷破，主五十二岁、五十三岁之流年不利，官运不顺，商场失利，如人中再偏斜者，则主破败凶灾或刑克六亲。

五十四岁、五十五岁本位名分别为"左食仓""右禄仓"，位于仙库之旁，靠近法令，生理学属"唇部"。须端厚堂皇，无薄弱之感。观看五十四岁、五十五岁之流年，除应着重本位之相理外，尚须观看大运位（食禄二仓）开阔平厚，小运位（法令）之法令纹下游过口，纹形如钟，气色光润，当令流年位右耳与左眉无缺陷，再看配观位两耳轮廓分明，垂珠朝门，两眉翠润，有彩出毫，胡须疏秀黑亮，灵阳骨有气，才可以判断五十四岁、五十五岁之流年运佳，为官业商均主吉利，少劳多获。如耳陷眉恶，灵阳骨无气，法令断乱形劣者，则主流年大为不利，应特别注意保健，或破败凶灾刑克。

9. 家库运

年龄段：五十六岁至六十五岁。

大运位：家库（指一百三十部位之中的家库位）。

小运位：五十六岁和五十七岁在印堂，五十八岁和五十九岁在灵阳，六十岁在垂珠、六十一岁在法令、六十二岁、六十三岁在柱阳，六十四岁、六十五岁在人中（灵阳即十二起骨之耳根骨）。

当令流年位：五十六岁在鼻，五十七岁在口，五十八岁在左耳，五十九岁在左眼，六十岁在额，六十一岁在右眉，六十二岁在右眼，六十三岁在右耳，六十四岁在左眉，六十五岁在鼻。

配观位：五十六岁和五十七岁均在年寿、人中、准头、印光；五十八岁和五十九岁均在眼神、垂珠；六十岁在额色、印光、耳色、准头；六十一岁在眉毫、耳色、眼神；六十二岁和六十三岁均在印光、眼神、耳色；六十四岁和六十五岁均在印光、眼神、耳色、唇色。

五十六岁、五十七岁本位名分别为"左法令""右法令"，又名"寿部""酒舍"，生理学属"唇部"。位于鼻翼两侧垂至口部两旁之纹理。须纹理分明下游过口，形状如钟，无偏倚、断乱。

观看五十六岁、五十七岁之流年，除应着重本位之相理外，尚须大运位（家库）丰起，小运位（印堂）宽平透紫光。当令流年位鼻与口无缺陷，年寿丰隆，准头圆厚，气色明润，口形端正，方厚色鲜，再看配观位人中深长宽广，才可以判断五十六岁、五十七岁流年运佳，身体健康，少劳多获。如印堂暗滞无光，年寿不起，土来伏水，口形恶劣，唇色暗黑者，即使本位好亦主有破败凶灾或刑克六亲。

五十八岁、五十九岁本位名分别为"左附耳""右附耳"，又名"虎耳"，生理学属"颊部"，位于两耳垂珠之旁故名"附耳"。须丰隆光润，无窄、削、滞、暗。

观看五十八岁、五十九岁之流年，除应着重本位之相理外，尚须大运位（家库）丰起，小运位（灵阳骨）骨起有气，当令流年位左耳与左眼无缺陷，再看配观位两耳色白过面（注重左耳），垂珠有势朝口两眼神清神藏（注重左眼），才可以判断五十八岁、五十九岁流年运佳，在政府部门工作者可升迁要职，经商者主财星大旺。再左眼神昏神滞，左耳气色暗滞，灵阳骨低陷无气者，则主五十八岁、五十九岁见奇灾重病，或大破产业，或刑克六亲。

六十岁——本位名"正口"，又名"海口""大海"，三才名"地才"，五官名"出纳官"，五星名"水星"，四渎名"淮渎"，四学堂名"内学堂"。位于人中之下、承浆之上，生理学属于"口部"。须上下唇覆载相称，齿正唇红，无薄斜尖反。

观看六十岁之流年，除应着重本位之相理外，尚须大运位（家库）丰起，小运位（垂珠）有垂珠朝口，当令流年位额部无缺陷，再看配观位印堂紫光外透、准头圆正色明、两耳白过于面，才可以判断六十岁之流年运佳，老运弥坚。如额部气色暗滞，两耳形恶色暗，水星被土星所伏，则主六十岁流年大为不吉，有破败凶灾或刑克六亲。

六十一岁本位名"承浆"，又名"酒池""酒海""药部"，位于正口之下，讼堂之上，生理学属"腭部"。须阔能容指，两边有骨，中心成坑耸上。

观看六十一岁之流年，除应着重本位之相理外，须配观看大运位（家库）丰起，小运位（法令）法令纹隐隐下游过口，当令流年位右眉无缺陷，再看配观位两眼神光充足，两眉翠润有毫，两耳色白过面者，才可以判断六十一岁之流年运佳，老当益壮，事业可更上一层楼。如两眉（尤重右眉）形恶色枯又未出毫，两耳形恶色枯，法令困口，则主六十一岁见破败凶灾，刑克六亲，如再两眼神昏神弱者，则主不久人世矣。

六十二岁、六十三岁本位名分别为"左地库""右地库"，位于口角下方承浆之左右，生理学属"腭部"。须丰满气盈，无凹陷痣斑。观看六十二岁、六十三岁之流年，除应着重本位之相理外，尚须观看大运位（家库）丰起，小运位（柱阳）平满肉堆。当令流年位右眼与右耳无缺陷，再看配观位印堂光润透紫，才可以判断六十二岁、六十三岁流年运佳，官财两旺，子孙贤孝。如两耳（尤重右耳）气枯色暗，柱阳干瘦无气，则主六十二岁、六十三岁应特别注意保健，或破败凶灾刑克六亲，如再两眼神脱，印堂枯暗，即死亡之兆。

六十四岁、六十五岁本位名分别为"陂池""鹅鸭"，或左名"陂池"、右名"陂塘"，位于两口角之旁，亦即两颐凹处，生理学属"腭部"，须平满无凹陷痣纹。观看六十四岁、六十五岁之流年，除应着重本位之相理外，观看大运位（家库）

丰起，小运位（人中）深长宽广，当令流年位左眉与鼻无缺陷，再看配观位印堂光润透紫，口部端正色鲜者，才可以判断六十四岁、六十五岁流年运佳，老运亨通，子孝孙贤。如耳枯眉落，印堂枯暗，人中不明，口角垂下，口唇色暗者，虽本位好亦不发运，应防破败灾凶刑克六亲，如再眼神脱者，主死亡之兆。

10. 地库运

年龄段：六十六岁至七十五岁。

大运位：地库（一百三十部位之一）。

小运位：六十六岁和六十七岁在眉心；六十八岁、六十九岁和七十一岁在柱阳；七十岁在口水；七十二岁和七十三岁在眉心；七十四岁和七十五岁在气色。

当令流年位：六十六岁在口；六十七岁在左耳；六十八岁在左眼；六十九岁在额；七十岁在右眉；七十一岁在右眼；七十二岁在右耳；七十三岁在左眉；七十四岁在鼻；七十五岁在口。

配观位：六十六岁、六十七岁均在印光、年寿、准头、眼神、白毫、颈绦、头皮、唇色。六十八岁、六十九岁均在印光、唇色、眼神、须神。七十岁在眉毫、颈绦、须神、眼神。七十一岁在唇齿、准头、眼神、须神。七十二岁、七十三岁在印光、人中、眼神、白毫、须神、两颧、耳毫、颈绦。七十四岁、七十五岁在寿斑、唇色、眼神、地阁、耳色、唇色、印光、头皮。

六十六岁、六十七岁本位名分别为"左金缕""右金缕"，位于附耳之下，鹅鸭、陂池之旁，生理学属"腭部"。须丰满色润，无削、陷、色枯、恶痣、恶纹。观看六十六岁、六十七岁之流年，除应着重本位之相理外，尚须大运位（地库）开阔方平，小运位（眉内之肉，因眉为保寿官，人之精气藏于骨现于眉，精强者眉内之肉色即佳）白润或红润成翠色，印堂光润透紫，当令流年位口与左耳无缺陷，再看配观位准头及年寿气色黄明白润，眉生白毫，毛色光洁，眼神充足，颈下余皮成绦，头皮宽松干，才可以判断六十六岁、六十七岁老运佳，身体健朗。如年寿准头暗色，眉无黑毫白毫，颈下无余皮成绦者，虽眼有神光，亦主健康不佳或破财灾厄，如再眼睛无神，印堂及眉心枯暗，则主寿数尽矣。

六十八岁、六十九岁本位分别为"左归来""右归来"，六府名"下二府"，位于鹅鸭陂池之旁，左右金缕之下，生理学属"腭部"。须充实，忌削陷，气色喜黄润，忌青黑枯焦，无斑痣。观看六十八岁、六十九岁之流年，除应着重本位之相理外，尚须观看大运位（地库）开阔方平，小运位（柱阳）平满肉堆。当令流年位左眼与额无缺陷，再看配观位印堂色明透紫、口部端正唇色鲜艳、胡须光洁不枯、两眼神光充足者，才可以判断六十八岁、六十九岁流年运佳。愈老愈健朗，若业商，主财星高照，若为政务官，主官运亨通。如额头气色如泥，印堂气晦，唇色暗黑，胡须枯焦，柱阳瘦弱，则主六十八岁、六十九岁见灾破财或失官，如再眼神失脱，主寿年不久矣。

七十岁本位名"颂堂"，位于承浆之下，地阁之上，生理学属"腭部"，须平满无恶纹、恶痣为符合相理标准。观看七十岁之流年，除应着重本位之相理外，尚须观看大运位（地库）开阔方平，小运位（口水又名液漕即口腔内之内分泌）口水源源不歇，当令流年位右眉无缺陷。再看配观位眉出白毫，髭须光亮，才可以判断七十岁之流年运佳，老当益壮，子孝孙贤。如须枯眉落，精神萎靡，老态龙钟，颈无颈条者，主其人无老运可言，乃不贫即死之人。

七十岁本位名"地阁"，五岳名"北岳"，十二宫名"奴仆宫"，位于承浆之下，生理学属"腭部"。丰厚方圆，无凹陷、歪斜、尖削、痣纹。观看七十一岁之流年，除应着重本位之相理外，尚须观看大运位（地库）开阔方平，小运位（柱阳）平满肉堆，当令流年位右眼无缺陷，再看配观位印堂光润透紫、眼有神光、口正唇鲜、牙齿白齐、胡须光亮、水星不反欺土星者（即没有戽斗），才可以判断七十一岁流年运佳，老运弥坚，不论为官业商，可更上一层楼。如土星反被水星（即斨斗）所欺，则主七十一岁要防大灾大病甚或死亡。如唇暗须浊，准头印堂气滞无光，双眼神脱者，主寿数将尽矣。

七十二岁、七十三岁本位分别为"左奴仆""右奴仆"，位于讼堂地阁之左右两侧，生理学属"腭部"。须开阔平满，无恶纹恶痣。观看七十二岁、七十三岁之流年，除应着重本位之相理外，尚须观看大运位（地库）开阔方平，小运位（眉肉之肉）白润或红润成翠色，当令流年位右耳与左眉无缺陷，再看配观位人中深长上狭下宽、两颧有国印气（即有鲜艳成群之光泽）、胡须清疏光亮，双眉有彩有毫（尤重左眉有白毫）、两耳色白过面（尤重右耳）、颈绦明朗者，才可以判断七十二岁七十三岁流年运佳，仍有老运可行。如神光已脱，印堂及眉心枯暗，四水不通者，则主寿数已尽矣。

七十四岁、七十五岁本位分别为"左腮骨""右腮骨"，与左右归来同为"下二府"，位于左右奴仆之旁。须丰满平正，不尖露、不陷削，无恶纹、恶痣。观看七十四岁、七十五岁之流年，除应着重观看本位之相理外，尚须观看大运位和小运位相理，大运位（地库）宜开阔方平，小运位宜（神、气、色）神光充足光洁满面，当令流年位鼻与口无缺陷。再看配观位，地阁朝天，鼻色黄明，口唇鲜艳，耳白过面，面颊生有寿斑（寿斑宜大颗宜黑亮忌小粒忌黄白）者，主七十四岁、七十五岁之流年运佳，老年福寿，子孝孙贤。如寿斑黄白又小粒者，主不死即贫，口歪耳枯者，主多疾病，眼神脱者，主寿数尽矣。

第四节　九阳知识

一、九阳概念

九阳，即天阳、景阳、太阳、华阳、前阳、龙阳、灵阳、后阳、柱阳。

二、九阳位置

①天阳：在头顶，即天灵盖。

②景阳：在额部，即天庭至中正处，左右连辅角。

③太阳：在额之两侧，由两眉斜上至边地。

④华阳：在头角直下连发鬓。

⑤前阳：在印堂，上连中正，下连山根。

⑥龙阳：由山根而至年寿。

⑦灵阳：在耳后寿骨处。

⑧后阳：即后脑部。

⑨柱阳：由枕骨至颈上发际，左右延伸至耳旁。

九阳部位，如图1、图2、图3所示：

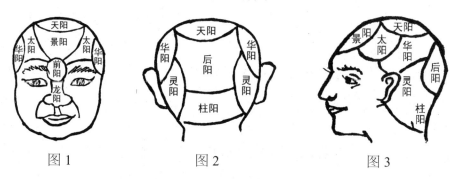

图1　　　　　　　　图2　　　　　　　　图3

三、九阳要求

诸阳宜丰满有骨，不宜缺陷偏塌；丰满则气足，主贵寿，缺陷则失气，主贱夭。

在流年判断上，必须参考九阳知识，故不可不知。下面对各部位进行解说：

1. 部位年龄：左耳（1～7岁），右耳（8～14岁）

要诀：左耳重天仓，右耳重地库，山根定大运。

吉运相：耳形标准无缺憾，其气射天仓，以地库为托，山根为辅，天仓丰满，地库圆厚，山根不低陷折断，耳朵气色明润，敦厚贴肉，主幼年运吉，可承祖业，双亲庇护，亲情笃厚，家宅隆昌幸福，享祖荫，身心健，鲜有灾祸。

凶运相：耳形不佳，轮飞廓反，位低骨薄枯焦又天仓凹陷，地库瘦削，又加山根断折，则幼运必蹇，童年多病，命运坎坷，灾祸重重，并刑克父母，离乡背井。刑克灾厄不可免。

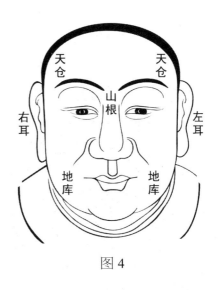

图4

2. 部位年龄：火星（15岁），天中（16岁）

要诀：火星观天阳，天中察木星，中正定大运。

吉运相：额形美好，喜圆阔，忌尖窄，天阳骨起有势，注射华阳，托在景阳，辅以金木二耳，发际齐而美，而耳高耸照额，额圆而阔，中正不陷，自火星至印堂成一直线，状略隆起，主十五六岁运程佳美，幼年易养少病。

凶运相：若天阳、华阳骨陷或露，发际不齐而冲印，双耳形劣又低，主克父母，灾厄多病，破祖离宗，若过房，其灾可免。

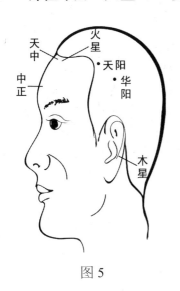

图5

3. 部位年龄：日角（17岁），月角（18岁）

要诀：日角观太阳，月角察两耳，华阳定大运。

吉运相：此部高朗，额形美好，气接太阳，注射华阳，金木有托，华阳骨隆，天仓不陷，两目有神光彩，两耳高耸过眉，龙虎当争，发际不掩日月角，主十七八岁，祖上荫，父母倍加爱护，贵人

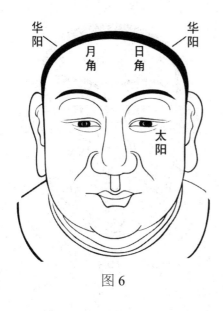

图6

多逢，功名早立。

凶运相：额不美，双眼无神，两耳形劣无气，头骨凹陷，发掩日月，或日月斜陷，或伤破瘢痕纹侵者，主十七八岁，妨克父母，家运不隆，家境极贫，意志不佳，暴躁抗逆，必遭凶厄。

4. 部位年龄：天庭（19岁）

要诀：天庭观眉势，日月明而圆满，准头圆收定大运。

吉运相：看天庭必须查看眉目气势向上，眉目有神而且日月角圆满应照，鼻准圆而有收，鼻梁骨势透印，发际不冲印堂，主十九岁运佳，聪明伶俐，乐观豁达，考试运佳。此年大吉。

凶运相：额形不美，眉形眼恶劣无势，日月角凹陷倾斜，发际不齐，准头尖削，鼻梁低陷，双眼无神，主十九岁运程不佳，即使天庭骨隆起也难大发。

5. 部位年龄：左辅角（20岁），右辅角（21岁）

要诀：年寿为辅，水星为托，天仓为助，以定大运。

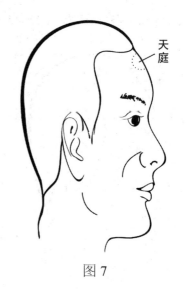

图7

吉运相：额隆有势，鼻柱之年上、寿上部位隆直得配，水星（口）形大而有收，天仓圆满有势，主二十岁、二十一岁运佳，或遇贵人提拔，逢凶化吉。

凶运相：额形不美，鼻倾，年寿凹陷不直，口形不佳，天仓陷而无气，主二十岁、二十一岁运程不好，两辅角又劣，恶运重重灾蹇必至。

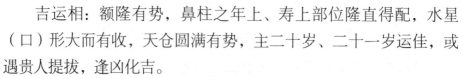

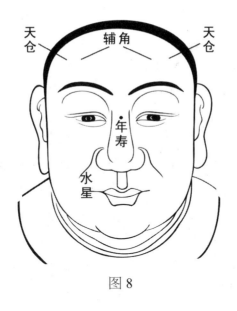

图 8

6. 部位年龄：司空（22 岁）

要诀：司空观两耳，在前额面部正中，山根来龙托，人中定大运。

吉运相：此部宜平满，双耳形优高于眉照应，山根隆起直上天庭，人中端正深长清流，准头不下覆，主廿二岁运佳，学业有成，长上提拔，做事顺遂。

凶运相：额形不好，双耳低陷，山根断折凹陷，人中狭窄倾曲，准头下覆人中，主廿二岁运程不佳，如司空凹陷破损或痕破纹侵或有黑痣，主廿二岁运程定坎坷不好。前程暗淡，宜守身修性，以趋吉避凶。若有赤色现于司空，复下贯印堂者，主百日内凶死，轻则不妨。

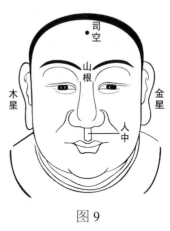

图 9

7. 部位年龄：左边城（23 岁），右边城（24 岁）

要诀：边地观眼神，华阳为辅，气势最要丰满，额头平广与否定大运。

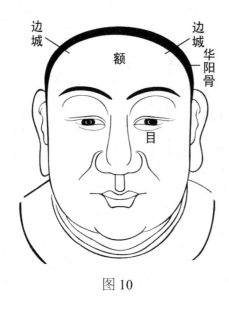

图 10

吉运相：额形美好，双眼炯炯有神，耳上华阳骨起相辅，额圆隆而方阔，主远行有利，定为佳运。

凶运相：额形不美，两眼昏而无神，华阳不隆起，若本位凹陷而气弱，额窄成坑，以及发角交错不齐，主廿三岁、廿四岁运蹇，不利远行，宜守不宜攻，否则必多凶危。

8. 部位年龄：中正（25岁）

要诀：中正观两眉，在前额面部正中，山根为气托，两耳定大运。

吉运相：此运宜两眉光彩，眉有气势不侵印，覆射天仓，山根骨起鼻柱隆垂直气托，金耳高耸照眉，轮廓不露，垂珠朝口，耳色明润，主官禄亨通，财喜重重，堪称吉运。

凶运相：额尖削不平，双眉带杀形劣，鼻梁倾陷，山根断裂，双耳反而无根，又加中正骨陷不广，主廿五岁运程不美，失官降职，如再本位破陷，必然大凶矣。

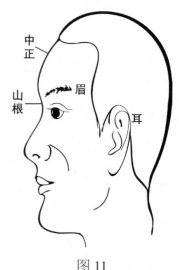

图 11

9. 部位年龄：丘陵（26岁），冢墓（27岁）

要诀：丘陵观太阴，在左眉梢上角，逼近发际，冢墓察金星，景阳定大运。

吉运相：额形美好，双眼神藏清秀，黑白分明，两目一样更佳，耳挺垂珠，形秀色润，高居照额，景阳骨圆隆，主得庇荫之福，此年必属佳运。

凶运相：额形不美，双眼形劣神滞而不秀，耳薄无珠，轮飞廓反，低而无势，景阳骨陷，发角中印伤者，本位骨露或低陷，主有凶险，与先人坟墓山水有关，如本位骨露或低陷者更凶。

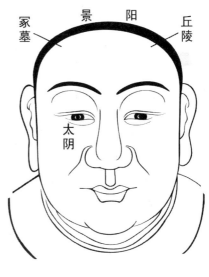

图 12

10. 部位年龄：印堂（28岁）

要诀：印堂观左眉，在前额，居两眉中央，山根之上，天仓为助气，后阳定大运。

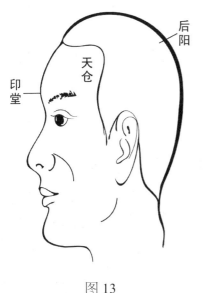

图 13

吉运相：印堂最重要之部观左眉尾，两眉一样华彩势上，眉毛尾向上拂，不散，不逆乱，退印居额，同时眉、发、须皆清润而不浓浊，天仓两边辅弼丰满，后阳骨势气托，如眼有真光者，主少年得志，功名利禄不断，必获官位，且印堂为命宫，气色聚散之要津，关系一生行运，至为重要。

凶运相：额形不好，眉带六害（①黄薄；②散乱；③逆生；④交加；⑤锁印；⑥压眼），天仓气弱无辅，后阳无势，印堂双破损，主廿八岁运蹇，且仕途无缘，凡事宜安身立命，否则公私交迫，灾害丛生。

11. 部位年龄：左山林（29岁），右山林（30岁）

要诀：左山林重鼻，在左鬓发之大曲处；右山林重印，正口定大运。

吉运相：两山林丰润而有光泽，此运注重鼻，鼻必须直隆有势，印堂不陷不破，仓库丰满，口形大而能收，有棱有角，主其志趣高超，享祖荫，出国远行，无往不利。

凶运相：额形不好，鼻塌无势，口形不佳，印堂带杀（悬针、破陷、眉锁），主破祖离家，一生操劳，鲜有成就，低陷者贫贱，女人尤忌。

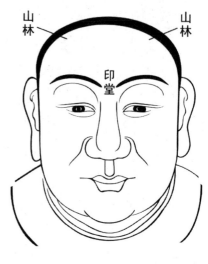

图 14

12. 部位年龄：凌云（31 岁），紫气（32 岁）

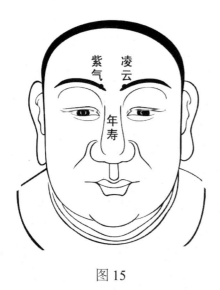

图 15

要诀：凌云观双耳，紫气察两眼，年寿定大运。

吉运相：眉形良好，双耳轮廓分明，色洁有势，两目清秀有神，色白高于眉，年寿骨丰隆，三十一岁、三十二岁必遇贵人，交友得利，事业家庭一帆风顺，财气重重。

凶运相：若眉头逆曲，双耳不照应，双目形劣无神，则兄弟朋友牵累，祸事连连，必有凶运，宜谨慎交友。

13. 部位年龄：繁霞（33 岁），彩霞（34 岁）

要诀：繁霞观正额，在左眉弯弓尾部，彩霞察山根，法令定大运。

吉运相：眉形良好，额势平满，无破伤纹痕，发际整齐居上，山根有隆有势，法令隐隐下游，目又有神，则朋友相辅，事业有成，能发达。

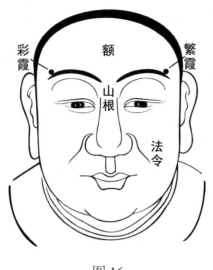

图 16

凶运相：若眉毛下垂，额形不好，山根无气，法令不现，目光晦滞，则主三十三岁、三十四岁运阻，必定散财，主劳力资生，难有显达。

14.部位年龄：太阳（35岁），太阴（36岁）

要诀：太阳观两耳是否形正明润，太阴阳宜明，华阳定大运。

吉运相：眼形美好，双耳形正明润，居高明额，眉长过目尾拂天仓，有彩起伏，华阳有气，主财禄连连，万事称吉，此运大佳。

凶运相：双耳大小不一致，眉带六害，华阳骨气弱，本位纵好，也难发达，若眼形恶劣，眉压眼势，则三十五岁、三十六岁有灾难恶运，小心防范。

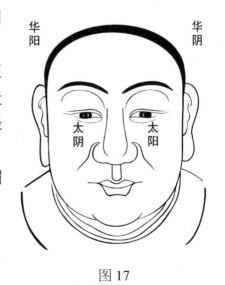

图 17

15.部位年龄：中阳（37岁），中阴（38岁）

要诀：中阳观两眉，中阴鼻势取，两颧定大运。

吉运相：中阳之运，注重双眉之华秀，鼻骨之气势，再观两颧之托，枕骨不陷有势，本位又佳，主此年为官晋级，庶民添财（中阴重鼻梁，兰台分明）。

凶运相：双眉形劣，鼻梁塌陷，两颧陷而无势，枕骨气弱，又眼形恶劣，黑白不分明，主凶险，宜修身养性，宜守不攻。

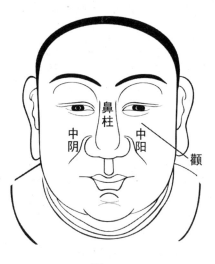

图 18

16.部位年龄：少阳（39岁），少阴（40岁）

要诀：少阳观水星，少阴必须两耳明，鱼尾定大运。

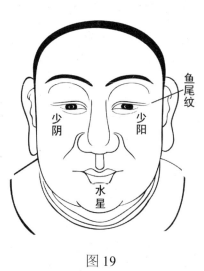

图 19

吉运相：少阳之运，重视两唇，宜红厚有纹，两耳明洁，高耸照眉，垂珠朝口，鱼尾平满，鱼尾不乱，且略朝上，本位神藏，主聪明过人，发达得意（少阴重在耳），此运必佳。

凶运相：水星形劣，双耳不辅，鱼尾纹杂乱向下，骨角突出或凹陷，则无大运可言，若再眼恶，则三十九岁、四十岁运程阻滞，主多困多败，不发达。

17. 部位年龄：山根（41岁）

要诀：山根观柱阳，地阁为托气，左眼定大运。

吉运相：山根其气贯于柱阳，宜高耸，不宜低折，若骨丰肉厚，颈有余皮，两目清秀有神，地阁圆而拱朝，则妻贤子孝，富贵寿考，兼而有之，如本位隆起，此年大发。

凶运相：若柱阳无气，双目形劣无神，地阁尖反，虽山根形优也无吉运，如山根陷劣，则夫妻缘薄，霉运将临，只知利己不惜损人。

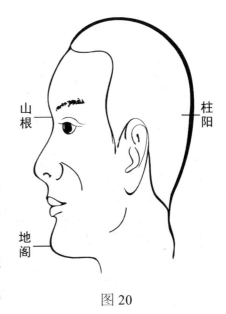

图 20

18. 部位年龄：精舍（42岁），光殿（43岁）

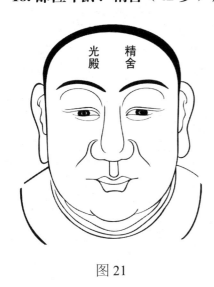

图 21

要诀：精舍观额圆，光殿两眉论其神威，印堂定大运。

吉运相：本位丰满明润，有气贯额，眉退印居额，印堂平满光明，双目神采蕴藏，主四十二岁、四十三岁运吉，必逢佳运。

凶运相：额无气势，双眉形劣，印堂窄陷，或额窄或露陷，虽本位佳，也难发达，如本位皮肉枯陷，鼻形又劣，乃前程黑暗，恐有灾疾，此年运必凶。

19. 部位年龄：年上（44岁），寿上（45岁）

要诀：年上重双眼，寿上观两耳，眉势定大运。

吉运相：鼻柱形优，宜双眼清秀有神，双耳高耸，垂珠朝口，

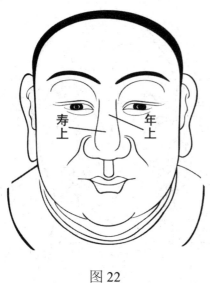

图22

耳色白过面，轮廓分明，双眉有彩印居额，印堂平满，主四十四岁、四十五岁佳运，此年大运必发。

凶运相：若眼露耳恶，粗眉压眼锁印，又本位骨露或陷者，主灾变，行运不佳，又鬼眉六害，耳薄无根，本位纵好，也难发大运。

20.部位年龄：左颧（46岁），右颧（47岁）

要诀：左颧观眉眼之善恶，右颧看鼻梁气势，后阳定大运。

吉运相：颧形良好，双眉双目皆善，且清秀有神，鼻梁丰隆有势，后阳贯气有托，各部位均佳，则为大运，为官升禄，庶民生财，凡事顺遂。

凶运相：双眉、双眼形劣神浊，鼻恶无气势，后阳气弱，纵然颧好，难有佳运。若本位又差，性傲凶暴心无慈爱，人必奸险，易惹凶险。

21.部位年龄：准头（48岁）

要诀：准头观两眉，颧陷怕孤峰，水星定大运。

吉运相：准头圆收明润，气透于目，覆顾于颧，水星有托，髻齿相称，两目形秀神藏，主心地善良，财星临门。

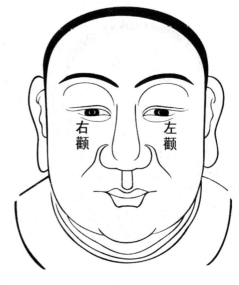

图23

凶运相：若两目无神，颧无势，不照鼻，鼻骨高露如孤峰，水不容土（鼻大口小），虽本位好，也难发达。如准头形劣下钩，为

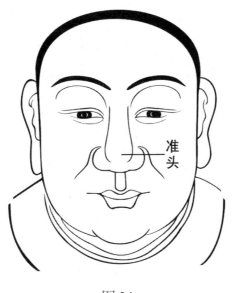

图 24

土覆水泄气，则损财失意，灾祸频至，定是凶灾无疑。

22. 部位年龄：兰台（49岁），廷尉（50岁）

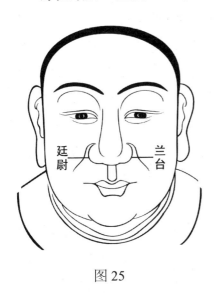

图 25

要诀：兰台两耳看，是否两耳色白，廷尉太阳明，水星定大运。

吉运相：兰台、廷尉形佳，两耳色白过面，耳珠垂，两眼秀，口唇鲜红，齿白整齐，上下相配，主此年可获意外之财，本位再佳，则大发财。

凶运相：若耳陷目昏无神，齿臼不正，水星不托，本位纵好，也难发达。若两翼不一致，主四十九岁、五十岁受小人之害或被人拖累败财，故此年应注意用人与财政。

23. 部位年龄：人中（51岁）

要诀：人中观额秀，耳明为四流，法令陷过口，不冲寿星头。

吉运相：额丰满秀润，耳白过面，垂珠朝口，法令清长，本位又深长，此年必见财喜。

凶运相：额形不美又陷，耳恶无轮廓，法令锁口或不明显及粗深不整，本位若好也无好运。若人中屈曲短促，则灾疾破败之征，必不发达。

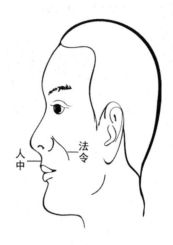

图 26

24.部位年龄：左仙库（52岁），右仙库（53岁）

要诀：左库观双眉色润与否，右库重两耳有神否，印堂定大运。

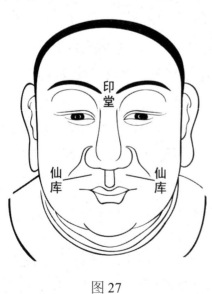

图 27

吉运相：左右仙库平满色润有势，眉生出毫，目有足神，印宽而润，紫光外射，鼻孔有收不露，则主声铿崇隆，财帛广进，此运大佳。

凶运相：眉劣毛落，双眼无神或神脱，印堂枯滞，人中斜偏，则行此年运不吉，还易破财。若鼻孔既小且缩，准头又低曲难看，其人必吝啬非常，一生无大发展。

25. 部位年龄: 食仓（54岁），禄仓（55岁）

要诀: 食仓右耳明，禄仓左眉光，法令定大运。

吉运相: 食仓、禄仓色润有势，双耳轮廓分明，垂珠朝口，双眉光润有彩，法令深长者富足且多财利。

凶运相: 耳后寿骨无势，双耳双眉形劣，法令短浅不秀，主不吉，本位又弱，主行运不吉，必见灾耗。

26. 部位年龄: 左法令（56岁），右法令（57岁）

要诀: 左法令重耳鼻，右法令察口，印堂定大运。

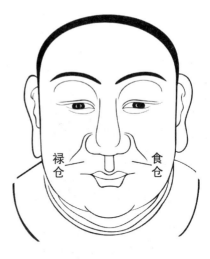

图 28

吉运相: 法令形优，鼻柱准头形秀有势，凡年上、寿上、准头、骨起、肉包、水星端正唇厚色红，印堂平满，气润光明，紫光外射，主五十六岁、五十七岁行运吉，事业鼎盛，大大发展。

凶运相: 鼻梁气弱而陷，准头不圆收，口形薄反，印堂伤破，本位良好，亦有灾厄难免。

27. 部位年龄: 左附耳（58岁），右附耳（59岁）

图 29

要诀: 附耳左太阳，右察木星明，灵阳定大运。

吉运相: 左右附耳满，双眼有神，目神充足，双耳不陷，耳珠朝口，耳后寿骨隆满，主财星拱照，此年运必佳，最宜求财。

凶运相: 双眼无神，双耳不照应有尘色，耳后灵阳骨气弱，本

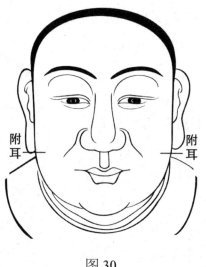

图 30

位伤破垢暗，主凶灾，大破财无疑。

28. 部位年龄：水星（60 岁）

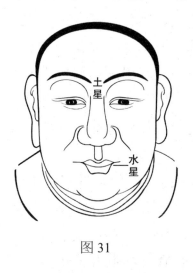

图 31

要诀：水秀火星明，最忌土星覆盖，四水宜通流，看垂珠定大运。

吉运相：额宜平满及印堂紫光外透，准头居正而圆明，双耳垂珠朝口而红，眼神又佳，本位又好，则福寿双全，此年佳运。

凶运相：若额布滞气，耳恶色暗，准头下垂失气，双目神脱，则六十岁有灾，本位再好，也难发达，做事不顺利。

29. 部位年龄：承浆（61 岁）

要诀：承浆宜眉放光，天轮紫气扬，法令能不困口，以此定大运。

吉运相：此部位气注受于眉，外宜放光，双眉要有势有彩，双耳明润，色鲜气活，法令纹长而不困口，且卧蚕部位黄明，则此年

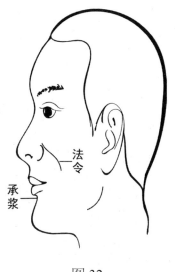

图 32

老运亨通。

凶运相：眉薄无毫，双耳色滞暗，法令困口，即使承浆位佳，亦主有灾害，如双目神脱，则促寿矣。

30. 部位年龄：左地库（62岁），右地库（63岁）

要诀：左库耳色要明，右库目神藏足，柱阳气满，印堂定大运。

吉运相：地库有气势，重在耳色鲜明，眼秀而神足，柱阳印堂紫光外透，则主招财进宝，行运大吉，大进财物。

凶运相：若双耳色滞，双目无神，柱阳瘦枯或陷，又本位不佳，佳运则不临。若印堂枯暗，眼神又脱，有死亡之虞，眼神不脱无妨。

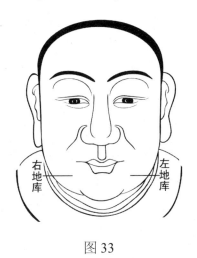

图 33

31. 部位年龄：陂池（64岁），鹅鸭（65岁）

要诀：陂池左耳眉，鹅鸭水星明，眉印气透顶，人中为寿根，以此定大运。

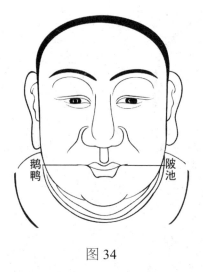

图34

吉运相：此二部位若凹而忽凸为有气，双耳注气，如池中有鹅鸭伏起，双眉有彩，印堂黄明，人中完美，口形又佳，洁明色鲜，则此年时运亨通。

凶运相：口角下垂，唇色滞暗，人中不明，耳枯，眉落，印堂无气则本位虽佳，也不发达。若眼神已脱体，则此年大限将至，不久之后死亡。

32. 部位年龄：左金缕（66岁），右金缕（67岁）

要诀：金缕士气足，目神不脱体，颈下有余皮成缕，眉心定大运。

吉运相：此运以鼻为要，准头及年寿气色明润，双眉出毫有彩光，双眉神足传真光，颈余皮成缕，本位又佳，则主运佳寿增高。

凶运相：若鼻塌无势，准头及年寿枯暗，眉无彩色，虽目有神光，亦主暗疾，或大破资财。

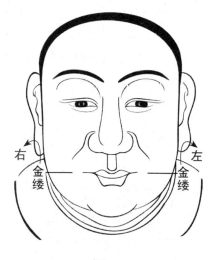

图35

33. 部位年龄：左归来（68岁），右归来（69岁）

要诀：归来左右看印堂，右归唇润寿无忧，柱阳托气少外灾，满面紫光必长寿。

吉运相：运入此部，宜印堂透过顶，口正唇红，髭须不枯，主阳有气，满面润彩，肌肤丰满，双眼有神，主老运亨通，寿高年增，资财广进。

凶运相：若印堂无气，双眼神脱，口唇枯滞，柱阳无托，满面

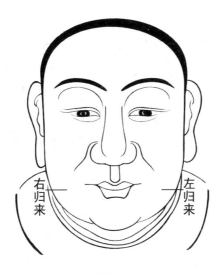

右归来　左归来

图 36

气滞，必交恶运，疾厄重重，资财也破，寿不永矣。

34. 部位年龄：颂堂（70岁）

要诀：颂堂观颧耳眉毫，项绦多增液漕漕，眼有直神形体正，满面红光寿必滔。

吉运相：颂堂凹中有峰，眉中、耳中长毫，髭须色润，颈下余皮成绦，夜晚睡中流口水，眼神、声音、气势皆足者，主寿高，且老运弥佳。

凶运相：颂堂无气，且有破损，神滞形劣，须枯眉稀，满面枯滞者，

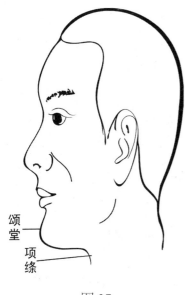

颂堂
项绦

图 37

主速死之兆，宜善加保养，命途亦蹇。

35. 部位年龄：地阁（71岁）

要诀：地阁丰满水星真，满面莹光土不欺，目犹真光不脱体，火星柱阳为寿基。

吉运相：地阁方厚，唇红须秀，目有神光，柱阳有势，印堂紫

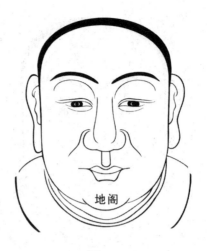

地阁

图38

光，则运佳，寿增，晚景大佳。

凶运相：若地阁突出，高过准头，唇暗须枯，双目神脱，准头、印堂气滞，主有大限，其寿不永。

36. 部位年龄：左奴仆（72岁），右奴仆（73岁）

右奴仆

左奴仆

图39

要诀：奴仆地阁旁，四水宜通流，眉光伏五彩，紫气颧放光。

吉运相：此运宜髭须清秀，人中深正，四水畅通，眉彩长毫，印堂紫光与两颧相映，所谓光彩面，双目有神，则此年必发福，增寿运。

凶运相：须眉两枯，人中形劣或扭曲，眉无彩毫势劣，印颧无光不照，双目神脱，主寿不永矣。

37. 部位年龄：左腮骨（74岁），右腮骨（75岁）

要诀：腮骨不露地阁圆，耳鲜唇红明透天，满面寿斑增寿光，福禄天将又年年。

吉运相：此运宜腮骨不露，地阁圆朝，双目犹有真神，口正唇红，垂珠朝拱，满脸长出寿斑，主长寿幸福，但要黑而大方，最忌白小。

凶运相：若腮骨高低露，地阁尖削，双眼神滞，口唇枯暗，或耳后见重腮，主险恶之运，灾厄多疾，神脱气短，寿必不永。

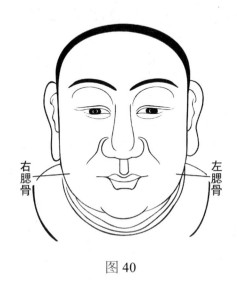

图 40

第六章　头面骨骼

第一节　头面骨骼的观看法则

《麻衣神相》云："头为百骸之主，面为诸部之灵。"指出了头面骨骼在相法上的重要意义。因头骨覆盖着脑髓组织，而头骨与脑髓组织有如蛋壳与蛋黄蛋白的关系，凡蛋壳大者，蛋黄必大，蛋白必多。同样道理，一个人的先天遗传优良，头骨大且耸，脑髓发育必良好，脑细胞必多，脑髓组织必重，头骨的形状必佳，聪明智慧也就胜过常人。例如，爱因斯坦的脑壳大，其脑髓比一般人的脑髓要重数百克；虽然也有少数人的头颅特大，而智慧并不高，这是因为脑髓组织各部分发育不均衡所致，例如头大不圆，额大无角，后脑特大而前额小，或前额高大而后脑扁平，或头大颈小而身躯短，状似侏儒的人，当然不能相提并论。

一般替人观相，仅以人的三停、四渎、五官、六府、五星、六曜、十二官为观相的标准，其实这是错误的观点。容貌为骨骼之余，观相的内涵应包括脑髓组织及内在骨骼结构和五脏六腑。也可以说，观相在表面上好像是观看一个人的面相，其实是在检查他的脑髓组织及内在骨骼结构和五脏六腑的优劣。例如颧相不好，是因为颧骨本身不起所至，其他头相面相不好也是因为其所附着的骨骼不好所致。圣人云"骨属精成，肉乃血就"，父母之精血构成人体上的骨肉，但因每个人遗传优劣不同，故每个人的骨肉均有所差异，正如房屋的结构一样，有的为钢架大理石构造，有的为钢筋水泥构造，有的为竹木砖泥构造，因此价值上的差别很大。骨为主，肉为副，骨为形，肉为容，骨的优劣可以影响肉的好坏，肉的好坏不能代表骨的优劣，头面骨相是十分重要的。骨在肉内，骨气若青，其气清澈；骨气若紫，其气秀媚；骨滋者气润；骨枯者气乾；骨弱者气薄；骨焦者气冷；骨莹者气明；气明者则肉润；肉润者则皮滋；皮滋者则色华；色华者则气秀。青紫及纯紫在骨骼者优良，外表肉质及气色亦必佳。庸俗之人，其骨必劣，骨髓中没有足量的青紫成分，故其一生未曾发过青紫或纯紫气色，故观相必先观看头面骨相。

中国相法特别注重"五部相法"，即头、面、身、手、足五部均要一体观看，但其中以揣摩头面骨相优劣最为重要。因为人的身体可概略区分为思维系统及运作系统两大系统，头骨所覆盖的即为思维系统，而思维系统为运作系统的司令部，若运作系统有损伤，对一个人的生命和工作能力影响尚小，但如果思维系统有了损伤，甚至使工作能力丧失，严重的会有生命之危。例如，一个人被砍断双足双手，或割除一部分内脏，或割除双耳、双眼、鼻子、舌等，此人均不会有生命危险，但如果割除人的一部分脑髓组织，这个人可能会死亡，这就是中国人相学特别重视头面骨相理的主要原因。但头面骨骼相法，历代所传不多，或秘而不传，加以观看头面骨相不如观看面相手相来得方便好学，且头面上长有"奇骨"的人，乃千不得一，实例难觅，头面骨骼之相法乃日渐式微。凡头面长出一块或数块奇骨之人，象征其人的脑髓也比一般人多数十克或是数百克，其智慧当然也比一般人高明一阶甚至数阶，因此，其一生的收获成就也比一般人多一倍或是数倍，所以先贤有"头无恶骨"之说。女性要面如满月，面上不宜有奇骨，如有奇骨，主凶恶孤寡，但头有奇骨不忌。

按照生理学、解剖学的研究成果，人的头面骨骼共有二十九块，计颅骨八块，面骨十四块，舌骨一块，听骨六块。不论东方人西方人，任何人种的头面骨骼结构均是如此，无多寡好坏之分，但中国人相学却有"头有奇骨"及"头无恶骨"之说。其说到底有何所指？前面说的是指颅骨、面骨、听骨上另外突起的部分而言，如果颅骨、面骨、听骨上没有长出突起之骨骼，当然也就没有人相学上所说的"奇骨"之名称了。中国人相学谈及头面骨法者，有《太清神鉴》《麻衣相法》《水镜集》《月波洞中记》《石室神异赋》《人伦大统赋》《相门精义》《神相铁关刀》《冰鉴》《公笃相法》等书，归纳各家所言，可区分为前山（面部）三十八骨，后山（脑枕）三十四骨，总计七十二骨。

第二节　前山三十八骨

五柱骨——即单犀骨、左右龙翎骨、左右武库骨上耸的总称。若五柱骨入顶为五柱骨起，有此五柱骨起者，古时可贵为国王皇帝，今则可官至元首总统。

龙角骨——即中正两边有骨向左右横出入后脑，古时可贵为宰辅，现今可官至首相总理。

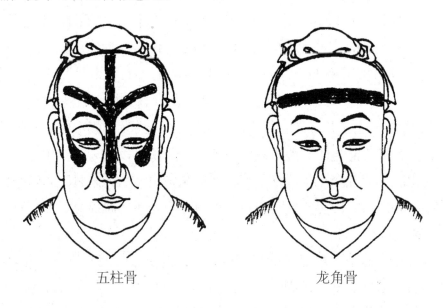

五柱骨　　　　　　　　　　龙角骨

朝天犀——即山根伏犀骨贯入脑顶。古时可贵为宰辅，现今可贵为首相总理或属下大官。但年寿不宜凸露，鼻孔不宜缺露，否则主凶死。平庸之人反而不忌。

巨鳌骨——即两耳畔骨起下连虎耳，上贯玉堂位入脑。若巨鳌骨起，古时可贵为尚书，现今可贵为部长级或省长级官员。

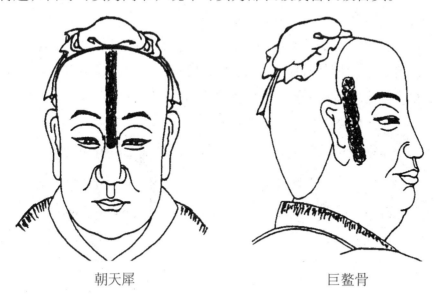

朝天犀　　　　　　　　　巨鳌骨

金城骨——即朝天犀、武库犀骨、日月角的总称。若金城骨起，古时可贵为王侯，现今可贵为元首或首相总理。

武库犀骨——即有骨自准头上贯印堂分两股斜入左右武库，主武职大贵。

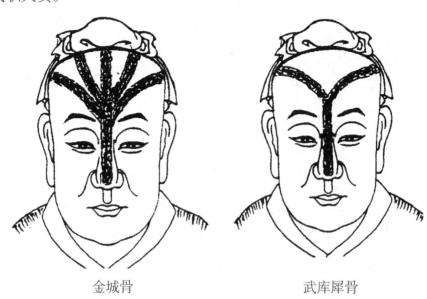

金城骨　　　　　　　　　武库犀骨

辅犀骨——即辅角骨起入脑顶，主贵。现今可贵至省长及部长级以上官员。如仅辅骨起而未入脑顶，亦可贵至厅级和科级以上官员，或民意代表，或工商业显贵人士。

单犀骨——即有骨自准头贯顶入枕。惟鼻孔必须圆收，眉高印宽，额阔颏方，顶骨高隆，头长面方相配，才能大贵特贵；如仅有单犀骨者，乃清高名士而已；如鼻孔缺露，则主凶死。

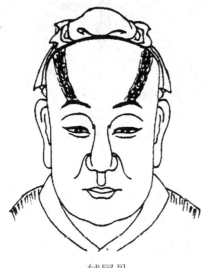

辅犀骨

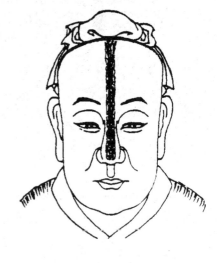

单犀骨

朝天犀骨——即日月角双耸入脑顶。可贵为省长级官员，如后山再有奇骨或眼伏真光，可贵为国家元首。

双峰骨——即山根起骨分左右横入天仓位。主逢贵得贵，有中上官职之贵。

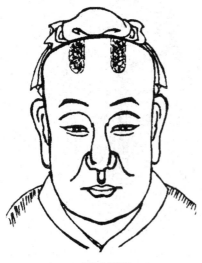

朝天犀骨

三峙骨——即山根起骨上耸天庭、天仓、驿马三位。古时可贵至三公，现今可贵为首相、总理级官员。

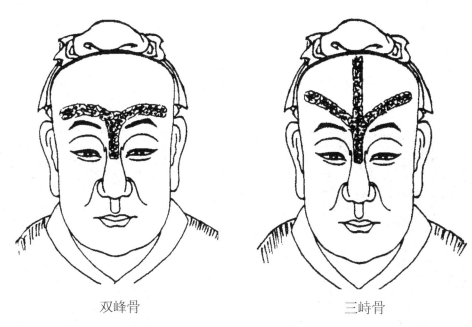

双峰骨 　　　　　　　　　　　　　三峙骨

　　龙翎骨——龙翎骨又名内驰驿马骨，即两颧骨上耸天仓、驿马、战堂三位。古时可贵为君王之侍臣，现今可贵为元首秘书长之类职务。

　　八方骨——即鼻伏犀起，日月角起，边地隆起，福堂肉起，印堂骨连眉骨起。古时可贵为封疆大吏，现今可贵为省长级官员。

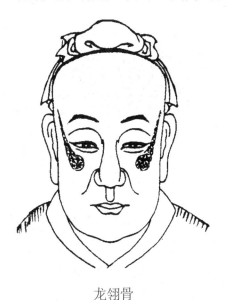

龙翎骨

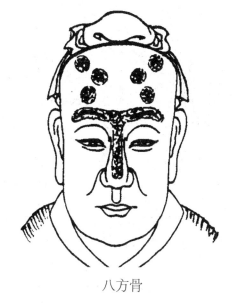

八方骨

悬犀骨——即额角骨起横入山林位。古时可贵为国师，现今可贵为大学校长以上职位。

将军骨——即辅骨或日月角横入耳上，主千军勇将武职大贵。

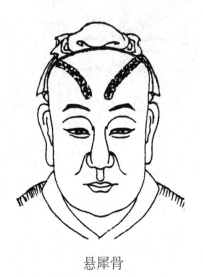

悬犀骨

将军骨

匿犀骨——即命门骨丰满而藏。古时可因功勋封为干侯，现今可贵为省长级别的大官。

天成骨——即整个前额骨宽广圆大，主天福早贵，且逢凶化吉。

匿犀骨

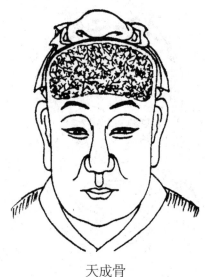

天成骨

凤尾骨——凤尾骨又名外驰驿马骨。即两颧插入鬓中，主工商巨贾，有实权且长寿。

印绶骨——即在耳轮之下接近腮颐起骨，形似三角形，主聪明奇巧而有慧根，博古通今，多才艺而善辩，有大志但才华外露，中年多挫折。

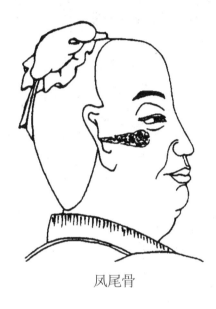

凤尾骨

印绶骨

悬胆骨——即鼻自年寿以下，含准头、兰台、廷尉皆圆大，鼻孔又有收者为悬胆骨，主白手横发，可贵可富。若山根细小，初年欠顺，中晚年必发。

天柱骨——即顶脑与后枕之间起骨，圆大如鸡蛋，主少年大发。

悬鼓骨——即额头起骨，圆大如鼓，如再鼻准方大，主有中上等官职之职；如仅鼻准方者，亦有小贵小富。

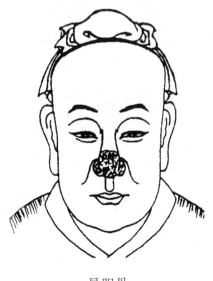

悬胆骨

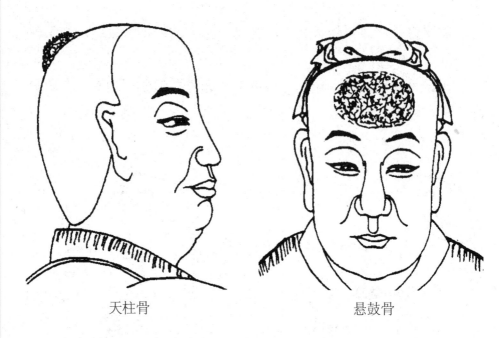

天柱骨　　　　　　　　　　　　悬鼓骨

先色骨——即年寿隆起上贯山根、印堂，再加准头丰圆起，主中年事业顺利有成，但鼻气色必须黄润明亮才验。

福荫骨——即顶脑骨似龟状平伏起，主得父母福荫早发，三十岁前多属顺境。

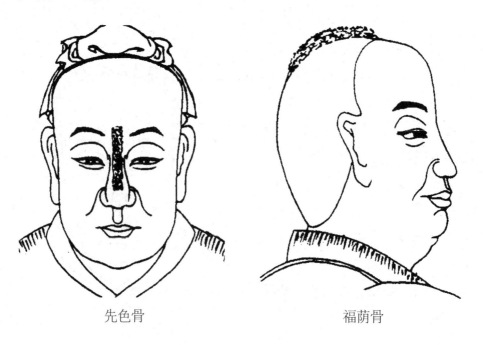

先色骨　　　　　　　　　　　　福荫骨

神佑骨——即顶脑骨高隆起或尖起，主一生履险如夷，遇难有救。高隆者，事业成就大；尖露者，常患小人，难有成就。

圆兔骨——即顶脑中端有小骨圆起，若软若硬，主一生衣食不缺。

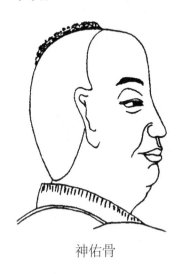

神佑骨

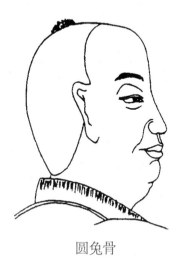

圆兔骨

佐串骨——即额头两边丘陵、冢墓之位骨起，又名人仓骨，愈大愈聪明福寿，子孙繁衍。

玉琢骨——即顶脑有骨突出如梭状，主孤贫，晚景凄凉。此为前山三十八骨中的唯一恶骨。

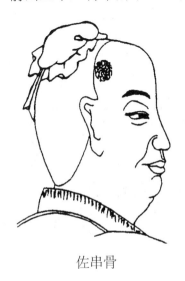

佐串骨

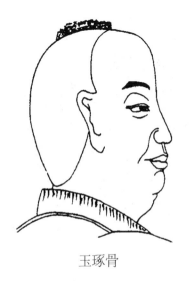

玉琢骨

玉梁骨——即耳上有骨横起，主清贵且文章传世。

玉楼骨——即耳后有骨丰圆起，又名寿根骨，亦名根灵骨、灵阳气，主有寿且老运亨通。但过高过露者，主晚年孤寿。

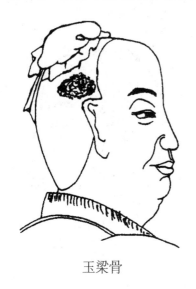

玉梁骨

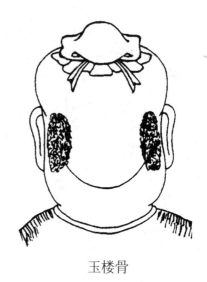

玉楼骨

玉阶骨——即耳上有骨高平起，亦名华阳气，主发达早并享高寿。

隐逸骨——即山林骨起。主性恬淡，不贪名利，乃隐逸之高士。

玉阶骨

隐逸骨

仙桥骨——即山林骨横入发际，主孤寒，多为宗教信徒。

金阙玉山骨——即山林起骨斜插天中入顶脑位，主孤寿，多为宗教长老。

仙桥骨

金阙玉山骨

晚福骨——即颐颏骨方圆起，主晚景荣华，可享子孙之福。

天禄骨——即天仓丰满骨起，主一生衣食富足。

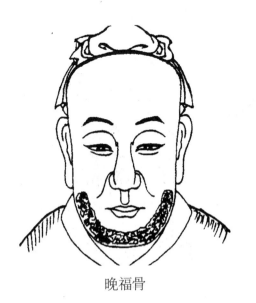

晚福骨

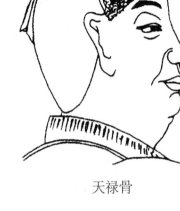

天禄骨

周易相学点窍

扶桑骨——即后脑起骨与天仓位相连，主为官长久，子孝妻贤。

罗汉骨——即头颅方长，或耳后起方骨多块或一大块，主孤寒，多为僧尼之人。

扶桑骨

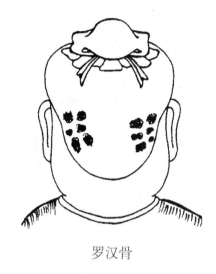

罗汉骨

第三节　后山三十四骨

连山枕——连山枕又名三山枕，即三骨相连如笔架形，主聪明富贵。

一字枕——一字枕又名一阳枕，即后脑正中横起一条粗骨。主个性优良，学业大成；骨大者，主大富且寿；骨小者，主小富；骨露者，则孤贫。

双龙枕——即后脑两骨竖起。骨大者，主文武大贵；骨小者，亦可官至部长等职。

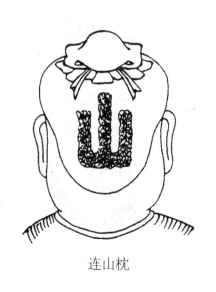

连山枕

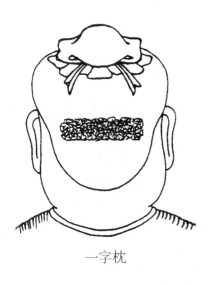

一字枕

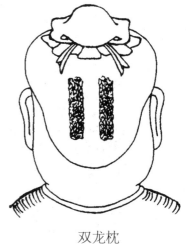

双龙枕

　　川字枕——即后脑三骨并列竖起。骨大者，主官至特任；骨小者，可官至简任。

　　崇方枕——即后脑骨起四方有棱。古时可官至馆殿清职，即现今的委员、顾问、参议等职。

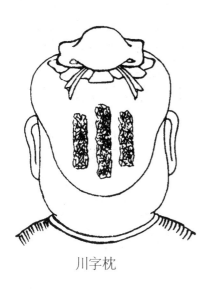

川字枕

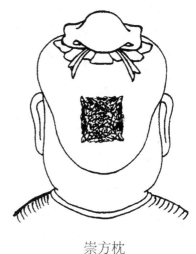

崇方枕

　　大品字枕——即后脑有六骨叠起有棱角。古时主贵为王侯，今可贵至总理级以上官员。

　　小品字枕——小品字枕又名三台枕，即后脑三骨叠起有棱角，主学问名度高，文职清贵。

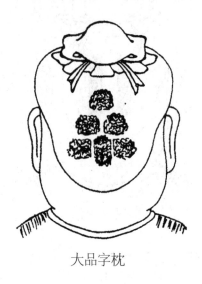

大品字枕

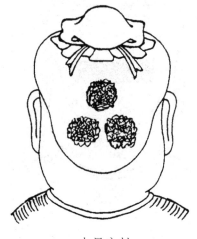

小品字枕

七星枕——即后脑有七骨圆起，排列如星状，主文职清贵。

五花枕——五花枕又名五岳枕，即后脑四周各起一圆骨，中央的圆骨略尖高。古时主贵为王侯，现今可贵至总理级以上的官员。

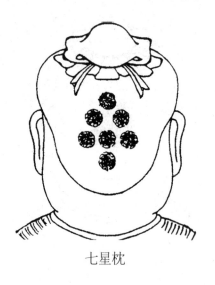

七星枕

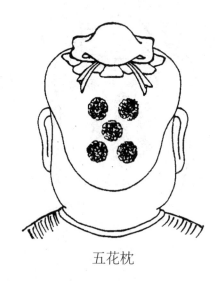

五花枕

三才枕——即后脑自上至下三骨成线叠起。骨大者，主贵至将相；骨小者，亦主中贵。

回环枕——回环枕又名车轴枕。即后脑骨中央凹而周围高。古时可贵为王侯，现今可贵至总理级以上官员，并祖孙或父子皆贵。

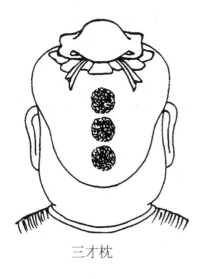

三才枕

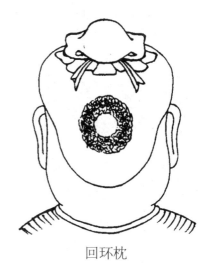

回环枕

三星枕——即后脑上一骨下二骨皆圆起，主文职清贵。

虎颈枕——即后颈脊骨上连枕骨成长方形，主武职大贵。

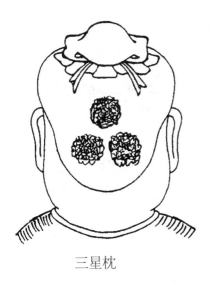

三星枕

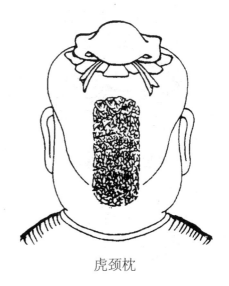

虎颈枕

连光枕——即后脑有三骨横叠起。古时骨大者可贵为卿相，骨小者贵为刺史，并一门数贵；现今可官至部长级职位。

双环枕——即后脑起骨似双环并列状，骨周围高而中间空，主文职贵显。如双环距离较远者，小贵。

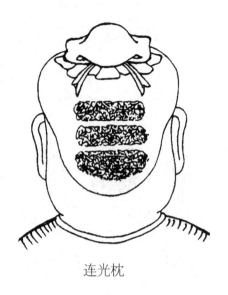

连光枕

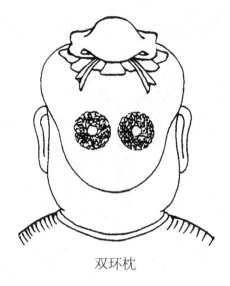

双环枕

　　连环枕——连环枕又名连珠枕。即后脑三骨并起，骨大者主大贵，骨小者近贵无实权。

　　酒樽枕——即后脑起骨上大下小而中空似酒杯，主有禄无官，如当今社会的民意代表。

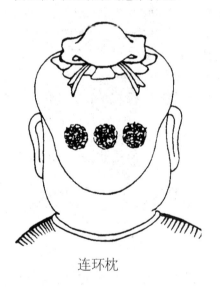

连环枕

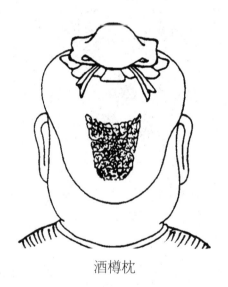

酒樽枕

　　玉樽枕——即后脑起骨，上小圆，下半圆，似盆状，有棱角。古时可贵为卿相，骨小者为刺史；现今可贵至部长级官员。

　　垂露枕——垂露枕又名承露枕，即后脑起骨上方下圆。可贵为现今政府聘任委员、参议员、顾问等职。

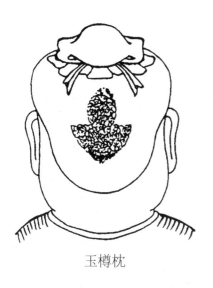

玉樽枕

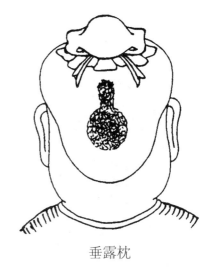

垂露枕

天地枕——天地枕又名叠玉枕，即后脑上起一圆骨，下起一横方骨，主一生富荣。

四角枕——四角枕又名四方枕，即后脑起一四方骨并有棱角，与崇方枕有别，主武职中贵，但非正官正印。

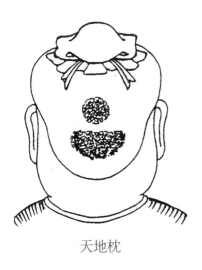

天地枕

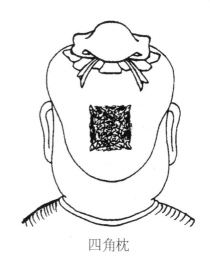

四角枕

圆月枕——即后脑起骨圆而不露，骨大者大富，骨小者小富。若骨小而尖露，名鸡子枕，又名自克骨，主个性顽固，喜钻牛角尖，但心地善良。

仰月枕——仰月枕又名偃月枕或文曲枕，即后脑的下半部起骨似仰月状。古时主贵为卿监，现今可贵为部长级官员。

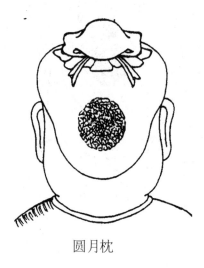

圆月枕

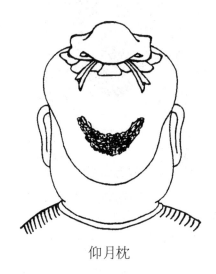

仰月枕

覆月枕——又名金水枕，即后脑起骨如覆月状。古时可贵为朝郎，现今可贵至司长级官员。若骨起于后脑的下半部，则名覆船枕，主一生事业多成多败，且防水厄。

背月枕——即后脑的上半部起骨像两个半月左右相背。骨大不露者，主一生事业发达；骨隐约不显者，主早发小贵。

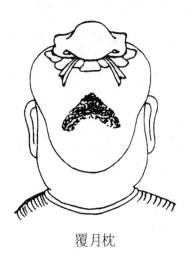

覆月枕

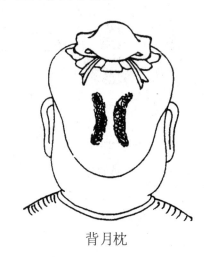

背月枕

相背枕——即后脑起骨如两个半月上下相背，主一生有中等成就，并文武才能兼有。

腰鼓枕——即后脑起骨两头大，中间小，形似哑铃，主一生事业多成多败，最多小贵小富。

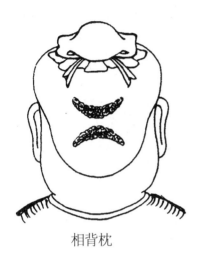

相背枕

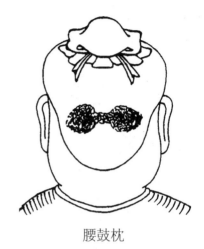

腰鼓枕

十字枕——即后脑起骨如同十字形，主其不善处人际关系，心直口快，一生事业漂浮不定。

丁字枕——即后脑起骨如丁字形，主其个性随和，一生易得贵人提携，但难大发。

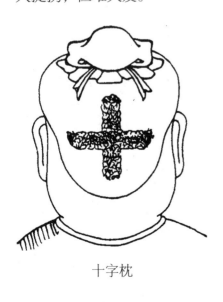

十字枕

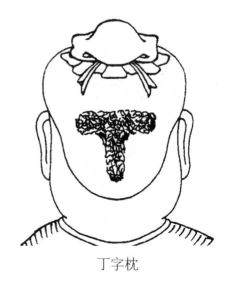

丁字枕

上字枕——即后脑起骨如上字形，主其志高胆大，但亦好高骛远，终归失败。

巨字枕——即后脑起骨如巨字形，主一生事业虽有中等发达际遇，但因个性太过刚正耿直，难获正官正印。

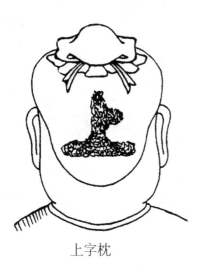
上字枕

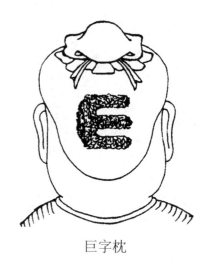
巨字枕

象牙枕——即后脑起骨耸直如象牙形，主武职中上贵。如骨露，则主孤贫。

悬针枕——即后脑起骨上宽下尖，状似倒立象牙，但悬针枕较象牙枕长方。古时可贵为卿监，现今可贵至部长级官位。

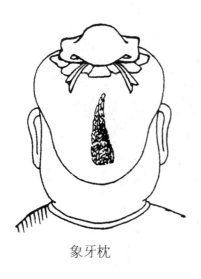
象牙枕

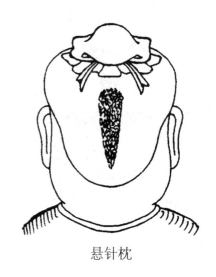
悬针枕

撇骨枕——即后脑左边或右边起骨如撇状，或左右起骨皆向耳后撇去，主其有寿不贵。如骨露者，则一生多波折。

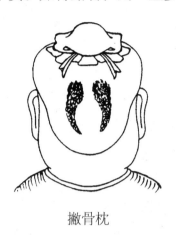

撇骨枕

第四节　十二起骨

一、增列三骨的理由

《相门精义》及《冰鉴》论九起骨的原文均颇为简要，未论及现代人相学最重要的健康、智慧、个性、事业、婚姻等内涵，相理休咎方面亦仅作简单的提示性说明，如"一骨起则不穷，二骨起则不贱，三骨起则动履稍胜，四骨起则贵矣，五骨起柱石之器也……"十二起骨是在原九起骨的基础上增列三骨而得的，新增列三骨即"印堂骨开阔起""耳根骨圆起""项骨平阔起"。

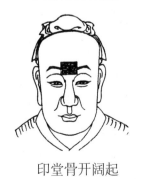

印堂骨开阔起

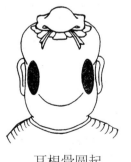

耳根骨圆起

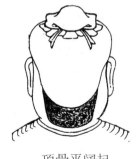

项骨平阔起

周易相学点窍

　　增列三骨之理由，是原九起骨论相存在不足之处，譬如对面相上最重要的印堂及头相上最重要的耳根骨、侧脑骨两部分均未论及；再者，九起骨论相，不分男女均区分为"起、露、陷"三个标准，准确度不高，颇不实用。每一骨的正确部位及每一骨的"起、露、陷"三种标准所呈现的健康、智慧、个性、事业、婚姻等信息详加注释，应用方便，学习亦简单。十二起骨为"一骨起不穷，二骨起不贱，三骨起只要行动就有相当收获，四骨五骨六骨起可小贵或小富，七骨八骨九骨起可中贵或中富，十骨十一骨十二骨起可大贵或大富"。但要注意，一骨起不穷，二骨起不贱，三骨起只要行动就有相当收获，四骨以上骨起则可小贵小富，其所指的"起骨"，应包括"天庭骨""眉棱骨""太阳穴""颧骨"。如以上四骨无一骨起，则既穷又贱。又四骨虽均有起，但眼神混浊或重要部位有纹痣冲破，仍不能富贵，最多只有若干异路行业而已。所言的小贵小富、中贵中富、大贵大富的三个等级，每一级位阶又可再划分为大中小三级，即（将"小贵小富""中贵中富""大贵大富"应再）可区分为九级，如此才能符合社会实际的人事状况。至于一骨至三骨有起者，只能评为普通之人；如一骨均未有起者，则评为贫贱之人。

二、十二起骨注释

　　天庭骨隆起——即前额骨隆起，平正而又方阔，其峻有似悬壁，其势又如覆肝。主有宏大之理想与志向，赋性聪明机警，富创造、模拟、鉴识能力；处事谨慎专注，执行能力强；处事手法圆通，对长上尊敬，服从性强；又学习快，记忆力强，并具有审美观、幽默感和第六感。个性仁慈温和，常怀着美丽的憧憬面对事物。同时身体健康，一生事业有成并高寿。如额骨凸露，主个性不良，言语夸大，对功名、富

天庭骨隆起

贵作不切实际的妄想，一生事业多波折、少收获，老年孤苦，女性则婚姻不美满；如额骨削陷，主思维愚钝，信心不足，事业上稍遇挫折即感沮丧失望，个性急躁，执拗偏激，一生事业少成。女性天庭骨，以秀圆而不高不宽不陷不凸为吉相。

眉随骨起

眉随骨起——即眉毛附随眉棱骨而起。主人的精力强旺，能彻夜工作。如眉形再好，主考运佳，人际关系良好，易得贵人提拔，处事则有远见，富策划能力，必英年早发；个性则不温不火，有秩序、知轻重、大小与方位观念强，又有第六感；对音乐、色彩亦有良好感受，一生事业必有成就。如眉棱骨高露，眉毛未附于眉棱骨上，主其倔强偏执，志高气焰，嚣张刻薄，知进不知退，骄傲乏修养，往往偾事后悔，甚至遭遇凶险，女性则欠孝心又克夫。眉棱骨陷而不起，主妻子兄弟不得力，精力不充，不能熬夜，有恐高症，又易晕车晕船，一生事业少成，老年孤苦。女性眉棱骨以平满为吉，如高过印堂骨，主克夫不孝。

佐串骨角起——即额的两侧丘陵、冢墓二位起骨，称为头角峥嵘，其骨愈大愈好，即使额窄亦可贵可富，男性初运佳，女性则属女强人型人物。个性极为聪明，读书成绩必名列前茅，口才亦佳，能见机行事，富有警戒心，有是非观念，有

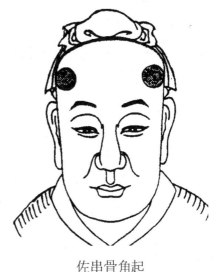

佐串骨角起

周易相学点窍

幽默情操。如丘陵、冢墓二位凹陷，主其性急，居无定所，一生多灾厄，又刑克六亲。

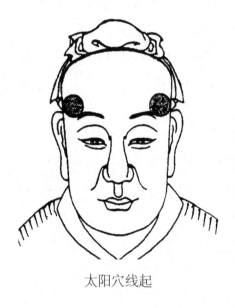

太阳穴线起

太阳穴线起——即天仓部位饱满隆起，主其父德极佳，荫庇终身，个性积极，有时间、数字、预算观念；眼光敏锐，富有第六感，有远大理想，有科技头脑，能处理细密事务，又讲究生活品质。喜欢美食醇酒，在外易得贵人提携。如天仓露骨，主其有孤独感，有宗教热忱，常有出家念头，并易破相；如天仓部位凹陷，主其个性愚昧，食欲不佳，终身运蹇，刑克父母，六亲少助。女性天仓骨以丰满者为吉相，忌凹陷，尤忌高广横凸，主刑克并赋性凶恶。

鼻骨芽起——即山根至准头的鼻梁骨隆起，形状似豆芽首尾圆长。主其英明而有胆识，果决而意志力坚强，又心性爽直，富有正义感。处人处事斗智不斗力，理财手法高明，并有祖荫。又身体健康少病，精力充沛，毅力耐力均强，对过往事物记忆清晰，必配贤慧美丽的配偶。如山根高过印堂，主其刑克父母、配偶，自身破相孤独，女性尤忌；如山根、年寿细窄而露骨，主其个性倔强，劳碌少成；如山根细小且年寿低陷，主其胆识不足，体弱多病，幼少运艰苦，破祖离乡，六亲刑克少助。又对事物之判断力差，记忆力不强，一生劳碌少成，如年寿再有缺陷，

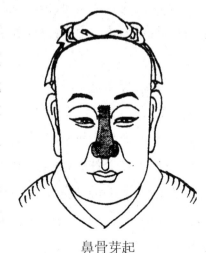

鼻骨芽起

必招容貌丑陋、个性不良之配偶。女性忌山根太高，女性山根太高，乃丈夫相也。

颧骨丰起——即双颧丰圆而起，主其个性收放自如，不卑不亢，颇有担当能力，能付重托，对事物能高瞻远瞩，对人事能领袖群伦。若颧柄上插天仓，主其志行高洁，再鼻相有配，中运必大发。如独颧无面（无禾仓），主其一生事业多成多败。如颧骨低陷，主其志行不高，一生无权无勇。如颧骨尖露或横张，主其个性急、个性强，又缺包容心，一生劳碌少成，若女性颧骨尖露或横张，则必克夫孤寒。

颧骨丰起

顶骨平伏起——即头顶骨既高隆又宽平，状似"伏龟"，主其福、禄、寿俱全，个性正直、仁慈，思维宽宏，理想崇高，重视名誉，有正义感，自尊心自信心均强，意志力也强，有百折不挠不畏艰难挫折之精神。同时处事稳健、讲原则、有分寸，善理财，可早发。如顶骨尖露，主其骄傲自大，顽固执拗，智慧道德两差并刑克父母，一生事业无成，老必孤寒。如顶骨凹陷，主其脑部发育不良，神经衰弱，多愁善感，懦弱无能，欠缺独立性及自立性，并刑克父母，自身促寿。此项男女二性同论。

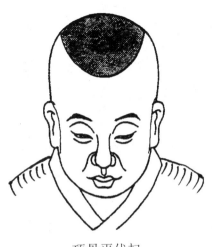

顶骨平伏起

枕骨强起——即后枕骨横强起或高隆起，并有肉包覆，主其祖德厚、祖寿高、祖荫多（左为祖父、右为外祖父）。如后枕骨横起一大条，主大贵兼大富大寿；后枕骨一般起者，亦主中老运佳，享高寿，子孙荣显，但起而无肉包覆者主孤寿。凡后枕骨有起之人，主其有国家、社会、家庭责任观念，又喜结交朋友且有侠义之心，并富创造性、持久性、忍耐性，意志力亦

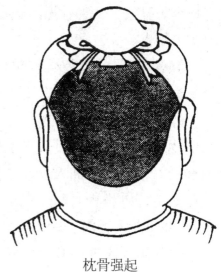

枕骨强起

坚强。如后枕骨尖露如喉结，名为自克骨，主其个性急躁，好高骛远，骄傲轻敌，喜钻牛角尖，常有小人为害。如露而上翘者为反骨，露而下伏者为殃骨，均主刑克孤独，个性不良，事业少成，殃骨并主夭寿。如后枕骨陷或扁者，中年败业，一生劳碌刑克，青少年多病有灾，并有自杀倾向。此项男女二性同论。

侧脑骨丰隆起——即两边耳上侧脑部位（颞颥叶）丰隆起，主其个性聪慧仁慈，富有正义感，能尊敬他人，必有贤内助，重名誉，实行力强，说服力强，秘密性也强，能随机应变，一生事业有成，富而守财，贵而清正。如侧脑骨丰隆，额头再高广宽隆，主其可为发明家。但侧脑骨过于突出，主其个性自私自利，奸诈虚伪，心性残酷，刚愎任性，好淫贪婪，刑克六亲。如侧脑骨不起，主其实行力不足，秘密性及长期警戒心两缺，配偶不得力，又主迟婚或婚姻欠美满，一生事业难成，贫贱促寿。此项

侧脑骨丰隆起

男女二性同论。

三、十二起骨状况与成就

1. 大富或大贵格

十二骨均有起，并且各骨平衡，没有瑕疵，主大富或大贵。

十一骨有起、十骨有起、九骨有起或八骨有起，其中内含天庭骨、眉棱骨、太阳穴、颧骨和枕骨五项，并且没有瑕疵，均主大富或大贵。

2. 中富或中贵格

七骨有起、六骨有起，并且其内含天庭骨、眉棱骨、太阳穴、颧骨和枕骨，又无任何瑕疵，均主中富或中贵。

3. 小富或小贵格

五骨有起、四骨有起，并且其中内含天庭骨、眉棱骨、太阳穴、颧骨，又无任何瑕疵，均主小富或小贵。

4. 平常之人

三骨即天庭骨、眉棱骨和太阳穴有起者，或二骨即天庭骨和太阳穴有起者，或一骨即太阳穴有起者，均主平常之人。

5. 贫贱多灾之人

十二骨中无一骨有起，并有三分之一凹陷，或三分之二凹陷，或全部凹陷，均主贫贱多灾或命中带刑克。

以上各个等级的富贵标准，均以盖棺论定为准，因为有的是先富后贫或先贫后富，有的先贵后贱或先贱后贵。有起骨而神不足者，是富贵中的贫贱格，不宜追求富贵，只宜追求异路财荣，并可享高寿。十二骨中，有些骨起，有些骨陷，主人的一生事业有成亦有败。

第五节　头面其他骨骼

头面有奇骨须有奇神相应——头为诸阳之首，百骸之主；目为一身之精，通诸窍之美，一身精神存乎两目。虽头面有奇骨，但两目混浊无神，主其自身或父祖先人必损阴骘，仍须防破败夭亡之厄。头有奇骨者，必须取精神气魄相辅，方能富贵。若头面有奇骨，而眼无奇神相应，最多只能获得少许异路财荣而已。假如头面有奇骨而眼无奇神者长寿，则不孤必贫，或既孤又贫。

鼻有伏犀须准头丰隆相应——山根丰隆骨起，上贯印堂入顶，称为伏犀骨，如自准头起骨上贯印堂入顶，则谓单犀骨。人面相上有伏犀骨或单犀骨，均主大贵，但必须准头丰隆并齐似截筒，兰台、廷尉亦圆起有收而不露孔，才为相应，否则虽大贵但凶死。因山根内五行属火，准头上端内五行属土而下端属水，山根高起为强火，准头高起为土中藏水，不畏强火来袭，故相得益彰；反之，火不但不能生土，并有害于土。山根骨起不能高过印堂骨及眉棱骨，如果山根高过印堂骨和眉棱骨者，就不以奇骨论，应以刑克父母、兄弟、妻子论断。

骨起并非骨露——奇骨即起骨，但要注意，奇骨是隐隐约约呈现的，如骨呈尖露之状，则不以奇骨论。所有奇骨均可称为伏犀骨，并非特指起自山根及年寿准头之骨才名伏犀骨，但为方便辨识起见，故先贤分别就各种奇骨加以命名，并说明。

奇骨须上下左右对称——奇骨上下叠起或左右并起，则必须讲究上下或左右对称，否则不吉反凶，贵亦不久或有刑克。前者如三才枕，后者如日月角。

骨骼定一世荣枯——骨骼定一世之荣枯，部位可看流年休咎，气色能断一时吉凶。因男子在外肾长毛完成时，女子在癸水来潮正常时，即为人已发育完全，故人之骨骼是优是劣也就定形了。但骨骼的优劣会影响附于骨头上五官、六府及五星、六曜的优劣，故骨格定一世之荣枯。

前山好不如后山好——《铁关刀》云"前山好不如后山好，前山坏尤忌后山坏"。前山所指的是初运以额为主，中运以鼻为主，末运以颏为主等前山三主。后山初运以顶为主，中运以脑为主，末运以枕为主等后山三主。又云"前山骨起，其后山不可陷，陷则似富非富，似贵非贵。后山骨起，其前山不可侧，侧者纵有富贵不免艰辛"。又云"宁可有枕无额，不可有额无枕"。

问贵在额问富在鼻——"问贵在额，问富在鼻"此言之额并非指前额，乃指额头；此言之鼻，并非指山根有伏犀骨，而是泛指年寿、鼻准、兰台、廷尉及双颧。如欲在公职上求得大发展，必须额头有奇骨（南人北相或北人北相者例外）；如欲在商场上获得大收获，则必须鼻如截筒、悬胆鼻，且双颧朝拱。不论贵与富，亦不论南人北相或北人北相，眼睛一定要有神，否则贵而多凶，富而不久。鼻相虽好，但额相不圆而窄，亦不能致大富。如后脑扁平，则似富非富。

骨有三要——骨三要是指：一要心窝骨平滑，平者公平，滑者心恕，陷者心贪，凸者心暴，尖者心毒。二要尾闾骨（即尻骨）长大，尾闾骨凸露坚硬者，体健长寿，富贵有成；尖小或不见者，一生平庸少成；摸之既软又陷者，一生多病促寿。三要枕骨有肉包，无肉包者，虽有成就而劳碌，虽可高寿但孤独。

第七章 形、神、骨

本章总论形、神和骨，说明什么是形、神、骨，如何看形、神、骨，以及三者在看相中的重要性。

第一节 形与神

下面先介绍一些关于形、神的相术知识。

神居内形不可见，气以养神为命根；

气壮血和则安固，血枯气散神光奔。

莫标清秀心神爽，气血和调神不昏；

神之清浊为形表，能定贵贱最堪论。

夫形以养血，血以养气，气以养神，故形全则血全，血全则气全，气全则神全。是知形能养神，托气而安也，气不安则神暴而不安。是形出处于神，而为神之表，犹日月之光，外照万物，而日月又光万神之表，其神固在日月之内也。眼明则神清，眼昏则神浊。清则贵，浊则贱。清则寤多而寐少，浊则寤少而寐多。

一、论神有余

神之有余者，眼光清莹，顾盼不斜，眉秀而长，精神耸动，容色澄澈，举止汪洋。俨然远视，若秋日之照霜天；巍然近瞩，似和风之动春花。临事刚毅，如猛虎之步深山；处众迢遥，似丹凤而翔雪路。其坐也，如界石不动；其卧也，如栖鸦不遥；其行也，洋洋然如平水之流；其立也，昂昂然如孤峰之耸。言不妄发，性不妄躁，喜怒不动其心，荣辱不动其操。万态纷错于前，而心常一则；可谓神有余也。神有余者，皆为上贵之人，凶灾难入其身，天禄永其终身矣。

二、论神不足

神不足者，似醉非醉，常如病酒，不愁似愁，常忧如戚，不睡似睡，才睡便觉，不哭似哭，忽如惊悸，不嗔似嗔，不喜似喜，不惊似惊，不痴似痴，不畏似畏，容止昏乱，色浊似染，癫痫神色，凄怆常如大失，恍惚张惶，常加恐怖，言论瑟缩，似羞隐藏体见抵拒，如遭凌辱。色初鲜而后暗，语初快而后讷。此皆谓之神不足也。神不足者，多招牢狱枉厄。官也失位矣。

三、论形有余

形之有余者，头顶圆厚，腰背丰隆，额阔四方，唇红齿白，耳圆成轮，鼻直如胆，眼分黑白，眉秀疏长，有膊脐厚，胸前平广，腹圆垂下，行坐端正，五岳朝归，三停相称，肉腻骨细，手长足方。望之巍巍然则来，视之怡怡然而生，此皆谓之形有余也。形有余者，令人长寿无病，富贵之形矣。

四、论形不足

形不足者，皆头顶尖薄，肩膊狭斜，腰肋疏细，肘节短促，掌薄指疏，唇蹇额搭，鼻仰耳反，腰低胸陷。一眉曲，一眉直；一眼仰，一眼低；一睛大，一睛小；一颧高，一颧低；一手有纹，一手无纹；睡中眼开；男作女声；齿黄口露；鼻准头薄秃顶无丝发；眼深不见睛；行状倚侧，颜色萎头小而身大，上短而下长；此之谓形不足也。形不足者，多病而短命，福薄而贫贱也。

第二节　相骨

骨节像金石，欲峻不欲横，欲圆不欲粗。瘦者不欲露骨，肥者不欲露肉，骨与肉相称，气与血相应。骨寒而缩者，不贫则夭。日角之左，月角之右，有骨直起，为金城骨，位至公卿。印堂有骨，上至天庭，名天柱骨，从天庭贯顶，名伏犀骨，位至公卿。面上有骨卓起,名颧骨,主权势。颧骨相连入耳,名玉梁骨,主寿考。自臂至肘为龙骨,象君,欲长而大;自肘至腕名虎骨,象臣,欲短而且细。骨欲峻而舒,圆而坚,直而应节,紧而不粗,皆坚实之相也。颧骨入鬓,名驿马骨,左目上日月角骨,右目上日月角骨,骨齐耳为将军骨,硗日圆谓龙角骨,两沟外曰巨鳌骨,额中正两边为龙骨。骨不耸兮且不露,又要圆清兼秀气。骨为阳兮肉为阴,阴不多兮阳不附。若得阴阳骨肉均,少年不贵终身富。骨耸者夭,骨露者无,立骨软弱者寿而不乐,骨横者凶,骨轻者贫贱,骨露者愚俗,骨寒者穷薄,骨圆者不福,骨孤者无亲。又云:木骨瘦而青黑色,两头粗大,主多穷厄;水骨两头尖,富不可言;火骨两头粗;无德贱如奴。土骨大而皮粗厚,定主多子又多福;金骨坚硬,有寿无乐,或有旋生头角骨者,则享晚年福禄,或旋生颐额者,则晚年至富也。

诗曰:

> 贵人骨节细圆长,骨上无筋肉又香。
>
> 君骨与臣相应辅,不愁无位食天仓。
>
> 骨粗岂得丰衣食,禄位定无且莫求。
>
> 龙骨不须相克陷,筋缠骨上贱堪忧。

骨有九起:起,是指状态和长势,即相学家所谓的长相。本小节专论九贵骨。九贵骨为:天庭骨、枕骨、顶骨、佐串骨、太阳骨、眉骨、鼻骨、颧骨和项骨。

九贵骨特征:

一为颧骨。面部左右两边,眼尾下方突起的骨叫颧骨共两块。

二为驿马骨。驿马骨即颧骨势入"天仓"的骨,共两块,颧骨不入"天仓",则叫做驿马骨未成。

三为将军骨。即耳骨,共两块。

四为日角骨。在左眉上主隐隐突起的骨叫做日角骨,一块。——相学称左眼为日,所以其上方的骨称日角骨。

五为月角骨。右眉上方隐隐突出的骨叫做月角骨,一块。——

相学称右眼为月，所以其上方的骨称为月角骨。

六为龙宫骨。围绕双眼突出的骨叫做龙宫骨，共两块。

七为伏犀骨。由鼻上一骨直线向上，到额部"天庭"，再由"天庭"直贯到头顶（一说脑后）的一段骨。——其状如隐伏的犀角，故称伏犀骨。

八为巨鳌骨。两耳后耸起直至脑后的大骨叫巨鳌骨，共两块。

九为龙角骨，又称辅骨。为两眉眉尾上方斜入"边地"稍高似角的骨。

六色的特征及所主吉凶祸福：

青龙之色：两眼黑白分明，神光红黄，精光照人。此色主升官，招财进宝和喜庆纳吉之事。

朱雀之色：面色赤红如丹，忧戚如烟。此色主官灾和口舌之祸。

腾蛇之色：面上灰蒙蒙如灰土色，精神昏浊。此色主居家不宁和惊怪不祥之梦。

勾陈之色：眼色昏浊，黑白不分，神光昏暗，眼下有青痕。此色主牵连负累之事。

白虎之色：两眼白气闪烁，似泪非泪，莹莹若有光。此色主家有丧凶主事。

玄武之色：嘴唇青黑发颤，口旁有黑气飘游。此色主家中遇盗，被小人伤害。

1. 天庭骨隆起：天庭骨，位置在发际天庭之下，司空之上。其势丰隆而起方是贵相，然而也不可呈"凸"字形。——这句话的意思是：天庭骨的贵相为丰隆而起。

2. 枕骨强起：枕骨，后脑之骨，位置与面部的星堂相平。强，充实显露。相学家认为，枕骨骨气宜充实，而且愈显愈贵。——这句话的意思是：枕骨的贵相为充实显露。

3. 顶骨平起：顶骨，位置在头顶。平，平正而不突兀。相学家认为，顶骨以平正为贵。——这句话的意思是：顶骨的贵相是平正而不突兀。

4. 佐串骨角起：佐串骨，即鬓角骨，发于颞颥部，其峰斜上插入小儿总角处，虽为骨却似角。角，这里是牛角、羊角壮的意思。——这句话的意思是：佐串骨的贵相是骨峰斜上插向发际，其状如角。

5. 太阳骨线起：太阳骨，位置在两眉之尾，根在太阳穴。线，这里的意思是为直线上升，达于发际。相学家认为，太阳骨以细而显为贵。——这句话的意思是：太阳骨的贵相是直线上升。

6. 眉骨伏犀起：眉骨，即眉盘骨，位置在面部两眉之下。伏，平而隐。犀即犀牛角。相学家认为，眉宜棱而不露，隐然如犀牛角之平伏，否则，高而露则狂傲，低而陷则奸邪。——这句话的意思是：眉骨的贵相是棱而不露，隐然若犀牛角之平伏。

7. 鼻骨芽起：鼻骨，由年寿至山根，上连印堂、中正。芽，这里的意思的如芦笋竹芽，峻拔而挺直。相学家认为，鼻骨宜峻拔而挺直。——这句话的意思是：鼻骨的贵相是像芦笋竹芽那样峻拔而挺直。

8. 颧骨起：颧骨，在面部两眼之下，若不得而起，意思是有力有势，不露不陷，不尖不平，不偏不反。——这句话的意思是：颧骨的贵相是有力有势，不露不陷。

9. 项骨平伏起：项骨，在颈后，下连脊骨，上连头骨。相学家认为，项有余肉，平伏而不突兀，为虎项，大贵。——这句话的意思是：项骨以平伏厚实，不显不露为贵。

在头，以天庭骨、枕骨、太阳骨为主。主与"次"相对，主要部位，关键部位的意思是。相学家认为，人相的各个部位有主有次，即有起决定作用的关键部位，有仅起辅助作用的非关键部位。——这句话的意思是：头部的骨相主要看天庭骨、枕骨、太阳骨这三处关键部位。

在面，以眉骨、颧骨为主。——这句话的意思是：面部的骨相，主要看眉骨、颧骨这两处起关键作用的部位。

五者备，柱石之器也。五者，指上文的天庭骨、枕骨、太阳骨、眉骨、颧骨。备，具备。柱石之器，国家栋梁之材。——这两句话的意思是：如果以上五种骨相完全具备，此人必定是国家栋梁之材。

一，则不穷。这里的一是一个承前省略句，完善的说法是"一者备"，即如果以上五种骨相只具备一种，下文的"二""三""四"类此。——这句话的意思是：如果以上五种骨相只具备一种，此人就不会贫穷。

三，则动履稍胜。动履，行动，做事。稍，渐渐。胜，这里是发达、腾达的意思。——这句话的意思是：如果以上五种骨相能具备三种，只要有所作为，就会渐渐发达起来。

骨有不同的颜色，颜色呈现在面部，以青色最为高贵。俗话说的"少年公卿半青面"，就是这个意思。黄中透红的紫色较青色略次一等，面如枯骨敷粉的白色则是最下等的颜色。

骨有一定的气势，头部骨骼以相互关联，气势贯通最为高贵，互不贯通，支离散乱则略次一等。总之，只要头上没有恶骨，就是面相再好也不如头相好。然而，如果头大而天庭骨却不丰隆，终是卑贱的品位；如果头圆而佐串骨却隐伏不见，多半要沦为孤贫的僧人；如果鼻骨冲犯两眉，父母必不长寿；如果颧骨紧贴眼尾而颧峰凌眼，必无子孙后代。这里的富贵与贫贱差别，有如毫厘之短与千里之长，是非常大的。

第三节　论面部形相

一、寿相

寿相形貌上的特点是：耳长贴脑，眉毛秀长，人中长直，气色平实，不胖不瘦。

精神上的特点是：性情温顺，心脑开阔，欲望持中，情态平和。

二、夭相

夭相形貌上的特点是：颜面薄弱无势，太阳穴凹陷过度，眼睛突出如鱼睛，鼻梁低陷不起，双耳低反，颈部紧缩。

精神上的特点是：神昏气弱，有色无光，目光滞涩，情态萎顿。

三、贫贱相

相学家通常将"贫""贱"合称并论，这反映出他们认为"贫"必"贱，"贱"必"贫"，或"贫"即"贱，"贱"即"贫"。这无疑是一种偏见，至少是一种误解。其实，"贫"是就物质而言的，指的是物质财富缺乏，"贱"是就精神人格而言的，指的是精神卑劣，人格低下。在现实世界里，古往今来，中国外国，大有贫而不贱者和贱而不贫者所在。不过在中国传统社会里，"贫"和"贱"被合称并论也不是全然无据。因为在统治者那里，确实是"贫"即"贱"，"贱"必"贫"，"贱"而不"贫"反为贵。这固然是一种偏见，但却是当时社会观念的事实。

贫贱相的基本特征是：头小额窄，耳薄皮粗，口小肉松，形俗神怯，气浊声破，腰折背薄，脚长肩促，鼠食蛇行，面色灰暗等；表现为喜怒无常，缺乏毅力，志大才疏，心气浮躁，得志猖狂，得过且过，毫无主见等。

四、孤苦相

孤苦相的基本特征是：额广但多纹，面色苍白无光，行止无常，行走时头部低垂，上身前倾；性格内向，性情孤僻，心胸狭窄，感情脆弱，思路偏狭，举动古怪。

五、十字面相法

这是一种专门观察面相的方法，其法为以圆、田、山、风、用、目、同、王、甲、申十个字的字形象征十种面型，这也是一种以类取相之法。这种观相法只适用于面相，就形相的总体而言，它是一种微观观察法，而就面相而论，它则是一种宏观观察法。其内容是：

1. 圆字脸：圆圆胖胖，明朗快活；
2. 田字脸：脸部宽阔，耐性坚毅；
3. 山字脸：下部发达的鹅蛋脸，坚忍不拔；
4. 风字脸：脸部皮肤松弛，缺乏进取心；
5. 用字脸：左右面颊不均衡，不够稳重；
6. 目字脸：长方脸，做事有干劲，不认输；
7. 同字脸：腮骨发达，四角形脸，聪明，宽宏大量；
8. 王字脸：颧骨特别发达，敢作敢为；
9. 甲字脸：额阔下巴尖，思考精密细腻，缺乏行动勇气；
10. 申字脸：颧骨突出，下巴尖瘦，冲动任性。

第四节　形相八分法

《麻衣相法》的"观人八相"，把形相分为威相、厚相、清相、古相、孤相、恶相、薄相及俗相八个类型。

威相：

即威严刚猛之相。其势如虎入山林而百兽自畏，体貌高大，姿容堂堂，神色庄重，仪态威严，性情刚猛，行动果敢，主权势。生此相者，具有很强的决断力和行动力。

厚相：

即敦厚持德之相。其量如沧海，其器如巨舟，引之不来而摇之不动，体貌端正重实，姿容敦厚，神色庄重，仪态平正，举止缓慢，性情温和，行动稳重，主神禄。生此相者，有度有量，心胸开阔，稳重可靠，一生平稳而多福。

清相：

即清朗文秀之相。所谓"清者，精神翘秀谓之清，如桂林一枝，昆山片玉，洒然高秀，一尘不染"。体貌清朗文秀，姿容细瘦坚实，神色清爽，举止轻捷，仪态温文尔雅，性情开朗，思维敏捷，主大贵。生此相者，聪明机智，心灵手巧，富有创造性和进取心。

古相：

有两说，一为古朴之相，一为古怪之相。《麻衣相法》称：所谓"古者，骨气岩棱谓之古，而不清者近于俗也。"其相体貌怪异，甚至丑陋不堪，性格内向，性情冷僻、孤傲，此为古怪说。所主命运，依其是否"古"中有"清"而定。古而不清，命运不济，古而有清，命运亨通。本书持古朴说，详见下文。

孤相：

即孤独贫弱之相。所谓"孤者，形骨孤寒而项长肩缩，脚斜体偏，其坐如摇，其行如摆。又如水边仙鹤，雨中鹭鸶"。其相体貌寒薄瘦弱，神色昏浊萎顿。生此相者，性格内向，性情乖戾，能力不足，情趣了无，心胸狭窄。命运不济。

恶相：

即凶恶顽劣之相。所谓"恶者，体貌凶顽，如蛇鼠之形，豺狼之行，或性暴躁，神惊，骨伤节破"。生此相者，心地阴狠歹毒，性情暴躁，毫无理智，感情用事，不守信用，不懂礼义，易犯罪横死。命运最终不济。

薄相：

即单薄柔弱之相。所谓"弱者，体格劣弱，身轻气怯，色昏而暗，神露不藏，如一叶之舟泛重波之上，见者皆知其薄弱，主贫，下贱"。生此相者，体貌单薄柔弱，性格内向。性情孤僻，智力缺乏，意志薄弱，毫无主见。命运不济。

俗相：

即粗鲁俗陋之相。所谓"俗者，形貌昏浊，如尘中之物，陋而浅俗，纵有衣食而多屯也"。生此相者，体貌粗卑俗陋，性格无定，性情无常，愚鲁蠢笨，狭隘贪婪，目光短浅，智力贫乏。命运不济。

第五节　观人十法

关于"观人十法"，《神相全编》卷一云：

一观威仪。

如虎下山，百兽自惊；如鹰升腾，孤兔自战。不怒而威，不但在眼，亦观颧骨神气取之。

二看敦重及精神。

身如万斛之舟，驾于风浪之中，摇而不动，引之不来；坐卧起居，神气清灵；久坐不昧，愈加精彩；如日东升，刺人眼目；如秋月悬镜，光辉皎洁；面神眼神，俱为日月之明；辉辉皎皎，自然可爱；明明洁洁，人看不昏。如此相者，不大贵亦当小贵，富亦可许，不可妄淡定。

三看清浊。

但人体厚者，自然富福；清者，纵瘦神长，必以贵推之。浊者有神谓之厚，厚进多富，浊而无神谓之软，软者必孤，不孤则夭。

四看头圆顶额高。

盖人头为一身之主，四肢之元。头方者，顶高则为居尊天子；额方者，顶起则为辅佐良臣；头圆者富而有寿，额阔者贵亦堪夸；顶平者福寿绵远，头扁者早岁屯专；额塌者少年虚耗，额低者刑克愚顽；额门杀重者早年困苦，部位倾陷、发际参差者照依刑克，兼观不可一例而言，有误相刻诀。

五看五岳及三停。

左颧为东岳，俱要中正，不可粗鲁倾塌。额为南岳，亦喜方正，不宜撇竹低塌。右颧为西岳，亦与左颧相同。地阁为北岳，喜在方圆隆满，不可尖削歪斜，卷窍兜上。土星为中岳，亦宜方正，耸上印堂。三停者，额门、准头、地阁，此面部三停也，又为三者，又为三主，又名三表，俱要平等。上停长少年忙，中停长福禄昌，下停长老吉祥；三停均等，一生衣禄不缺；若三停尖削、歪斜、粗鲁，俱不利也。可照流年部位气色而推，不可一体而断。

六观五官六府。

五官者，眉为保寿官，喜满高、疏秀、弯长，亦宜高目一寸。眼为监察官，黑白分明，或凤眼、象眼、牛眼、龙眼、虎眼、鹤眼、猴眼、孔雀眼、鸳鸯眼、狮眼、鹊眼，深藏不露，黑如漆，白如玉，波长射耳，自然清秀有威，此监察官成也。耳为采听官，不论大小，只要轮廓分明，喜白过面，水耳、土耳、金耳、牛耳、圆棋耳、贴脑耳，对面不见耳，高眉一寸，轮厚廓坚，红润姿色，内有长毫，孔小不大，此采听官成也。鼻为审辨官，亦宜丰隆，耸直，有肉、伏犀、龙、虎鼻、狮、牛、胡羊鼻、截筒、盛囊、悬胆鼻，端正、不歪、不偏、不粗、不小，此审辨宫成也。口为出纳宫，唇红齿白，两唇齐丰，人中深长，仰月弯弓，四字口方，牛龙虎口，两唇不反，不昂、不掀、不尖，此出纳宫成也。六府者，天庭、日月二角为天府，宜方圆明净，不宜露骨，天府成也。两颧为人府，宜方正插鬓，不粗、不露，齐揖方拱，此人府成也；地阁边腮为未景地府，喜辅，地阁悬壁，不昏、不惨、不尖、不歪、不粗、不大，地府成也。

七观腰圆背厚胸坦腹坠。

三甲三壬，体肤细腻可也。背厚阔，腰硬腰圆。体嫌背脊成坑，背薄肩垂，肩昂颈削，腰宜圆、宜硬、宜大、宜平，不可细小、软弱、崎弯。臀宜平厚，不宜太翘。胸宜平满，骨莫粗露，项下无余皮，心窝不陷。腹宜有橐，如葫芦。脐下肉横生，不宜尖削，或如鹊肚、鸡胸、狗肚，此不堪也。

八观手足。

宜细嫩隆厚，掌有八卦，纹路鲜明。

九观声音与心田。

书云：要知心里事，但看眼神清。眼乃心之户，观其眼之善恶，必知心事之好歹。印堂、福堂之位，纵相貌好不如其心田好，心田若好终有富贵；若相貌堂堂，心事奸险，纵然富贵，不日便贫穷。声音宜响亮，出自丹田。声响如雷贯耳，或如铜钟玉韵，或如瓮中之声，或如铜锣铜鼓，或如金声，或声长尾大，如鼓之响，俱要深远，丹田所出，此乃富贵绵远之相也。

十观形局与五行。

形局者，乃人一身之大关也。或如龙形、虎形、狮形、孔雀形、颧形、牛形、猴形、豹形、象形、凤形、鸳鸯、鹭鸶、骆驼、黄鹂、练雀等形，此乃富贵形相。或猪形、狗形、羊形、马形、鹿形、鸦形、鼠形、狐狸形，此乃凶暴、贫薄、夭折之相也。五行者，金木水火土也。书云：金得金，刚毅深；木得木，资财足；水得水，文章贵；火得火，见机果；土得土，厚丰库。金形白色，喜白；木形瘦，喜青；水喜肥黑；火不嫌尖，宜赤色；土喜厚兮色宜黄，此五行正局也。合此者富贵福寿，反此者贫贱夭折，便学者凭五行兼骨格推断，相法多端，理居总断。

第六节　相分七字法

这七字即清、古、秀、怪、端、异、嫩。《神相全编》卷五云：
一曰清。

汉高祖隆准龙颜，唐太宗龙凤之姿，天日之表，李珏月角庭珠是也；
二曰古。

老子身如乔木，孔子面如蒙洪，闽天面无见肤是也；
三曰秀。

张良美如妇人，陈平洁如冠玉是也；

四曰怪。

唐卢杞鬼貌青色，龙唇豹首，赵方眼望地观天，鬼谷子露齿结喉是也；

五曰端。

皋陶色如削瓜，李白形自秀曜，张飞环眼虎须是也；

六曰异。

尧眉八彩，舜目重瞳，大禹参漏，文王四乳，仓颉四目，李乔龟息是也；

七曰嫩。

颜渊山庭日角，岑文夷眉过目，肉不称骨是也。

清相

清 相

对于文人士大夫而言，"清"指其人精神澄澈，举止儒雅，望之如鸡群鹤立，出乎其类，拔乎其萃，仪表超凡，神态脱俗；即之如竹临清流，远离世俗，超脱红尘，格调高迈，气象卓绝。——此为真"清"。反之，寒瘦贫薄，酸文假醋，乃是假"清"。

古 相

对于文人士大夫而言，"古"指其人气质古拙，风度朴茂，目光高远，识见卓越，出则为当代贤达，外则为海内名宿，如浑金璞玉，不施雕镂，质朴自然；如苍松古柏，独耐风寒，霜雪既经，仍神完气足。——此为真"古"。反之，张口三皇，闭口五帝，举止乖戾，怪里怪气，乃是假"古"。

古相

奇 相

对于文人士大夫而言，"奇"指其人身材魁梧奇伟，气宇轩昂，体魄雄健，神情豪迈，入则可为贤相，出则可为良将，文则能治国，武则能安邦。——此为真"奇"。反之，矫揉造作，装模作样，雄雌颠倒，不阴不阳，乃是假"奇"。

秀 相

对于文人士大夫而言，"秀"指其人头角峥嵘，气象和蔼，眉泛异彩，如青光明媚、如风习习、水色蔚蓝、山光滴翠，令人一见之下，觉得可爱而不可狎，可近而不可远。——此为真"秀"。反之，玉面朱唇，修眉细齿，双眼迷离，目光如醉，头骨无气，鼻骨乏势，男生女手，雄发雌声，乃是假"秀"真"媚"。

奇相

秀相

以上清、古、奇、秀四相，固然显现在"貌"的整体上，然而却以科名星和阴骘纹显现得最为清晰、准确，所以说"总之须看科名星和阴骘纹为主"。

所谓科名星，是荟萃于印堂和眉彩之间，上腾于天庭而莹然于帝座的一种黄光紫气。相学家之所以以"星"为其命名，乃是得天者贵的缘故——荟萃于面部"三停"中的"天停"。"十三岁至三十九岁随时而见"，是说"得科名星者早荣"。其形初无一定，不易察知，"酒后及发怒时"则会因气血冲动而昭然，所以"易见"。

关于阴骘纹的知识，前边已有详细说明，兹不重赘。这里拟就其根源和意义做一些阐述。既以"阴骘"名此纹，显然是由于他是后天修养所致，有此纹者，其人必有阴功大德，而后面现此相，以显彰其为善之德。

第七节　五岳看法

额为南岳衡山，颏为北岳恒山，鼻为中岳嵩山，左颧为西岳华山，右颧为东岳泰山。

五岳须相朝相辅。中岳要得高隆，东岳须耸而朝应，东岳不隆不峻无势者，为小人，亦无高寿。中岳薄面无势，则四岳无主。纵别有好处，不至大贵，无威严无权，寿不甚远。中岳不高且长者，止中寿。如尖薄，晚年见破，到头少称意。南岳倾侧，则主见破不宜长家。北岳尖陷，亦主无成，终难大贵。东西倾倒无势，则心恶毒，无慈爱。

第八节　四渎审法

耳为江，目为河，口为淮，鼻为济。

四渎要深远成就，而捱岸不走，则财谷有成，财物不耗，多蓄积。耳为河渎，窍要阔而深，有重城之副，紧则聪明家业不破。目为河渎，深为寿，小长则贵，光则聪明，浅则短命，昏浊多滞，圆则多夭，不大不小，贵。口为淮渎，要方阔，而唇吻相覆载，上薄则不覆，下薄则不载，不覆不载则无寿，无晚福，不覆则家必覆。鼻为济渎，要丰隆光圆，不破不露，则家必富。

1. 论眉

眉者，媚也。为两目之翠盖，一面之仪表。且谓日月之彩华，主贤愚之辨也。故眉欲清而细，平而阔，秀而长者，性乃聪明也。

若眉粗而浓，逆而乱，短而蹙者，性乃凶顽也，眉盖眼者富贵，短不覆眼者乏财，穷逼昂者气刚，卓而坚者性豪，尾垂下者性懦，眉头交者贫薄且妨兄弟，眉逆生者妨妻子。眉骨棱起者凶恶多滞。眉中黑子者聪明而贤。眉高居头中者大贵，眉中生白毫者多寿，眉上多直理者富贵，眉上多横者贫苦。眉中有缺者多奸诈，眉薄如无者多狡猾。眉高耸秀，威权禄厚；眉毛长垂，高寿无疑；眉毛润泽，求官易得；眉交不分，早岁归坟；眉如角弓，性善不雄；眉如初月，聪明超越；垂垂如丝，贪淫无子；弯弯如蛾，好色唯多；眉长过目，忠直有禄；眉短于目，心性孤独；眉头交错，兄弟各屋；眉毛细起，不贤则贵；眉角入鬓，为人聪俊；眉毛旋毛，兄弟同胞；眉毛婆娑，男少女多；眉覆眉仰，两目所仰；眉尾高直，身当清职；眉头纹破，运退常有。

2. 相目

天地之大，托日月以为光。

日月为万物之鉴，眼乃为人一身之日月也。

左眼为日，象父也；右眼为月，象母也。寐则神处于心，寤则神依于眼，眼为神游息之宫也。观眼之善恶，可以知其神之清浊也。眼长而深、光润者，大贵；黑如点漆，聪明有文章；含薄不露、灼然有光者，富贵；细而深者长寿，兼性隐僻；浮而露睛者，夭亡；大而凸，圆而怒者，促寿；凸暴流视者，淫盗；然而偏怒者，不正之人；赤缕贯睛者，恶死。视定不怯者，其神壮；狗眼者孤而狠；短小者贱愚；卓起者，性急；眼下卧蚕者，生贵子。妇人眼白分明者，貌重；眼下赤色者，忧产厄；偷视者，淫荡神定；不流者，福全。大抵眼不欲怒，缕不欲赤，势不欲偏，神不欲困，眩不欲反，光不欲流。或圆而小，短而深，不善之相也。两眼之间，名子孙宫。宜丰满不失陷。诀曰：目秀而长，必近君主。目似鲫鱼，必定家肥。眼大而光，多进田庄。目头破缺，家财减灭。目露四白，阵亡兵绝。目如凤鸾，必定高官。目三角，其人必恶。目短眉长，益增田粮。

目眼如凸，必定夭折。赤目侵瞳，官事重重。目赤睛黄，必主少亡。目光如电，贵不可言。目长一寸，必佐帝君。龙睛凤目，必食重禄。目烈有威，万人皈依。目如卧弓，必是奸雄。目如羊目，相刑骨肉。

女人羊目四白，外夫入宅。目色通黄，慈悯忠良。黑白分明，必主朝就；若是女子，必主廉贞。目白长细，贫寒无计。目下一字平，断作甚分明。目下乱理纹，女子多孙孙。目下有卧蚕，足女还少男。目下光漫乱，妊淫须可叹。右小女怕夫。左小男怕妇，随其男女，小心不虚。目长一寸分，刀笔力经凌云。又云：红眼金睛，不认六亲。乌眼少而白睛多，不为囚即主贫贱。

3. 相鼻

鼻为中岳，其形属土，为一面之表，肺之灵苗也。故肺虚则鼻通，肺实则鼻寒。故鼻通寒以见肺之虚实。准头圆，鼻孔不露，又得兰台、廷尉二部相应，乃富贵之人。年寿二部皆主于鼻，故主寿之长短也。光润丰起者，不贵则富寿也。鼻黯黑窄薄者，不贱则夭。隆高有梁者主寿。若悬胆而直又截筒者富贵。坚而有骨者寿相。准头丰大，为人无害。准头尖小，为人奸计多。生黑子者运蹇多。生横纹者，主车马伤。有理纹者，养他人子。鼻梁圆而贯印堂者，主得美貌之妻。鼻如截筒，衣食丰隆，孔仰露出夭折寒索，鹰嘴鼻取人脑髓。鼻有三曲，孤独破屋。鼻头三凹，骨肉相抛。准头直，得外衣食。准头丰起，富贵无比。准头带红，定走西东。鼻梁露骨，一生泪没。准头垂肉，贪淫不足。准头圆肥，足食丰衣。准头尖薄，孤贫削弱。鼻耸天庭，四海驰名。鼻梁无骨，必夭寿。鼻露见梁，客死他乡。鼻准尖斜，心事勾加。准头常欲光润，山根不得促折。鼻准拱直，富贵无极。鼻梁高危，兄弟羸微。鼻梁不直，欺诈未息。鼻孔出外，诽谤凶害。鼻上黑痣，疾在阴里。鼻上横理，忧危不已。鼻柱不平，委归他姓。鼻柱单薄，多主恶弱。鼻如缩囊，到老吉昌。鼻如狮子，聪明达士。

鼻高而昂，仕宦荣昌。鼻上光泽，富贵盈宅。鼻上短小，志气浅小。鼻梁横长，必多伎俩。鼻直而厚，主子诸侯。鼻有缺破，孤独饥饿。

4. 相耳

耳主聪而通贯心窍，胸为心之司，贤之侯也。故肾气旺则清而聪。肾虚则暗昏而薄也。所以声誉与性行也。厚而坚耸而长，皆寿相也。故轮廓分明，聪悟。垂珠朝口者，财寿。贴肉者，富足。耳内生毫者，寿。耳有黑子，主聪明。耳门阔，主智远大。红润者，主官。白，主名望。赤黑，贫贱。耳薄向前，卖尽田园。反而偏侧，居无室宅。左小右大，屯否好坏。光明润泽，声名远播。耳坚如冰，到老不骂。长而耸者，禄位厚。润而圆者，衣食足。人有贵眼而无贵耳，非贵相。或有贵耳无贵眼，善相。先相其色，后相其形，可也。诀曰："耳如提起名播扬。"人若两耳垂肩，贵不可言也。耳白于面，名扬天下。棋子之耳，成家立计。耳黑飞花，离祖破家。耳薄如纸，夭死无疑。轮廓桃红，性最玲珑。耳如鼠耳，早贫死。耳反无轮，祖业全无。耳有垂珠，衣食有余。耳薄无根，必早死。耳门广阔，不贫困。耳有刀环，五品高官。耳门垂珠，富贵长久。耳有毫毛长寿富，耳门薄小命多短少。

第九节　面相十美与十清论断

一、十美

1. 掌软如绵，兼眼秀有神，口大能容拳。

2. 一身之肉如玉如珠。

3. 身瘦头圆。

4. 耳后肉丰满，又不脑后见腮。

5. 阴囊溢得，皮肤光润，气色长期鲜明。

6. 身黑面白，手背黑而掌心白。

7. 眼睛清澈有神，嘴唇红润。

8. 身材短小而声音清晰洪亮。

9. 眼有夜光，黑暗中能视物。

10. 胡须清秀。

二、十清

1. 声音洪亮，先小后大。

2. 毛发细软。

3. 牙齿细小整齐，洁白如玉。

4. 手掌红润，手指修长，掌纹如丝。

5. 耳白过面，且色泽润。

6. 眉毛油黑，头发光亮整齐。

7. 眼睛清澈有神，口唇红润。

8. 人体瘦而不露骨，肤色红润。

9. 女子体瘦而乳房坚实饱满。

10. 脐既深且大。

第八章　形体相理

第一节　头颅相理分析法则

古代相书言："头为一身之尊，百骸之首，诸阳之会，五行之宗。"无论是中国人相法还是外国人相学，都有关于头部相理的说法，主要是因为人的头颅是以脑组织为内涵，而脑组织是人思维的中枢、意识的灵魂、智慧的源泉。

头如燕颔虎颈，不为一国元首，也必为威镇九州的将军，或成为富可敌国的企业家。普通人下颔形似燕颔，也主老运佳或晚年福寿。

头如牛头四方，非富即贵。

头如巨鳌入脑，官职可至部长级。

头圆者佳。男性头圆非富即贵，又高寿；女性头圆，则能生贵子。

头长者佳。男性头长可贵可富并高寿；不论男女，凡头长者必有宗教信仰。

头圆且有奇骨，男性事业上能获得大成就。

头方顶高，必为一国之元首。

头圆头方，定要头皮宽厚（即有肉），才有富贵可言。如头皮不宽厚，即使富贵亦劳碌。

头显然过大而与躯体不相称，且额项过长，男女均主不贫即夭。

头不宜尖，头尖之人终难成器，男女均主少年刑克长辈。

头不宜垂，头垂之人乃天柱（颈椎）已倒，主即将辞世。

头不宜倚，头倚之人一生事业有波折，难有大成就，并有刑克；

女性头倚主好淫。

头不宜先过步。行路时，如头先过步，象征人的个性不良，做事考虑不周到，即使富有也终必破败；女性行路时头先过步，主婚姻不美满。

头顶不宜陷。头顶有陷者，男女均主先天发育不全，夭寿短命。

头后（枕骨）不宜凹或扁平。头后有凹者，主男人中年破败，女人不旺夫兴家。

头两侧不宜削。头两侧有削者，主人的一生难有成就，贫贱促寿。男性婚姻不美满，女性难享夫福。

头如獐头再有鼠目，男女均主个性不良，一生难有成就，并有凶灾。

头如蛇头既平又薄，男女均主心狠手辣，一生难有成就，并有凶灾。

头如鸡卵，男女均为庸俗之人，难有成就，到老孤贫。

头有秽臭气味，男主一生贫贱，女性主不旺夫。

女性头小腹大，其人必为奴仆，个性懒散。

第二节　头发相理分析法则

医学证明，血液与头发有因果关系。血质佳者，发质亦佳；血质劣者，发质亦劣。古代人相学中的"发为血之余"，提示观相者给人观相，单就头发一项必须与人的血气联系在一起，不能撇开血色而去独论头发。

头发疏而细，长而润，黑而亮，秀而香，前不掩额，后与颈平。不论男女，均主健康、智慧、个性三者俱优良，一生有大成就，非富即贵。女性能嫁有成就之丈夫。

头发的发际高。不论男女，主其思想高雅，个性优良，健康长寿；女性忌发际过高，最佳情况是在眉毛与发际之间，能容自己食指、中指和无名指并拢的宽度相同，这才为标准高度。

头发的发际低。不论男女，主其人妨克父母，智慧不高，一生难有成就。男性尤甚。

头发呈黄色。男性主刑克六亲，个性不良，贫苦奔走；女性头发黄色，主好淫，性喜闲逸。

头发呈赤色。不论男女，一生多灾凶刑克，事业少成，婚姻不美。男性尤甚。

头发焦枯者。不论男女，均主身带隐疾，一生贫寒。

头发粗大者。男主个性急躁，刚愎自用，气量狭窄；女主刑夫克子，婚姻不美满。

头发自然卷曲。不论男女，主人性聪慧机灵，但好淫。

头发浓密且气臭。男主一生运蹇，难有成就；女则克夫。

头发乱如蓬草。不论男女，均主一生运蹇，愁苦到老。

头发稀少。不论男女，难享高寿，终生为六亲烦恼劳心。

头发在前额的发际部位生旋毛，左边生者克父，右边生者克母（男左女右）。旋毛生在头顶中央者主吉，但有两个旋者，主刑克父母。

头发在后脑的发际过高，不论男女，均主性毒自私，喜争权夺利；后脑发际过低，则主其人忠厚、消极、与世无争。

头发硬如刺猬，不论男女，均主不忠不孝。

头发的发角（额两边的头发）侵眉压眉，不论男女，均主其人幼年与父母少缘，或家境不佳，一生多灾厄。

头发花杂，即黑、白、赤、黄俱有，不论男女均主有寿，但刑克六亲，肝气不舒，晚年神智恍惚。

头发浓密而头颅小，男性主离乡别祖，女性主婚姻不美满。瘦人尤忌头发浓密。

头发有赤色纹理，男女均会因兵乱或意外而死亡。

头发容易断落，不论男女，主先天不足，血液系统有隐疾。

头发在三十岁前即开始掉落秃头，男女均主克子女，寿促。

头发在六十岁后仍然浓密，男女均主一生劳碌但长寿。

头发在六十岁后仍未全白，男女均主不享子力，但健康且老运佳。

头发在三十岁前全白，男性主克父，不享祖业，短寿，但面色红润者另当别论；女性主有隐疾。

头发在三十五岁至四十五岁之间，头顶中央部位突然掉落一撮，此为"鬼剃头"，官非或败业的前兆，也意味此人寿命不长。

第三节　胡须相理分析法则

上唇生长的细毛为"髭"，又曰"禄"；下唇生长的细毛为"须"，又曰"官"；下颏所生的细毛为"髯"；颐颊所生的细毛为"胡"；耳旁所生的细毛为"鬓"。每人的胡、须、髭、髯、鬓相理均不相同，有的清疏黑亮，有的浓密黄枯，有的有髭无须，有的髭须全无，有的鬓毛丛生，有的鬓毛清疏，有的鬓、胡、髯相连，有的五柳长须，道貌岸然。《黄帝内经》有记载：凡消化排泄系统气血循环正常者，主人的上唇（人中）及下唇（承浆）髭须柔美；血少气旺，人的髭须则杂乱逆旋，长短不一；血多气少，人的髭须少；气血均少，人上下唇根本没有髭须。血有滋养髭须使之毛色光润的作用。颏下所生的髯与小脑的内分泌有关，耳旁及颐颊所生之鬓、胡，则与肾（内分泌及生殖系统）的气血有关。须含髭、髯、鬓、胡。

髭、须两全，有官有禄。如额、眼、颧相理优良，主仕途必大有成就；如鼻、颏、颐相理优良，则主在商界发展必大有成就。如属普通人相理，也主一生福寿富裕。女性忌有髭、须、胡、髯。

有髭无须有禄无官，主可在商途和异路行业发展的收获多少和成就大小，应看格局大小和五官的优劣而定。

有须无髭，有官无禄，亦谓"空亡"。如格局和五官搭配好，尚可衣食无忧；如格局小且五官缺陷，则主到老孤贫、财散人离。

髭不过人中（即人中无髭），主颇有才干，但过程多不幸，不宜正路（即公职）发展，否则易犯小人，做好不讨好，五十岁前劳碌不休，难聚钱财，子孙亦不得力。此格最宜在异路行业发展。

髭、须、胡、髯黑亮得神，主时运顺遂，或发官，或发财，或发福，同时健康良好。

髭、须、胡、髯呈紫红色，此乃奇相，必主奇贵。但眼无神，亦不验。

髭、须、胡、髯呈金黄色，面庞再呈银白色，此乃奇相，必早发奇贵事业，又享盛名。但刑克六亲。

髭、须、胡、髯白润如银丝，主心慈仁厚，个性沉稳，思虑周到，一生必有成就，并子女优秀。

髭、须、胡、髯柔软，主个性优良，一生收获必多，成就必大。

髭、须、胡、髯粗浓，主血气两旺，三浓格者必发富贵，并旺子女。但一生劳碌且多波折。

髭、须、胡、髯劲直如草，主个性刚烈，一生劳碌破败，很难聚财。

髭、须、胡、髯色黄干燥，主时运蹇滞。

髭、须、胡、髯色赤，主孤独，刑克六亲。

须、髯、胡、成燕尾状或羊须状，主老运不佳，并刑克子女。

蓄长髯者，髯必呈水波样，有索，主晚年荣华；不索者，主晚年贫寒。

蓄长髯，髯不可成曲折状，否则晚年贫寒。

胡须不宜过密，依稀见肉者为佳，特别是上唇之髭更忌浓密；胡须浓密又逆旋，主一生运蹇；人中及上下唇髭、胡更忌浓密且逆旋。

胡须硬竖，主个性刚躁强悍，有勇无谋。

髭须锁口，老年运蹇，消化系统有隐疾。

髭须应与鼻搭配，鼻厚大者胡须宜浓密，鼻薄小者胡须宜稀疏，否则影响中晚年运程。

髭须应与鬓配，鬓浓者髭须宜多，鬓疏者髭须宜少，否则影响中年运程。

髭、须、胡、髯以一色为佳，如呈现三色五色，主一生多烦恼，多是非。

面有麻孔且胡须呈紫色，主人有大成就并高寿。

凡鼻薄、孔露、上唇薄、当门齿缺、地阁不朝，皆宜早蓄须（上唇之髭）。

男性有串腮胡，主祖德佳，虽遇险而不险，并生贵子又长寿。但中年波折。

男性应有胡须，若面庞紫色或暴腮者，无胡须也不忌。

女性上唇不可有髭毛，如髭毛茂密，主个性男性化，婚姻必迟或婚姻不美满。

第四节　颈项相理分析法则

颈项"上扶一首，下连四体"，为头颅与身躯的桥梁。颈项俗称"脖子"，前方为"颈"，后方为"项"；颈包容食道及气管，项则包容颈椎及大动脉。食道及气管为维持生命的要害之处；颈椎有支撑头颅及畅通血管的作用。颈椎也称为"天柱"，当颈椎失去支撑头颅和疏通血管的功能时，谓"天柱倒"，人必将死亡。

颈项方隆光润，且头相、面相、体相、四肢配合得当，最宜为官，必有大成就（大贵）。

颈项丰圆坚实，头相、面相、体相、四肢配合得当，最宜经商，必有大收获（大富或大贵）。

颈项多黑痣、斑点或肉瘤者，个性不良，只宜从事异路行业，否则一生运蹇，难有成就。男女同论。

颈项肥大者，器量宏大，志向远大，最宜从事武职。但颈项大而露筋，一生劳碌而又多刑克。女性颈项肥大，主刑夫克子。

颈项细小、薄扁、斜侧者，一生运蹇，器量小，个性懦弱无能，一生贫苦，难有成就，不贫则夭。男女同论。

肥人颈项要短，瘦人颈项要长，反此者一生运蹇难有成就，不贫则夭。男女同论。

前颈长如鹤颈者，一生清贫，难有成就。女性有鹤颈，难嫁有成就之夫。

前颈与颏成直角三角形且无重颐，个性不良，一生易招凶险。男女同论。

前颈气势肥厚，有燕颔气势，个性优良，一生运吉。女性有凤颈或重颐为贵。

前颈端直圆厚，个性优良，一生福厚高寿。男女同论。

前颈屈曲如蛇者，心狠性毒，一生难有成就。女性前颈曲如蛇，难嫁有成就之夫。

前颈有胡须锁喉结，谓"胡须锁喉"，主刑克子女，或生男少生女多，又易招凶险，但有技艺头脑。

后项皮肉丰起（即柱阳平满）者，一生富裕，少灾厄，能逢凶化吉，老运佳。男女同论。

后项皮肉横起三条，性慈福寿，子女贤良发达。只论男性。

后项肉厚成堆，个性凶狠，有杀人心态，终必横死。男女同论。

后项细小而长，一生难有成就。女性难嫁有成就之夫。

木形人及火形人前颈有喉结过大，乃劳碌之相，六亲少助，一生运蹇，客死他乡，难有成就。喉结有二结三结，主个性不良且刑克六亲，并有呼吸系统隐疾。女性尤忌，主克夫或婚姻不美满。

金形人、水形人、土形人前颈不可有喉结。如有喉结，主多招横祸凶险，客死外乡。女性不论何形人，均不可有喉结，否则克夫、败家或无婚姻。

老年人（六十岁以上）前颈皮肉成双绦带，乃上寿之相。绦带宜双不宜单，单者主孤寿。皮肉成双绦细润者，老运亨通；皮肉粗糙驳杂者，虽高寿而劳碌、平庸、孤独、贫苦。男女同论。

头小而颈项长，有艺术头脑，适宜从事艺术表演事业。

头大而颈项过小，身带隐疾，乃短寿之相。男女同论。

女性颈项丰圆"凤颈"，有贵气，必嫁有成就之夫。

第五节　肩背相理分析法则

肩上负头颅和颈项，下荷胸、背、腰、腹。肩宽平厚实，乃有魄力承载事物，能成就大事业，女性则主可嫁富贵之夫并生贵子，反之乃平庸之辈。

背与脊椎相依附，背宽厚实，乃脊椎先天发育结构良好。脊椎又为储藏精髓之所，背宽厚实，象征父母的遗传优良，同时象征祖德深厚，可享祖德荫护，身体健康，子孙繁衍；女性背宽厚实，则可嫁依靠终身之夫。

肩宽平厚实，有勇有谋，一生成就必大，收获必多。

肩削向下，男性个性慵懒，一生贫贱。女性不论。

肩耸而头昂者为"鸢肩"，主发达必早。但个性倔强躁急，刻薄寡恩，一生劳碌而多险。

肩耸而头缩者谓为"肩寒"，主人有隐疾，纵有一时发达，也终必破败、短寿。

男性左肩高主吉，主青年早发，但五十岁后，事业平平而多病疼；男性右肩高者主凶，主难早发，五十岁前事业上波折迭见，晚年始平顺。两肩一样高者，主一生事业平顺前进，收获多而成就大，事业可在正路发展。

男性无肩（即肩两端有削下），到老贫寒；女性无肩，到老荣昌。

女性肩有如抱子，即肩两端前临，像怀里抱揽孩子一样，主相夫旺子。

女性肩削、肩薄，主个性奸猾好淫。若早年富贵，必短寿，难善终。

女性肩耸，主身带隐疾，个性倔强躁急，恶毒好淫，刑夫克子。

女性右肩高、左肩低主吉，主早年相夫旺子或自身青年早发，或嫁富贵之夫，但晚岁多病疼。女性左肩高右肩低主凶，主早年刑夫克子，自身青年运滞或嫁贫贱劳碌之夫，但晚岁相夫旺子。

男性背宽平厚实、面方臀丰，非富即贵。女性不宜面方，要面如满月或椭圆形。

男性背有"三甲"（即背如负垒），前观如仰，后观如俯，主非富即贵。女性不宜背有三甲。

背扁薄且斜侧，主身带隐疾，既贫又夭。男女同论。

背陷成坑成沟，主身带隐疾，既贫穷又多灾厄。男女同论。

女性背宜圆厚平实，主可嫁依靠终身之夫；如背陷成坑，主难享夫福子福，晚年孤贫。

第六节　臂膊相理分析法则

臂膊即指上肢的上手臂和下手臂。靠近肩胛部位者为上臂，人相学称为"龙骨"；靠近手腕部位者为下臂，人相学称为"虎骨"。只宜龙吞虎，不宜虎吞龙；龙吞虎者吉，虎吞龙者凶。不论男女，上臂粗大于下臂，长于下臂，乃象征体力强健，精力充沛，成就自然较大，收获自然较多。

臂膊厚实，主人的体力强健，精力充沛，处事积极而有耐力，一生成就大且收获亦多，个性乐观，自信心强。男女同论。

臂膊瘦削短小，主体力精力不足，处事消极，一生成就小，收获亦少；同时个性悲观，欠缺自信心。男女同论。

上膊短下膊长或上膊细下膊壮，为虎吞龙之相，主人的一生成就小，收获少，有灾厄；女性尤验，难得善终。

手臂长度的标准，不论男女，都以立正姿势、眼睛平视、头不歪斜，自己的手臂能摸到自己的肛门为吉相，摸不到肛门为凶相。如能摸到膝盖，乃上上大吉相格。

第七节　胸腔相理分析法则

胸腔为人的心脏、肝脏、肺脏等内脏器官的居所。若人的胸腔宽阔，则其内脏器官不受压迫，血液循环正常，呼吸舒畅，身体健康，精神愉快，因此处事有信心、有恒心，而且一生福厚，官财两旺，又享高寿。若胸腔狭窄，其人一生贫苦，多病而短寿。

胸膛长宽平阔者，神安气和，智高量宏，身体健康，精神充足。无论男女，也不论为官吏或商人，均主一生福厚，且享高寿。

胸膛凸而短、狭而薄者，神浮气躁，智浅量窄，身体有隐疾，精神萎靡。无论男女，一生福薄，寿命短促。胸腔凹陷成坑者，狠毒狡猾，一生贫穷促寿。女性胸腔凹陷，必刑夫克子。

胸膛短于面，主一生贫贱促寿，男女同论。

胸膛无肉，骨起如柴，主一生贫贱劳苦。女性若有此格，必刑夫克子。

胸中有毫毛三五根且毫长黑亮，主人心胸开朗，有情义，事业有成；如毫毛过多又焦枯，主性情急躁，性喜贪恋，常遭凶险。女性忌胸中有毫毛。

不论男女，胸凸臂高，均主贫寒下贱。

胸如鸡胸（即胸部尖凸成佝偻状），主一生孤贫刑克。女性尤忌鸡胸。

有胸无背（即背凹陷狭窄），主一生贫贱。

第八节　乳房相理分析法则

不论男女，乳房是体内气血通畅与否的象征。气血通畅者，乳房必大圆坚实，人的身体必健康，男性事业有成，女性必生贵子；若气血不通畅，乳房必扁平或小，男性事业难成，女性则生败子。

乳房开阔肥大为吉相。不论男女，乳房开阔肥大者，智慧高，福泽厚。

乳房两乳头间隔达三十厘米以上，男性非富即贵，女性旺夫兴家并生贵子。

乳房大而肉实，男主一生事业有成，女则嫁有成就之夫。乳房薄扁无肉，男性一生事业少成，女性婚姻不美满。

乳房坚实透柔软而色鲜润者，男性事业有成，女性嫁有成就之夫。

体形肥胖宜乳房大。如肥人乳小，男性乃平庸之辈，女性则生育艰难。

男性乳头大者，有大志，事业可正路发展；偏小者，只可异路发展。女性乳头大者，主生贵子。

不论男女，乳头扁小者，均生育健康智慧个性不良的子女。

不论男女，乳头若无者，才能低下，又无子息。

不论男女，乳头上仰者，主子息非贵即富。

不论男女，乳头色紫黑又大者，主子女有成，自身富裕又享高寿。

不论男女，乳头色暗黑者，主自身及子女个性健康不良，自身婚姻难美满。

不论男女，乳头色白而黄者，主自身个性健康不良，难育子息又孤贫。

乳头嫩红者，男性一生事业少成并促寿，女性婚姻不美满并好淫。少男少女，不忌乳头嫩红。

不论男女，乳头方大者，福寿双全。

不论男女，乳头下垂者，主健康不佳，生育之子女没有成就。

乳头（含乳晕）生毛，三五根为吉，男性智慧高，女性生贵子。乳头毛多则为草，男女均忌，主子女不优秀并男少女多。

不论男女，乳头（含乳晕）有黑亮之痣，易生贵子。

不论男女，乳晕大而多珠者，主子女多且贤良。

第九节　腰腹相理分析法则

身躯两侧空处的肋骨与胯骨之间，统称为腰。腰前通脐，腰后通肾，上行"夹脊"至"泥丸"，下达"尾闾"和"督脉"，是性命至关重要的部位。腰内实而外隆，肥厚而圆阔，为福禄寿三全之人。腹在肋骨之下，前阴之上柔软之处；腹为一身之炉冶，包肠胃而化万物，腹圆而长，厚而坚，势欲下垂，为福禄寿三全之人。

不论男女，腰内实外隆，肥厚圆润坚实者，主福禄寿三全。

腰细如蜂腰者，男性主贫贱夭寿；女性主好淫刑夫克子。

腰扁而薄，男性个性不良，促寿，事业少成；女性，主好淫刑夫克子。

不论男女，腰凸而臀高者，均主事业不成，促寿。

不论男女，腰细而背厚者，均主事业少成，促寿。

不论男女，腹圆坚厚势长者，主人智慧高，一生福禄绵绵，寿命长。腹圆消化功能佳，腹坚厚不易受寒受伤，腹长营养吸收功能佳。

无论男女，腹有三壬（即垂下），亦即肚脐眼下的腹部位拱起垂下，主人的智慧高，一生福禄绵绵。如拱起部位在肚脐眼的上面，则谓之"狗肚"，主人劳碌少成。

腹的恰当位置应在全身的中心点，如过上（即上身短下肢长），主其人智慧低，一生少福禄；如过下（即上身长下肢短），则人的个性不良，一生少福禄。

第十节　肚脐相理分析法则

肚脐在腹的中心位置，俗称肚脐眼，它是全身经脉会聚的地方，又是五脏六腑的总开关。肚脐下方为丹田，两者关系密切。男性丹田为气海，女性丹田为血海。故肚脐愈大、愈圆、愈深、愈朝上就愈好，说明人成胎时的先天遗传优良，也象征人的健康、智慧、个性优良。肚脐小而凸，扁而向下者，则不足论。

不论男女，肚脐方正，外面凸高内面凹深，下半截朝上，且大能容李者，均主先天遗传优良，健康、智慧、个性俱佳。男主有盛名，有大成就；女主能嫁有成就之夫并生贵子。

不论男女，肚脐两边有角上仰者，聪敏好学又有大志。男性必有大成就，女性必相夫旺子（观看女性脐性，生育前脐形为准）。

不论男女，肚脐两边有角下垂者，主其智慧低下，个性偏强。男性事业破败，好酒贪色；女性则刑夫克子。

肚脐壁四周有蜘蛛纹或五行纹者，男性主奇才奇贵，盛世可发文贵或有异路功名，乱世主发武职功名；女性盛世可为女强人，乱世可为巾帼英雄。不论男女，肚脐壁四周有蜘蛛或五行纹，主其一生中必见凶险，但可逢凶化吉。

不论男女，肚脐平满者，主其健康与智慧、个性均不佳，一生贫贱且多刑克。

不论男女，肚脐浅小者，主其五脏六腑机能不良，身体欠健康，子女不得力又忤逆，并生女多生男少，一生事业少成。

不论男女，肚脐突凸者，主其人必然促寿，并生女多生男少。

肚脐生长的位置近下者，不论男女，主其智慧低而又好淫，一生贫贱少成。

肚脐偏左者，主其先妨父又少子息；肚脐偏右者，主其先妨母（男左女右）。

不论男女，肚脐成直线状，主其健康欠佳，必促寿。

不论男女，肚脐成倒三角形，主其内脏机能不良，又不善理财，一生贫困。男性肚脐呈三角状，主多凶险，易遭横祸。

脐内生毫毛，男主贵显，女主淫逸。

脐内生黑痣或红痣光亮者，不论男女必生贵子。

肚脐下方正中央生黑痣或红痣并有长毫者，无论在官场或商途发展，均有大成就。如黑痣或痣长在肚脐下两旁并长毫，则主其在异路行业必有大成就。男性脐下生毫，必为英豪；女性脐下方有痣并长毫，则主好淫。

女性肚脐如满月，下腹有弹性，主其人身心两健，生殖机能良好，必生贵子。

女性肚脐斜侧，主其颇为好淫。

女性肚脐浅，主其会有产厄。

第十一节　臀部相理分析法则

臀为屁股的大肉，亦即两股大腿上端与腰相连部位。臀与人一生的成就、收获有关联，尤其是女性的臀部，与性欲及生育关系十分密切。

男性臀肉宜肥厚、坚实、有弹性，形宜宽大而圆，色宜略黑，主其健康、智慧、个性均佳；若臀部肥厚、宽大、坚实，而且两股有力，腰有托，则其做事有毅力、有恒心，不畏艰难困苦，一生必有成就。肥胖之人，更宜臀部肥厚、宽大；十个胖子九个富，就怕胖子没屁股。

男性之臀太过痴肥者，主其人智慧低，一生少有成就。

男性臀部瘦削无肉，主其个性慵懒，行为卑下，一生少成，健康不佳而促寿。

女性臀部宜大小适中，宜丰而圆，宜白润，主其健康、智慧、个性三者均佳，必嫁有成就之夫，并生贵子。

女性臀部过大过宽（以未生育女性为准），主其个性急躁偏强，喜争是非，喜贪淫逸，恋爱不顺，婚姻不美，难嫁有成就之夫。

女性臀部过平过小，主其健康欠佳，个性不良，不易生育。

女性臀部过高过翘，主其个性不良，自高自傲，一生贫贱、好淫（胸高者尤甚）。

第十二节　下肢相理分析法则

下肢是由股、胫和足三者组成，与臀部相连。凡下肢健康发达的人，必能任重道远，一生事业必有成就；下肢先天发育不良的人，一生难有大成就。下肢好比草木之根。

不论男女，股（大腿）宜坚实肥厚，胫（小腿）要软硬适中，股胫粗度应与臀部保持平衡，同时腿胫要直，此乃最好之下肢。

不论男女，股胫要有肉包裹（即有肚），主其祖德佳，一生有成，又可善终。否则，主其破败祖业，刑妻（夫）克子，并遭凶险或绝症而死。

男性股胫长毛为"衣毛"，乃一生衣食丰厚的象征。男性股胫不忌毛长毛多，如男性股（大腿）无毛，主其一生劳碌，并有牢狱之灾；女性股不宜太长，只宜股胫细长。

不论男女，股胫直如竹，肉白而滑，必为富贵人家。如硬而涩，曲如柴，粗如桶，或筋骨暴露，主其贫苦，中年有波折、破败。

女子之胫腓太粗大肥厚（萝卜腿），主其灵巧而有小智慧，但一生辛苦止于小康而已。

女子胫腓瘦而无包（笔杆腿）者，主其刑夫克子，一嫁再嫁。

不论男女，膝宜圆，主其健康、智慧、个性均佳，一生必有成就。

不论男女，膝尖或露骨，主其个性狡诈虚伪，易犯官非。男主劳碌，女主刑夫克子。

不论男女，足宜方而宽，正而长，厚而软，足背足趾有毛，主其健康、智慧、个性均佳，一生必有成就，非富即贵，女性则嫁富贵之夫。女性的足不宜长毛太长太多。

不论男女，足薄而侧（不正），横而短（太宽），粗而硬，足背足趾无毛，主其健康、智慧、个性不佳，一生难有成就。

不论男女，足后跟厚实而正，且行走时后跟着地，主其健康、智慧、个性均佳，一生必有成就。

行走时足后跟不着地，富贵者主凶死，普通人主多劳少获且老无结果。

不论男女，足后跟横宽或窄薄，主其一生辛苦、贫寒、促寿。

足下有纹者吉相，如有龟纹、十字纹、井字纹、交叉纹、人形纹或纹秀如锦，主其大富大贵，并旺子孙。如有多直纹者亦吉，主其天资聪慧，一生事业有成。足下有横纹者，主一生事业多成多败。足下无纹者贫贱。

不论男女，足底有凹能容龟，主其健康、智慧、个性三者均优良，一生必有成就。

不论男女，足底平似木板，为"扁平脚"，主其遗传发育不良，健康、智慧、个性必有一差。

足底有黑痣者吉相，男性可发武职大贵；女性可为巾帼英雄。足底有斑者，主其在异路行业上将有大成。

不论男女，足趾宜长、宜正、宜紧、宜圆，主其个性优良，一生富裕安乐。二趾独长者，男主客死他乡；中指略长于二指者，主有祖德祖荫；中指短于二趾者，不论男女，主其非出身富宦之家，幼少运不佳。

足趾长而有节，主其聪慧勤快，有技艺头脑，一生事业有成。

足趾长但足背薄而无肉，主其一生劳碌少成，难育子息。男女同论。

足趾短，且足背薄而无肉，主其乃庸俗之辈，一生劳碌少成。

足趾过尖，五指并拢后呈三角形主其不享祖业，破梓离乡，刑妻（夫）克子，孤独而终。

第十三节　体毛相理分析法则

人身体上的毛，分为头发、眉毛、鼻毛、耳毛、胡须（含髭、须、髯、胡、鬓、虬髯）、腋毛、胸毛、乳毛、脐毛、腹毛、阴毛、谷道毛、股胫毛、足背足趾毛、手臂毛、手背毛、手指毛等。人体上的毛质柔软且色泽光亮，象征人的气血运行平衡，内分泌正常。身上有毛者贵，身上无毛者贱。

人身体上的毛，眉毛最细，阴毛最粗。不论男女，凡眉毛粗于阴毛，均属不吉之象，主其健康、智慧、个性必有一差。

男性胸上有毫毛十根以内者，主吉；女性胸上不可有毛，也不宜长毫毛，否则主其个性男性化，婚姻不美满。

男性手上有毛（含上手臂肱、手背、手指），主其福禄滔滔；手上无毛，主其劳碌一生。女性忌手上有毛，主其内分泌异常，个性男性化。

男性脚上有毛（含股、胫、脚背、脚趾），主其老年福寿，子孙优秀。脚上无毛，主其个性不良，小心论交。女性腿及脚背、脚趾均不可有毛，主其内分泌异常，个性男性化（胫部有少许稀疏绒毛不忌）。

不论男女，背不可长毛，否则主其一生贫穷、劳碌。

男性腋下之毛不多不少，并柔细而无气味，主健康、智慧、个性均佳，一生必有成就与收获。女性同论。

男性腋下之毛过多，虽能获得女性欢心，但一生劳多获少，女性腋下毛过多，主好淫克夫。

男性腋下毛过少，主一生难有大成就；女性腋下毛过少，难嫁有成就之夫。

不论男女，腋下完全无毛乃发育不良之象。男性寿命不高，并易招凶险血光而亡；女性个性柔弱或依赖心重，或有妇科隐疾。女性腋下无毛，主淫乱失节，难以善终。

不论男女，腋下汗液香甜者大吉。男性大富并一生有艳遇；女性可成为贵夫人，受人尊敬。

不论男女，腋下汗液狐臭者，大凶。男性终身为人奴役，难有大成就；女性婚姻不美满，或嫁为填房，严重者会淫乱克夫。

第十四节　骨骼肌肉相理分析法则

人体相理，骨法为先。骨为君，肉为臣，肉附于骨，若骨相不佳，人相自然不美。人成年以后，骨骼永远不变，但肌肉会有肥瘦之变化，因此肉相不如骨相。骨格好，人的整体相理自然好，此乃定理。

论贵贱定于骨法。骨以坚、奇、耸、圆、有威、有势者为符合相理标准，以露、薄、侧、凹、无威、无势者为不符合相理标准。不论男女，凡符合相理标准者乃贵相，主其遗传优良，非富即贵，又享高寿；凡不符合相理标准者乃贱者，主其不富不贵，寿年短促。

金形人骨尖，木形人骨寒，水形人骨沉，火形人骨钝，土形人骨露，均主贫苦孤寒。

《相理衡真》云："骨骼有如金石，欲耸不欲横，欲圆不欲粗；肉欲坚而实，直而洁，香而白；皮欲细而滑；色欲明而润。肥者不宜露肉，瘦者不宜露骨。"

不论男女，也不论高矮，人体骨骼均要上长下短，此乃定理。脊椎骨（含颈椎）至尻骨部位，要比股骨胫骨（含脚跟）长，主其富贵可期；相反者，一生劳多获少，最多只得小富小贵或小康罢了。女性以修长玉腿为美，但终生只得小收获，绝不可能贵为一品夫人或嫁作富翁的正室。

龙骨（脊椎骨）要正直，如脊椎弯（即驼背），主其一生难有成就。驼背人，如颈椎不弯，可在异路业发展，出生于南方者更宜。

不论男女高矮，上臂骨骼比下臂骨骼长（下臂不含手掌部分），象征此人有智慧、魄力和毅力，主富贵可期。

不论男女高矮，股骨比胫骨长（不含脚跟），主其富贵可期；相反，胫骨比股骨长，则走遍他乡，难有收获成就。

肌肉有弹性者最佳，坚硬者次之，柔软者最为下乘。

不论男女，肌肉富有弹性而且皮肤细腻、滑嫩、光润、莹洁，主其健康、智慧、个性三者必佳。男性一生必有或大或小成就，女性必嫁有成就之夫。

不论男女，肌肉无弹性且皮肤粗糙而欠光泽，主其健康、智慧、个性三者必有缺陷，主男人一生少成就，女性难嫁有成就之夫。

肌肉表面皮肤虽细腻，但冷滑而欠温暖，主其个性冷酷，一生事业成败迭见，并刑克六亲。若女性犯此，主刑夫克子或婚姻不美满。

不论男女，骨少肉多，均主促寿；不论男女，骨多肉少，均主高寿。

男性三十岁前忌发胖，如体形痴肥，主促寿运蹇。

女性三十岁前忌发胖，如体形痴肥，主拖累夫运。

女性皮肤细嫩且肉香，主其必出身富贵家庭。

第九章　身体部位及相法

第一节　身体相法

一、背肩臂膊诗

> 背脊丰隆福自坚，莫教薄小损天年，
> 宛如贝字真豪富，姬妾成行斗色妍。
> 背平膊厚富盈余，肥马轻裘总自如，
> 形体差池神不足，名为乡愿果无虚。
> 背耸三山臂膊肥，家藏锱宝任施为，
> 有胸有腹成壬甲，要得高官雨露润。
> 为何艰苦为何忙，背脊成坑不自量，
> 此是前生穷种子，可怜今世一空囊。
> 为人只怕背肩寒，寒了背肩事事难，
> 经济才高焉用世，吟风弄月把琴弹。

二、背肩臂膊与福禄贫贱分析

　　夫背者庇也，庇护于子孙也。肩者坚也，坚厚于一身也。故崎耸其后命三山三甲之名。欲其嵯峨而峻丰，厚而立斯为肩背之美矣。尚必观其厚薄丰陷以审其安危，可定贫富寿夭。丰厚隆起者富贵，薄陷者贫夭。背后有骨隆然而起如伏龟者，食禄二千石。背如负物者大贵。前见如仰后见如俯不贵而富，丰厚凸起者禄，偏、薄、斜、侧者贫夭，平阔者多福少灾，见骨成坑者多厄而贫，三甲成者贵而寿，方且长者智而富，短而削薄而寒者贫贱，如团扇者至贵。洼深如沟渠者至贫，肩削、肩寒贫贱。又臂号龙骨，膊为虎骨，上壮下细、上长下短者，为龙吞虎，贵也；下壮上细、下长上短者，为虎吞龙，贱也。肩膊肥厚者富贵，蹇削小者贫贱。与背膊相称者自然福禄。

决曰：肩阔背厚，富足三代；膊厚而肥，富有之姿；背耸三山，富贵清闲；背有三甲，终久必发；背脊成坑，劳苦艰难；背狭肩削，一生贫薄；鸢肩雀腹，室家不足；臂厚膊肥，千顷无疑。

赋曰：背耸峙后兮，征福泽之有无。号为三甲兮，作一身之匡扶。长阔兮，身登宦途。丰厚兮，坐享田湖。肩削背亏兮，实愚顽之薄夫。背陷肩寒兮，乃囊枯而肠枯。背若屏风兮，荫妻子而有谋谟。肩若寒极兮，终刑伤而挟蒿芦。膊肥兮，席丰履厚永荣敷。臂厚兮，家肥屋润志不殊。

第二节　十二宫相法

命宫：

命宫者，居于两眉之间，山根之上。命宫光明如镜，学问皆通。山根平满，乃主福寿。土星耸直，扶拱财星。眼若分明，财帛丰盈。额如川字，命中必逢驿马，为官星。如果真如此相，必保双全富贵。命宫若凹沉，必定贫寒。眉毛在此相交接，必主下贱。如果乱纹理必主离乡而又克妻。额头狭窄而眉毛枯焦，必破财。

命宫论：印堂明润，主寿长久。眉毛相交者，身命早倾。悬针，主破，克妻害子。山岳不宜昏暗，有川字纹者为将相。平正而明润，身常吉，得贵人之力。气色青黄，虚。发赤，主刑伤；发白，主丧服哭悲；发黑，主身亡；发红黄，主寿安，为终身吉兆。

财帛宫：

鼻子乃财帛宫，位居土宿。截筒鼻，悬胆鼻，千仓乃箱。耸直丰隆，一生财相富贵。中正不偏，须知未远滔。鼻如鹰嘴尖锋，破财贫寒。莫教孔仰，主无隔宿之粮。厨灶（鼻孔）若空，必是家无所积。

诗曰：鼻主财星莹若隆，两边厨灶莫教空。仰露家无财与粟，地阁相朝甲匮丰。

财帛宫论曰：天仓地库金甲匮，总起来叫财帛宫。须要丰满明润，财帛有余。若忽然枯焦，则财帛消乏。有先天地，先富后贫。天薄地丰，始贫终富。天高地厚，富贵满足，荫及子孙。额尖窄狭，一生贫寒。井灶破寒，厨无宿食。金甲匮丰，富贵不穷。气色昏暗，主破失财禄。红黄色出现，主进财禄，青黄色贯鼻，主得横财。二匮丰厚明润清和，居官而受赏赐。发赤，则主有口舌是非。

兄弟宫：

眉毛为兄弟宫。眉毛如果清秀而长。超过眼睛，即使有兄弟三四人，也不会有人犯刑而出事。如果眉毛秀美而疏淡，枝干自然，端正，像新出的弯月，则兄弟之间团结无间，超过常人。如果眉毛粗而短，则兄弟虽然是同气连枝，也要有分别之苦。眉毛呈环状，像是要堵塞眼睛的出路，则兄弟之间必然疏远。如果左右眉毛长得不一样，则此人必定有两个母亲（异母）。如果相互交叉连接，又黄又薄，则必定自己死在他乡。

田宅宫：

田宅宫位于两眼之上，眉毛之下的眼眉之间。这里最怕赤色的眼脉侵犯到眼睛。这样长相的人，年轻时会将家产荡尽，到老年连饭都吃不上。如果眼睛又黑又亮，如点漆一般，则终身产业荣丰，不愁吃穿。如果是凤目高眉，则家产遍于三州五县，到处得利。田宅宫阴阳不协，有如枯骨，这样的人在功名上没有前途，家产也不会丰隆。如果火眼水轮，则会败尽家业。

男女宫：

男女宫位于两只眼睛之下，又名泪堂。这里如果三阳平满，丰实，则儿孙福禄荣昌。如果隐隐如卧蚕之状，则子孙得清令之名，也得富贵，如果泪堂深陷，必定是与儿女无缘。

如果这里长了黑痣，或者纹理倾斜，则到老年时儿孙之中必有遭灾者。如果和人中相平满，则到老年很难有儿孙为自己养老送终。

奴仆宫：

奴仆宫位居地阁与水星之间。若下颔圆润平满，必定有成群的人侍立在自己身边，可以成为国家辅弼大臣，一呼百诺。如果口长得像"四字"，则主呼聚好散之权，权势倾人。地阁如果又尖斜，则接受别人的恩惠反而会成为怨怒。如果纹理深陷，则不会有人伺候，家业不兴，恩人反成仇人。

妻妾宫：

妻妾宫位于鱼尾部位，又称奸门。如果光滑润泽，没有皱纹，必定保全妻子，四德皆备；如丰隆平满，则得妻财，妻子财帛盈箱。如果颧星侵天，向上依靠，则会因妻子而得到官位。如果奸门深陷，会多次娶妻，离婚，常作新郎。如果鱼尾相互交叉，则妻子要谨防恶性事故或突然死亡。如果奸门又黑又暗，没有光泽，则必然和妻子生离死别。如果奸门长有黑痣，纹路又斜而不正，则此人必定外有奸情，又多淫欲。

疾厄宫：

疾厄宫，位于山根（鼻子中下部）。如果鼻子高隆丰盈，则此生福禄无穷。若与伏犀相连，必主有文采，成为文士名人。如果这里莹然而有光彩，则定五福俱全，年寿高则家庭和睦，夫妻相守。如果鼻梁上有深陷的纹路，必定连连遭到疾厄，沉疴难活，瘦如枯骨。如果鼻梁又尖又斜，则终身受苦。鼻梁上有如烟雾笼罩，则会灾厄缠身。

迁移宫：

迁移宫位居于眉骨，这里号为天仓。如果这里丰盈隆满而有光彩，则没有忧虑之患。如要和鱼尾相平，便会到老年而得人，令人钦羡。腾腾有如驿马之状，便须游宦四方而得富贵。如果额角低陷，到老年便会连停留之地都难以找寻。如果和眉尖交接，此人必败坏祖业，远离家乡。如果天地偏斜，便十个地方有九个住不安稳。

官禄宫：

福禄宫位于眉心额头正中。如果官禄宫上合离宫，伏犀贯顶，那么此人一生之中不会到公庭大堂与人诉讼，且官居高位，富贵荣华。如果官禄光亮莹净，必会显要通达，超过群辈。如果额角常青，便会犯着官司，有是非之事。如果官禄宫痕理破，那么此人会常常招致飞来的是非。如果眼如赤鲤，那么会被判刑而死。

福德宫：

福德宫位居于天仓。如果和地阁相牵连，五星朝拱，平生会福禄滔滔，享用不尽。如果天地相互对应，德行必须全面，才能五福俱来。如果下颏圆润，而额头狭窄，则早年不顺。如果额头阔，下颏尖，则到老年必定多有不顺。如果眉高目耸，便一生平平。如果眉毛下压，而耳朵上掀，便谈不上什么福禄德行。

相貌宫：

观人之相貌，一定要先看五岳，后看三停。如果三停盈满，则此人一生富贵，多有荣耀。如果三停相等，一生永保平安显达。如果五岳相耸，则官禄荣迁，行坐威严，为别人所尊敬看重。额头主人早年的运道，鼻梁管人中年的运道。地阁和水星则主人的晚年。如果三者不连，中有断裂，则必定有凶恶之事。

第三节　五官相法

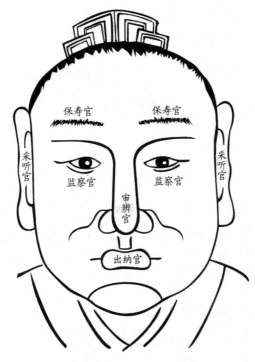

面相五官图

一、采听官

耳高于目，合受他禄。耳高于眉一寸，主一生清高。耳高且轮廓分明，主安乐。耳有刀环，五等高官。耳门垂厚，富贵长久。耳有毫毛，长寿富贵，无灾殃。

耳能自睹者吉。耳如兽耳，自安自止。耳门宽大，聪明财定。耳门薄小，命短食少。耳白于面，名满赤县。

轮廓分明有垂珠，一生仁义最相宜。

木星得地招文学，白有声名达帝都。

耳反无轮最不堪，又如箭羽少资粮。

命门空小人无寿，青黑皮粗走异乡。

耳内贴肉轮廓成，红光尽属富而荣。

露反薄干贫苦相，毛长出耳寿千春。

耳白过面多高名，前看不见富贵荣。

前看见耳多贫苦，耳前生黡近聋贫。

下有垂珠肉色光，更采朝口富荣昌。

上尖狼耳心多杀，下尖无色亦无良。

二、保寿官

人的眉毛必须要宽广清长，双分入鬓，或者像悬挂的犀牛角，或者像一弯新月，首尾丰盈充实，高居于额头之中，乃为保寿官成。

浓眉掩留，薄疏孤独——人的眉毛长得黑，又浓又密，主此人一生运道艰难，久而不能亨通，常处困境。《万金相》一书说："阳得虎眉，蹇滞。"阳指男子，蹇滞是坎坷之事。廿六岁才入运，到三十五岁便多艰难。

短促兄弟非宜——《广鉴集》一书说："眉是君主，眼睛是臣子，眉毛应该清秀而长，超过眼睛，应该像飞行中的大雁那样舒展。如果又短又粗，没有眼睛长，此人必少有兄弟。纵使有二三个兄弟，到最后也不可依靠。"《黄金相》一书说："眉毛超过眼睛，便有兄弟五六个；和眼睛一样长，只有兄弟一两个；如果短而没有眼睛长，则肯定没有兄弟或兄弟极少。"

骨棱高起，性勇好为非——棱骨高起，是讲眉骨。眉骨高耸的人，为人粗鲁，知进而不知退，知存而不知亡，知成而不知败，自强自胜，性格粗暴好斗。此人不可为友。

清辰弯如月样，文章显、折桂、荣奇——《广鉴集》说："因为这样的眉毛是君主的胆，是君主的外表。如果人的眉毛长得很清秀，弯曲如月亮，便主为聪明智慧，文学博雅，满腹经纶，必定有功名，中进士。二十二岁到二十五岁之间功名显赫。

印堂广，双分入鬓，卿相位何疑——两边眉毛的中间为印堂，叫官禄宫，也叫相貌宫，又叫福德紫气宫。人的面部之中，这里和人的祸福关系最大。所以，好的眉毛应当宽广，向两边双分入鬓，主此人生平多福。三十六岁入运，只要行为中正，便可有大功名。

竖毛多，主杀神；刚气暴，岂有思维——竖眉，是指眉毛直立而生，多主此人贪暴凶狠，杀性十足。《大统赋》说："这种眉毛，主性急神猛，好斗贪杀，对人无恩无礼，最终必遭刑罚。"

交头并印，促背禄奔驰——交头，是指眉毛的两头相互交叉，侵犯印堂。因为印堂一带是官禄之宫。如果眉宇之间宽舒便得官，平生安稳。如果互相交叉，则一生奔走不定，不过是一个愚夫而已。印堂又为命宫。眉毛在印堂侵犯交促，不利财禄。神气强健的人可以不受这个限制，三十六岁到四十一岁之间最为紧要。

横直，妨妻害子——直，是指眉毛长得直竖而不顺。左边眉毛直妨害子女，右边眉毛直妨害妻子。左右都直，妻子和孩子都遭伤害。直眉主平生不利。廿八岁到三十五岁，这几年最是不利。

旋螺聚，必执旗枪——旋螺，指眉毛长得成螺丝一样地盘旋状，盘盘旋旋而生。这种眉毛，主为人刚健勇猛，可以冲锋陷阵，当先而战而毫不畏惧。

低压眼相连不断，运至必灾厄——《少鉴集》说："眉为罗计之星，眼为日月之象，眉毛下垂紧贴，与眼睛相连，是罗计二星，侵犯太阴太阳，为日月之台，太阴太阳一身之主，廿六岁至廿九岁不利，三十七八岁也不利。如果孛星高而广，日月分明，灾祸则会减半。"

论曰：运限者，两眉管四年，八中、主左二年，廿六七；右二年，三十一至三十四。黑子：生在眉中者主水厄；生在眉头者主性刚，生在眉上者主贵官。

纹理：眉毛中的坤卦纹，主有二千石（省级）的官禄；眉上气色忽然发白者，主哭泣声，有丧事服忌。忽然发红者，三到七天之内主有口舌官讼。黄色白色入内，华盖运近，有喜信入宅，为吉祥。

眉毛中间忽然生出长毛，这叫寿毛，但不宜早生。

双眉为罗计星。宜疏而秀，平而阔，直而长，过目丰富。左有旋纹者损父，右有则损母。毛长者主寿，毫白者主超群。眉愁者孤，短促盖不住眼睛者孤贫。粗者为愚夫。眉毛斜而卓者性豪放，头起眉低者性懦弱。二眉相交者贫贱，不得兄弟之力。眉毛有旋纹者，多好争斗劫杀。眉是人伦紫气星，棱高疏淡秀兼清，一生名誉居人上，食禄皇家有盛名。

眉浓发厚人多贱，眉逆毛粗不可论。若有长毫过九十，愁客蹙短乏团圆。

眉细平过眼，清疏秀出群。

更如新月样，名誉四方闻。

眉长过眼目，弟兄须五六。

后曲儿孙淫，绝毛离乡曲。

眉毛浓黑财难破，纹过耳头常不乐。

眉头有痣道人术，更云有寿官寂寞。

眉后毫长寿更长，逆生非见一亲亡。

左眉尾上还生痣，奸私盗贼切须防。

眉后旋毛多独自，男带女眉淫色事。

毫毛长生莫生嫌，此是保寿更无二。

眉后一旋弟兄二，两旋知君有三二。

三旋浓长四五人，浓润无疏六七是。

眉生逆毛小幼孤，女儿如此必妨夫。

两眉相接人多厄，淡薄财散兄弟殂。

眉骨棱高无孝心，女眉弯曲更多淫。

旋毛生向眉头后，客走他乡少信音。

眉上纹生八字形，知君两妾怅平生。

日月骨生于额上，长寿官高富且荣。

三、监察官

眼睛须要含蓄深藏不露，黑白分明，瞳子端稳，光彩射人。或者眼睛细小，超过一寸，乃为监察官成。

两眼浮光，双轮喷火，杀人贼，好奸谋。两眼浮光——是指眼神光焰喷突，不收敛，光焰射人。双轮喷火——指两眼冒火，像炎火外喷。这种人奸诈狡猾，贪婪卑鄙，心中怀有奸盗之心。但平生大恶，三十岁入运，至三十五岁，这五年会大发，后五年又大不利。许负说："目中赤沙起，法死须防已。"这种眼又叫蛇眼。赤沙便是指眼睛喷火。

眼如点漆，应下是常流——《广鉴集》说："两眼乌黑发亮如点漆一样，昭辉明朗，光彩射人，这种人会贵极人臣，神仙高工，是奇异之相。但说到平生的福气，三十岁到三十五岁，这五年最容易得到显赫的功名。

眼大者多攻艺业——眼睛大而端正、稳定，眼神不浮不露，黑白分明，主可学习一项艺业，异于众人。

上视者勿与交游——上视，指有些人眼睛在看东西时观望不定，或看别人时仰着脸面，眼睛向上看，这种人，为人性贼心狭，自强自是，不能容物，太过苛察多疑，不可以与这种人交朋友。

斜观狼目强独胜，悭吝更贪求——眼睛斜视的人，为人禀性刚强，独自逞能。悭吝，指这种人非常吝啬，不肯施恩于人，而且贪婪卑鄙，好聚财物，损人利己。纵然非常富贵，能文善写，也不改其悭吝之心。《广鉴集》云："眼睛为心灵的窗户，观察他表露出来的外表，就可以知道其内心。眼中有些小病，心中便有些小毒。眼中有十分病，心中便有十分毒。眼善心也善，眼恶心也恶。"

圆大神光露，心情凶狠，讼狱堪忧——如果眼睛圆大而突出露光，主性格凶暴，多招祸患，常常被关进囹圄之中，为平生之凶。三十五岁不利，三十七八九也是这样。就是富贵之人，也是凶暴之徒。如果肯读书学习，近君子，远小人，其凶暴会减半。《洞中经》说："不要和眼睛突出的人交往，那样往往招来灾祸。"又说："眼露心也露。"

似鸡、蛇、鼠目，不滥须偷——《月波洞中经》说："鸡目无痕，好斗贪淫。蛇目上跑，厚而心毒。鼠目左小而窃盗。"有这种目相的人，男女盗窃，贪婪无耻，就是身居富贵，也改不掉其奸妒之性。

三角深藏毒害——眼睛长成三角形的人，是凶狠之人，能害物害人。如果是女人，妨害丈夫，不良。

频偷视，定无良策——频偷视，是指和别人谈话时，或在大庭广众之中，低目沉吟，常常用眼睛偷看别人的人。这种人为人心性不定，多疑，智浅之象。

神清爽秀，长如凤目，身显作王侯——神清秀，是指人的眼睛瞳子莹洁，黑白分明，如天破晓时分的星星，光芒四射。长如凤目，凤目细长入鬓，长达一寸五分，又分阴阳，则大富大贵。三国蜀汉时的关公，唐代的房玄龄等人都是此相。

论曰：运眼者，两眼管六年，三十五岁至四十岁。目有四神，黑子生在眼胞之上者，贪婪作窃盗；生在眼下者，妨害三阴三阳。眼中忽然生黑气，深者二五日，浅者二七日，家宅不安宁。眼睛发红者有火灾。眼发青者连累口舌，发赤者有官灾。发黑者破耗，发黄而明者吉。女人眼下发青者丧夫；发赤者有产厄。女人的眼尾，其色莹白光润者，主其夫增迁，有财禄之喜。

天地之大，托日月以为光。日月为万物之鉴，眼乃人一身之日月。左眼为日，像父亲；右眼为月，像母亲。寐则神处于心，寤则神依于眼，所以，眼睛为人精神游息之宫。观察人眼睛之好坏，可以知道此人精神之清浊。眼长而深，光润者，大贵。黑如点漆，聪慧文章。含神不露，灼然有光者得富贵。眼细而深者长寿。性隐僻浮而露睛之人夭死。眼大而突出，而如怒之人短寿。眼睛凸暴流视，顾盼不定者为盗贼。眈然而斜视者，定不正之人。赤缕贯睛，不得好死。神定而不怯者，其神壮。如羊眼之人而狠。眼睛短小之人愚蠢且贱。眼睛卓起之人性急。眼下有卧蚕状之人得贵子。妇人眼睛黑白分明者貌重。眼下发红的女子要防止产厄。习惯于偷视的女人淫荡。神定而不流者福全。大抵眼不宜怒，缕不宜赤，白不宜多，黑不宜少，势不宜坚，视不宜偏，神不宜困，眩不宜反，光不宜流。眼睛或圆而小，短而深，为不善之相。两眼之间为子孙宫，应丰满而不失陷。

秀而正——秀指其眼光，正指眼睛之外形。

细而长——细而不长，小巧之人。长而不细则恶。

定而出——定而不露，如果眼神不出，必定是愚蠢之子。出指眼神露出。

出而入——眼神出则有神，但若出而不入，则为荡子无疑。

上下不白——上白多，必奸；下白多，必刑。

视而不脱——指人眼神足。

遇变不眈——指人有涵养，镇定不乱。

相目口诀：

目秀而长，必近君王。眼似鲫鱼，必定家肥。目大而光，多进田宅。目头破缺，家财歇灭。目露四白，阵亡兵绝。目如凤鸾，必定高官。目有三角，其人必恶。眼短眉长，愈益田庄。目睛如凸，必定夭折。赤痕侵瞳，官事重重。目赤睛黄，必主夭亡。目长一寸，必佐明王。目烈有威，万人皈依。目如羊目，相刑骨肉。目如峰目，恶死孤独。目如蛇睛，狠毒孤刑。目尾相垂，夫妻相离。红眼金睛，不认六亲。

乌睛小而白睛多，不为囚系主奔波。

眼如日月要分明，凤目龙睛切要清。

最怕黄睛兼赤脉，一生凶害活无成。

浮大羊睛必主凶，身孤无着货财空。

细深多是无心腹，斜视之人不可逢。

　　眼目为身主，还同日月台。

　　群星天上伏，万象鉴中开。

　　秀媚官荣至，清长富贵来。

　　莫教黄更露，往往见屯灾。

眼内多白女杀夫，男儿似此亦多愚。

更嫌睛黄与赤脉，男人发病女妨夫。

睛深定是乏资粮，带泣妨夫子不强。

更见月中尘蒙现，多应贫贱死他乡。

眼中黑靥女多奸，两眼方而保寿颜。

莫见黑睛圆而大，定知贤士更多贤。

看君左眼虽然小，我且知君是长男。

见右眼轮还不薄，为人最大敢言谈。

两眼胞下痣分明，家有食粮僧道人。

左有直下还生痣，封侯伯子至公卿。

眼下横肉卧蚕子，知君久远绝子嗣。

更生纹靥多瘢疵，克子无儿端的是。

眼下一字封侯伯，龙眉凤眼人中贵。

黑白分明信义流，鸡眼昏暗终是害。

两眼光明是贵人，虎观狮视国将军。

牛眼多慈龟目滞，蛇睛羊眼莫为邻。

偷眼视人贼兵死，鼠望猫窥亦如此。

鹰眼从来道不慈，猿猴之眼颠狂死。

左眼小知君怕妇，鱼目多在兵刑死。

大小不同何所招，弟兄生时异父母。

囊刑财破要知根，眼后纹多入鬓门。

更见右边口角畔，竖纹黑靥入毫分。

194

四、审辨官

鼻梁乃天柱福星，又为天、地、人三才之总路，应当高而耸，四仓相当，这才为审辨官成。

窍小悭贪——窍，指鼻孔。《万金相》一书说："鼻之右鼻翼叫仙库，左鼻翼名叫左库，库应该高而丰厚。鼻孔是库之门户，门户应小而齐整，库应厚而丰隆。库小而齐，说明库内有积蓄。库狭而薄，户大而薄，说明库内没有积蓄。如果鼻孔小而两库齐整，这种人好聚财而不舍施与。如果户宽而反仰，则无积蓄而好施与之象。

高隆显宦，莹实生财——古人认为，鼻为土宿，万物生于土，而又归于土。鼻又像山岳，山不厌高，土不厌厚。鼻又为一面之表。在天、地、人三才之中，鼻为人，高而隆者为贵。《大统赋》说："惟鼻者，号嵩岳，居中为天柱而高耸。"鼻梁贵乎丰满而隆起。汉高祖刘邦隆准，终得其平生之福。此相之上，三十五岁到五十岁中会大显功名。

偏、斜、曲、陷堪伤——偏、斜指鼻梁不端正，此相主人孤独，又主贫。《万金相》一书说："鼻偏左，先损父；偏右，先损母。"印堂曲陷，财禄不旺。山根缺陷，四十四岁时要丧父母，双泪长流。寿上缺陷，四十五岁时不论干什么事都不利。准头有缺陷，横事极多，四十五岁大破财。这五年的缺陷，是有此相之人所必不可免的。"

若还短促，未敢许荣昌——短促，指鼻子小而踞促。《大统赋》说："巢窝为脸面之仪表，欲其广大，主人之富贵。如果短小局促，则主贫贱。"许负说："鼻小莫求官。"又说："小而滞者作僮仆。"所以，鼻子小的人，终身不得富贵。

生怕不分昂露——《照胆经》说："鼻孔外仰，财成恶败。"昂露，指鼻孔仰上。鼻孔为三库之门，如果十分昂露，便是户门开阔，内无积贮，难为平生，不利，五九大破，《大统赋》说："井灶露，破厨无粟。"井灶，即指鼻孔。又说："斜如芰藕之状，因之预储。"斜如芰藕，指鼻孔斜露，如刀切之藕一般。

鼻如悬胆，必作朝郎——鼻如悬胆，指鼻子从印堂起，隆丰而悬垂直下，准头完美如弹丸，像悬挂着的猪胆一样。有骨法者贵，可作朝郎（朝官），无骨法者主富，家有千金。《心镜经》说："鼻如悬胆终须贵，土曜当生得地来。若是山根连额起，定知荣贵作三台。"《大统赋》说："圆如悬胆之形，荣食鼎铼，为平生之福。"

年寿上纵横纹理，家破苦穷忙——鼻子为年寿，二位属中央戊己土，为万物生成之地。如果有纵横断纹交杂其上，则破祖离家，一生驱驰奔波不定。

山根断折，田园不守，妻子先亡——低，指鼻梁塌陷，断折，鼻梁之上有横纹断流。此相主破祖离家，妨害妻子。如果加上眉压眼，神气薄，梁柱偏，轻则中年大病，有刑狱之灾；重则伤身害躯。如果是形正神强，色明朗而声音宏亮，则其灾减半。《万金相》一书说："山根断折四十一。三年命禄中，月孛即名山根。"又说："疾厄宫，又名妻子宫，在山根上一分，名为玉岭。"诗曰：岭断官司不自由，岭根折断自身休。山根岭断三十九。

岭根道断自身休。又说："山悬桥，道耗财。"指玉岭，山根，金道三位断折。岭要平梁。是这三个部位都高。这三个部位：岭、根、道，在人一面之中，诸部之内，与人之祸福关系最大。学者应留心观察。

形如鹰嘴样，狡猾——鼻如鹰嘴之样，此主人最为狠毒。《洞之经》说："相中大忌鹰嘴露窍。"这种长相，主此人为人最为狠毒，心中常嫉贤妒能，外表伪善、假宽容，而内心实际上非常想毒害别人。即使身居富贵，知书识礼，也不免贪婪奸狡。

广大巢窝须稳——《万金相》一书云："窝巢者，指人鼻梁广大，能作燕巢。"这与人家宅相应。故应梁柱端直，年寿丰隆广大，肉厚，接迎东西二岳，准圆而库起，主家宅广而人口多。三十六岁入运，至五十九岁，这二十年中大进人口和宅舍。所以说梁广者窝巢稳。

光明，主财禄殊常——鼻为中岳嵩山，位中央土。每个季节旺十八天。所以，鼻贵乎高隆，光明、色黄，得土之本色。如果有骨法，主有贵禄。对一般百姓，则主得财入宅。鬼谷先生说："欲观在位任之吉凶，要看年寿二位，一分黄明，一年无事；二分黄明，二载平安。如果见到非来之色，或青、或赤、或黑，并主当年不利。"

准头黑，兰台黯惨，旬日必身亡——准头为鼻上之主，兰台在鼻翼之右。半台又名廷尉。《海底眼》一书说："夫鼻者，运五脏之精化，为肺之苗。肺虚则色莹润而光明，无病而多吉。肺实则堵塞而色惨黑暗，大患全而多凶。"如果见到准头兰台色惨而黑黯，大病速至，十日之内丧其身。有病之人最怕此色。

相鼻口诀：

鼻如截筒，衣食丰隆。孔仰露出，夭折寒素。鼻如鹰嘴，取人脑髓。鼻有三屈，孤独破屋。鼻如三凹，骨肉相抛。准头而直，得外衣食。准头丰起，富贵无比。准头带红，必走西东。鼻厄露骨一生汩没。准头垂肉，贪淫不足，准头圆肥，足食丰衣。准头尖薄，孤贫削弱。鼻耸天庚，四海驰名。鼻梁无骨，必夭寿没。鼻露见梁，客死他乡。鼻准尖斜，心事勾加。准头常欲光润，山根不得促折。

> 鼻如悬胆身须贵，土曜当生得地来。
>
> 若见山根连额起，定知荣贵至三台。
>
> 鼻头尖小人贫贱，孔仰家无隔宿粮。
>
> 又怕曲如鹰嘴样，一生奸计不堪言。
>
> 准头尖薄最穷波，鼻上横纹痣厄多。
>
> 露穴主贫短无寿，鼻长有寿百年过。
>
> 鼻偏左去父先亡，右去须知母亦伤。
>
> 穴孔大而财不聚，准头圆厚富而长。
>
> 山根青色有灾侵，法令纹深好杀心。
>
> 鼻准如钩财上毒，宜垂如胆富年深。

周易相学点窍

准头有靥阴中有，上下生靥左右同。

梁柱有靥阴背上，见时敢道有神功。

法令纹中靥子恶，左边父死而无觉。

右边母丧亦是然，万千之中无一错。

四岳窊低鼻独高，财散贫寒宿世招。

露齿结喉鼻孔露，必然饿死在终朝。

五、出纳官

出纳官——口。取四周须要端厚，唇红，方正，角弓开；大合小，乃为出纳官成。

短促，唇掀，色青、齿露，偏斜，骨肉相煎促，指口形如聚集一般紧凑而小。短指口唇横窄，促和短二者都主孤独。《鬼眼相》一书中说："口有三聚，一叫猴口吹火聚注，令人没有子嗣，子立孤独而身亡；二叫羊饮水聚注，令人孤寒，好歌乐而无衣粮。三叫鹊口缩囊聚注，令人孤寒，亲人寡少，亲生儿子另房居住。唇掀，是指口唇向上翻，也主孤独克。"《大清神鉴》说："目露睛，唇皮蹇，男忧贼盗，女忧产难。若去寺观及出家，免得一身见人难。"

阔而不正，虚诈不堪言——喜欢说大话的人不讲信用。嘴唇宽阔，即阔而不收，收不住口，主为人多奸猾。

偏薄，是非谤诽——偏薄，指人的嘴唇薄而横偏，主喜欢说别人是非。谤诽，指这种人口快舌长，专提别人失语之处而加以嘲笑，讽刺调侃，不顾忌讳。像这样的人，虽然身居富贵，也免不了是一个小人。

如朱抹，名誉相传——如朱抹，是指人的口唇鲜红，像抹了朱砂一般。主文章才俊，名扬四海。许负说："口如含丹，不受饥寒。"贵人唇红像砂，再加上四字口，富足荣华。平生之贵，五十六岁入运，大发财禄。

唇裹紫色肉，千里禄自天然——口唇鲜艳而呈紫红色者，主人富贵，可以食千里以外的爵禄，乃为天生自然之福。平生之贵，五十六岁入限。

覆载多纹理，掩人过恶，得子孙须贤——覆载。是口唇的一种名字。《黄金相》一书中说："上唇名叫金覆，下唇名叫金载。如果口唇上下有纹理，而且很多的，主为人宽和，见善多。如过恶则劝之归善，而喜避其恶。又招贵子贤孙。"《大统赋》说："上下纹交子孙众，周匝棱利仁信全。"

食时多哽咽，必主屯颤——哽咽，是指人吃饭的时候狼吞虎咽，吞到喉中，沃沃有声。屯颤，指人平生多坎坷不顺。《五总龟》一书中说："鸟喙猪食最贱容，相他衣食必无终。咽粗急者人多躁，鼠食从小饮食空。"

常问睡中不合泄，元气夭，促天年——人的口味广博，令饮食口味以接纳万物，以安五脏造化之权。唇为口之城廓，活不长久。

亲曾见低垂两角，常被世人嫌——嘴巴两角下垂的人，无衣无食的人，最招人憎嫌。口唇方、广而有棱的人，主寿长。形如弓，稍向上的人，主贵。如果嘴角尖而薄，又相反，主贱。如果唇上生有黑子，平生酒肉自然来。如果生在口角，必有灾滞。生寿带人口，主饥饿而死。女人中唇上生黑子，主淫，无媒而自嫁。

黑子生在唇上，唇内者，主一生得酒色；口角生者，主水灾；纹理入口者，饥饿不食而死。气色红润者则贵，黑者贱，青者阴毒，发白者亦然，发黄者有病。只有绕口黄而明者最吉。

相口诗诀：

口角如弓，位至三公；口如含丹，不受饥寒。一则主富，二则主官。口如撮聚，人贱如狗。口如缩囊，饥死无粮。纵然有子，必主别房。口如吹火，饥寒独坐。口如缩螺，常乐独歌。龙唇凤口，不可为友，好说不真，常怀粗酌。口如赤丹，不入殷兰。若是女子，亦得夫怜。口宽舌薄，必好歌乐。如此之人，永无凶恶。纵理入口，饥死不久。口边紫色，贪财妨害。口开齿出，当失算数，必不久长，

周易相学点窍

少即身故。口中有理，长相对益。丰财足禄，终无妨害。口未语，将唇起，奸邪在心，常怀不足。口如马口，妒害贪丑。口中黑子，食啖皆美。

> 贵人唇红似泼砂，更加四字足荣华。
> 贫贱似鼠常青黑，破尽田园不顾家。
> 水星得地口唇方，荣贵肥家子息昌。
> 上下各偏棱角薄，出言毁谤大难防。
> 口方四字信宜真，两角低垂说恶声。
> 唇上纹多仔细相，青薄川纹饿死名。
> 口如吹火少儿孙，偏左妨妻妇死屯。
> 右畔竖门田产破，黑子当唇药毒频。
> 口如吹火家无子，唇上三唇有义儿。
> 舌上常青难可断，同胞兄弟也离分。
> 口角光明唇两齐，两头略仰不垂低。
> 聪明更有多才学，富贵应须着紫衣。

第四节 头相

头者为六阳之首，百骸之主，禀阴阳之气，肖天地之行，受五行之资，为万物最神灵者。头象天，足象地，眼象日月，声音象雷霆，血脉象江河，骨骼象金石，鼻额象山岳，须眉象草木。天欲高圆，地欲广厚，日月欲光明，雷霆欲远震，江河欲润，金石欲坚，山欲峻而草木秀，这些都是其大概。两目近于天，水星近于地，所以天取圆，地取厚，天不圆兮日月暗，地不厚兮无甘泉。头短者欲圆，头长者欲方，骨起丰而硬，皮取厚而润。两角骨起为卿相，天庭平满家定丰。天削者刑伤，地削之人贫而早夭。太阳穴有骨，名叫扶桑者。耳后有骨，叫寿骨，主长寿；耳后低陷者，早夭或贫困。耳上有骨，叫玉楼骨，主人之福寿。陈抟老祖说："顶平头圆额又方，定主官贵早功名。五岳相朝四渎深，清贵声名四海闻。头顶平窝仙圣品，脑后连山富贵流。头小颈长贫且夭，蛇头屈曲食槽糠。顶骨连鼻终拜相，脊骨连枕武封侯。头扁额削准言寿，仓空根陷定财空。圆头方颈还多福，头尖颈细苦忧忧。虎头燕颔封侯相，兔头鳌脑性轻浮。"

头乃精华，肉乃血就。大凡人一胎定，没有不得精神血气而成其形的。得正气而成者，其骨秀而气清；得邪气而成者，其骨粗而气浊。所以，观人之贵贱，首先要分辨其骨气。骨胜而少气者为弱；肉胜而少骨者为虚。所以，人一生之福寿，唯取头骨可封。人之有骨，如山石之有玉；人之有肉，如江河大海中之有珍珠。陈抟老祖说："虽然论相之法认为有头骨可封，然只有头骨，而无奇神相应，便也不会有大成。"如苏东坡之头，骨凸，得五岳神奇，须眉气秀，这才是神骨而得其气也。所以，论人一身之精神，在于人的两眼；一身贵相，在于头骨，不论人之形骸。文人要先观其神骨，人头有七十二骨，内之最佳者不一。人之额头有八骨：伏犀骨、日月骨、边地骨、福堂骨、龙角骨、虎颈骨、印绶骨、金城骨。天庭骨隆起、枕骨连肉起、顶骨平起、日月骨角起、太阳骨如线起，眉骨要棱起，鼻骨伏起，悬鼓骨要连准（鼻头）而方起；颧骨插起，先色骨竖立而起。值此骨相都主大贵。人之五官不正而得富贵者，可以骨镇之。总之，头无恶骨。如果头顶骨圆正而平起者为贤人、有才。天庭骨方阔而竖起者得贵位。日月骨角起者神。鼻梁骨伏犀起者灵。颧骨插起者不怒而自威；枕骨隐起者贵而长寿。眉随骨起者英发；颈骨朝起而须清髭硬之人晚年得荣华。人之顶骨尖起者贫困而早夭亡；天庭骨耸出者克人。日月骨陷主贫困一生。眉骨露而无眉无肉者，妻子遭刑，儿孙遭克。骨软之人多安稳；骨弱之人早夭。寿骨横出者凶而遭刑。骨相庸俗的人愚蠢。骨相圆者有福，骨上有筋者劳顿。毛粗者贫穷。骨肉平和者俊爽，如果有神气来助，便为秀骨。

第五节　面相

圣人将人脸面的形状分为百部，上取三才，下配五岳，俯仰天地之位。额为天，颏为地，鼻为人。天阔的人早发，地阔的人晚成。天贵乎圆，地贵乎方，人贵乎正。南方无正土，不露便为强。额的左右两边为上二府，管早年亨泰；两边颧骨为中二府，管中年福寿；两颐骨为下二府，管人的晚景永昌。鼻子为三府之要路，通五岳之源流。所以，天庭欲起司空丰，日月高弓边地静。阴阳肉满鱼尾长，正面颧开有神光。兰廷圆正法令通，金匮海角生微黄。三阴三阳不枯陷，龙藏虎伏乃相当。五岳四渎无克破，便见人间使要郎，若见倚斜并斜塌，气暗神昏受折磨。面有神光射人目，男贵公侯女贵后。

一、论面

面为人之仪表，列百部之灵居，通五脏之神路。取六阳为最神，气贯形为生，五岳朝拱为有势，三才配合为有情。脸上之麻点要论其气魄，纹理要论其血脉。声要论其干润，音要论其远近。精要论其清浊，神要化其晦明。气要论其浅深。所以，一张脸上的颜色，白如凝脂，黑如漆光，黄如蒸粟，紫如绛缯，而神满气厚者，为荣华富贵之资。如果脸上的各个部位倚斜不正，倾侧反势，色嫩气骄，精浮神泣，赤暴似火，昏暗如泥，毛色茸茸，无风而像有尘埃一般，这样的人，都是贫穷夭寿之辈。如有面如满月，气深色秀而神采射人的人，叫朝霞之面。这样的面孔，男主封公侯将相，女主为后妃主人。人之面方正而耳大，可与卿相并驾。面如田安而背驼，家有财宝千箱。面反无势，贫少帮助。面上如起重城，则万人皈依。面大鼻小，到老辛苦。面大头尖，终身不了。颧插天仓，贵优边疆。面薄无腮，必是穷胎。有颧无面、多学少成。面大鼻尖，到者刑伤。面肉浮泣，破家损子。面皮绷鼓，寿必夭亡。面肿鼻扁，多为奴卒。面无人色，为人寡合。面多雀斑，晦气蹇难。面青变蓝，阴险极毒。

二、论耳

人的耳朵主贯脑而通于心胸，为人心之司牧主管。所以，人的肾气旺则耳清聪，肾气虚则耳昏而浊。耳朵不论大小，要取轮廓分明，垂珠贴肉，色泽鲜艳红润，耳门阔大，厚而竖，耸而长，这样的人是贵寿之人。人的耳朵所忌为尖、皮薄、黑干、焦枯、轮飞廓反，这是贫穷凶夭之象。耳朵白过于面，必天下有名。耳朵若厚大垂肩，必大贵无疑。如果贴肉（紧贴后脑）垂珠（耳垂有如圆珠），自然会享官禄，如果色如莹玉，便会少年及第。陈希夷先生说："耳为君，目为臣。"所以，耳要高于眉目之上。耳朵孔是命门，如果耳朵孔小而狭窄，定主此人愚蠢顽固，没有智慧。如果耳门薄小，性命早夭，缺衣少食。耳门宽大，主长寿。耳白如玉，主人聪明；耳朵竖而圆，必多禄寿。耳的轮廓呈桃红色，人的天性最为机巧玲珑。耳朵发黑枯焦，主离祖破家。耳轮飞廓反，必定使祖业化为灰尘。耳中有成骨，必寿命恒长。耳中生毫，必主老更寿上。耳朵上部尖如狼耳，主人心多好杀。耳朵下部尖而没有颜色，主非良善之辈。耳朵如鼠耳，必贫困而不能长寿；耳黑暗枯焦，主此人速亡。

三、论眉

人之眉，媚也。眉为人两眼之华盖，一张脸面的仪表，而且表现着眼睛的精华，因此从眉毛可以分出人的贤愚。眉毛主早成，须髭乃晚就。眉取浓中之细发，疏而不断，短有神气，长有起伏，细润光彩的眉毛为秀媚。如果眉间断逆滚，浮暗枯索，粗硬散秀，压眼低垂，则最是不吉。快乐无穷，只因眉生如角；多忧常虑，皆为眉蹙印堂。眉毛属罗计二星，取疏而秀，高而阔，直而长者，主聪明。粗而浓，逆而乱，短而促者，性多凶顽。眉长过眼者富贵，短不覆眼者乏财。压眼者穷逼，向上昂者气刚，卓立而坚硬者性情暴躁，毫尾垂眼者懦弱而滞。眉头相交者妨害兄弟；眉毛逆生者不良，眉骨棱起者凶恶；眉毛高而居于额中者大贵；眉毛有光彩者贤而贵。眉毛又为保寿官，《通仙录》一书说："命宫交锁难保寿，浓如泼墨禄相通。细紧轻长兄弟五，两角不齐须异母。高长入鬓为卿相，短不覆目定孤穷。眉浓发厚人多难，眼大还求罗计当。棱骨疏紧情不断，一生名誉少年闻。两眉插进日月角，长寿高官美丈夫。眉长过目兄弟睦，交连黄散走他乡。粗短紧立皆不善，散乱如无亦主凶。"

四、论眼

天地之阔大，托日月为明；一身之荣耀，托双目为光。日月能照耀万物，双目能知晓万情。左眼代表日，右眼代表月，分明是父母的象征。眼睛如同太阳、太阴二星，如果眼睛黑白分明，睛光朗照，那么意味着星辰俱顺，能大富大贵，资财隆盛，子孙兴旺。如果眼睛白多黑少，有黄红色侵染眼睛，比如黑白颠倒，或白色侵入瞳仁或红色围绕瞳孔，与黑色混杂不分等，就表明太阳、太阴二星陨落，此人绝对要破财，遭妻子受刑、儿子被克的厄运。所以，人的眼神以清净光明为福寿相，以昏暗流露为贫穷，早夭相。

大体说来，眼睛不应有怒相，瞳仁不应发红，眼白不应过多，黑瞳仁不应过少，形势不应坚硬，视线不应固定，眼神不应困乏，目光不应斜视，瞳孔不应旁偏，眼光不应流散，眼睛最高贵的是含藏有精神而且黑白彻底分明。眼睛形如龙鳞而且清澈分明的人，能做俸禄千钟的高官；眼睛狠如蜂且瞳仁露出青色浮光的人，一定会暴死于奸佞的刑罚；眼睛形如凤鹤而且细长清高的人，富贵而且显要；眼睛形如蛇鼠而且瞳仁发红，眼珠外突的人，必定暴死于奸盗的罪行；眼睛如晨星般清亮，会成为四海闻名的要人；眼睛大而无神，目光昏沉的人，一定会客死他乡。

正如古人所云：目烈有威，万人皈依；目静自明，佛道有成；

大眼昏沉，钱财耗散；目光散黄，慈悯忠良；双目点漆，聪慧文章；目如卧兮，作事奸雄；目若三角，其心贪恶；目睛含润，贵必良善；龙睛含目，忠孝全名，蛇眼鸡睛，忤逆绝伦；浮光太露，恶死无疑；目缝带花，多作少成；目光如电，贵近君王；目光插天，必掌刑名，短少昏偏，无智愚夯；目广方长，声名远震；目泛浮睛，贫穷夭寿；眼露四白，刑险遭兵；鹰目高视，心奸恶毒；鼠目偷视，贪淫作贼；鸡眼鸽睛，散走他乡；大气侵眸，官事重重；赤目睛黄，祸必刀伤。

五、论印堂

印堂是颜面最亮之所在。上应福堂、武库、边地之禄位，下拱金马。玉堂、观耀之台星。所以，印堂阔，天庭广的人，日月角开，眉得其舒展，两颧得其有印；天庭高爽，印堂平阔的人，土星直贯天中，兰廷准头朝拱，可以掌管八方印绶。

若印堂倾陷，额角尖塌，眉头交锁，腮短少髯，一定意味着多业多破，常忧常虑；若印堂侧而山根短，鱼尾低而仓库陷，则妻子难为；若印堂宽广，两目秀长，一定会功名显达。

印阔颧开者，可得呼聚喝散之权柄；伏犀骨贯入印堂，悬针纹穿山破岭者，必是遭刑犯法之徒；天庭悬壁皆方，印堂圆满者，早有腾升。

印堂最忌讳纹冲痣破，否则一生刑伤破财之灾不止。印堂又叫紫气星，是一身气色之聚处。印堂如福堂，若准头三光，气运明亮，则意味着名利两通。

所以说吉凶未到来时，其气先从印堂表现出来而且从印堂退散而去。

吕洞宾赋云："金门铁锁，关锁有情，早发达而晚亨通（注：金门一字四横者，眉目之间印堂也。肋锁口有四面也。解释说：印堂促叫无关，口无腮叫不锁）。"

银匙歌云："眉头额角如龙虎，龙虎相争定主愚（注：印堂上一分是官禄，下一分为祖基。眉额仓库侧陷而没有余地叫相争）。"

许负说："准明印正，诸事亨通。"（注：印堂是天地人三关之要限。）

九仙会源气色篇上说："气色是五脏所生（五脏所形成的）。"准头是气色往外发的地方，印堂是气色相聚的地方。

六、论鼻

鼻子是人脸面的支柱，是五岳中的中岳，四渎中的济渎，五星中的财星，是中央戊己土，又是肺之灵苗。肺虚，鼻子就通畅，肺充实，鼻子就会堵塞。上为山根，中为年寿，下为准头，兰廷相辅。山根指的就是山，山不怕它高。准头说的是土，土不怕它厚。年寿说的就是鼻柱，鼻柱要直。鼻柱的左边叫左库，右边叫右库，凡是两库高长且端正的人，一定能够攒下钱财布帛。孔隙为库之门户，里面丰厚并且有收藏的，说明他是有积蓄的人；库不应曲陷低塌，户不应尖薄掀露。准头尖曲，为人奸诈；山根低陷，先败祖业；准头掀露，老来孤单。伏犀贯顶，大富大贵；梁柱不全，过早夭折。眼睛昏浊的人必孤单穷困呈夭折之相。山根低陷的人必困穷。

五岳朝拱、四仓丰满者，早年虽然成就不了大业，中年必发家财。鼻梁直而兰廷正者，表明为人忠正，治家有方，齐如截筒，禄寿都通。准头坚肉，预示兴家立业；鼻如狮子，是聪明旷达之士；鼻如缩囊，到老都会吉祥昌盛；鼻梁贯印，既富贵又能得美妻；鼻相又大又长，必多伎俩；鼻相短曲尖小，胸无大志而又家中贫穷；鼻头缺破，破财孤独；东西两岳，高辅准头，圆满相应，是三星相聚之处，预示有财有禄；眉毛和鼻梁相接的人，早年发达，晚年加封。鼻梁独高名叫孤独耸，预示六亲难以依靠，财帛难以积聚。准黄红，预示生财加禄；准黑如湿灰，预示败家丧命。

七、论口

口是大海，容纳百川，上通五岳，下通全身。百谷以接万物饮食而通五脏造化之关，祸福之柄，赏罚之所出，是非交会，又是说话的门，心外面的窗户。所以为人行为端正不乱说话叫做口德。诽谤多言叫做口贼。掀出嘴唇，露出牙齿，就会泄露真气，寿命不会长。所以嘴应厚而且宽，唇应端正，牙齿应一排排非常整齐。所以把深茂端方、润厚红润叫做有大的美德，只有红方，阔大而周正，阔大而不知收敛，黑而不红，尖而不隐藏，偏倚而又斜小，薄而且口角下垂的人，是贫穷，凶夭的命相。口像四字，钱财富足；唇如涂上红油，文章写得漂亮；口如朱唇，必是贤臣；口不见唇，威震三军；牙像狗，嘴像鸟，阴险多诈；低而嘴角下垂，常被人嫌恶；口如吹火，无粮孤独；纵纹入口，饿死无疑。口如鼠食，喜欢奸谗、诋毁、嫉妒；口如马嘴，饥饿的穷人；口能放得进去拳头，就能出将入相；口如缩囊，孤独少粮；龙唇凤口，不可为友；形如剑坛，交情足义；口宽舌大，田粮富足；口宽舌薄，喜欢音乐；唇红须白，老来万事亨通；唇发青，必定早夭。

八、论人中

人中者，沟洫之象也。就像大川的泉峡，上通于济渎，下接于淮水。沟洫通水，流畅而不堵塞。浅而窄的地方水不深，水就会被堵塞而不畅通。所以人中深而长的人，富贵而长寿；浅而唇翘的人预示早夭；人中屈曲的人是无信义之辈，人中端正平直的人是忠义之士。

因为人中关系到浑身的气血，所以人中的长短可以决定寿命的长短，人中之宽窄可以决定男女的有无。

人中细而狭窄的，穿衣吃饭都紧张；人中丰满而平坦的，必有灾祸；上窄下宽的，多子多孙；上宽下窄的，少子孙。上下都窄而中心宽阔的，子孙有病；上下又深又宽阔的，子孙满堂。正而垂下来的长寿；蹇缩的人早死命贱；歪斜短促的人早死且贫穷、困顿。

人中纵纹一线，多损儿郎性命；人中细如悬针的人，儿子死，老来贫；人中如破竹仰起的，家中有貂裘一般的富贵。人中像瓜棱的样子，老来必受鳏寡孤独之困。

人中上有黑子者多子。下有黑子者多女，中有黑子者婚妻易而养儿难。有两黑子者生双生。有横理者至老无儿。有竖理者主养他子。有纵理者主儿宿疾。如果人中漫漫平而无者，是之谓倾陷，至老绝嗣，穷苦之相。

人中诗诀：

人中平长，至老吉昌，兼有阳寿，更益儿郎。人中短促，子孙不足。人中高平，寿年不久。人中广平，养子不成。虽即生产，常闻哭声，人中广厚，奸淫未足。人中两黑，双生可成。

诗曰：

人中平浅短何堪，无信无儿见者嫌，

若见直深长一寸，定知儿女转加添。

人中平平子不成，三阳赤色主相争。

黄色得财无盗贼，赤黑妻与外奸情。

人中井部水横纹，每到临船莫进程。

偏左生儿右生女，上下平平子不成。

九、论唇

唇为君，齿为臣。唇是口的城廓，舌头的门户，一开一合，都关系到荣禄。所以，唇应端厚而不尖薄，应红润而不白黑。取覆载多纹理，上唇名为金覆，下唇名为金载。上下唇相当者，为人宽厚；上下唇都厚者，忠义厚道并且喜欢收集文章；上下唇都薄者，善于胡言并且人品低劣；上唇长而厚者命长，下唇长而薄者贪食。龙唇者富贵，羊唇者贫财。唇尖撮者穷死，唇坠下者孤独饥寒。上下纹交在唇此无儿。若绽血无纹，为人自满而不廉。有纹有子，无纹无嗣。尖似鸟啄者多做坏事，厚似剑坛者重义。吹火者子孙大都鄙陋。嘴唇薄的人很少信义。嘴唇棱利的人非常讲求忠信，像是含着仙丹的人大都富贵，青如蓝靛者多病而早死，昏黑的人多灾。嘴唇是杏红颜色的人不用刻意追求就能收获丰厚，唇如鸡肝颜色的人会长久生病，很少有痊愈的。嘴唇淡红并且鲜润的人会娶到娇美的妻子。嘴唇上有像花似的纹理的人，会享尽荣华富贵。扁平不翘起的人会受到饥饿之苦。嘴唇残缺而下陷的人下贱并且不会赢利。嘴唇长，牙齿短的人命不好，嘴唇合起来不正的人必定言而无信。

十、论齿

牙齿是吸收百骨的精华，为一口之锋刃，造化万物，颐养六腑的关键。所以口可以决定人的福禄的有无。牙齿为骨头的余剩，血壮者，牙齿就会坚利，血虚者，牙齿就会掉落。牙齿又方又长大并且排列整齐坚固的人，必定长寿；牙齿尖薄稀疏短曲豁漏者，寿命不长。所以光凭看他的牙齿就可以判定这个人的寿数。牙齿又叫内学堂，上唇叫中信学堂，下唇叫广德学堂。凡是嘴唇上下都不扁并且周正丰密，牙根紧固的人，一定忠信；稀疏短尖参差不齐，颜色焦黄的人，为人必定狂妄多诈。如果牙齿大而密齐，又整又长，又润白又红黑，并且坚固的人，必定富贵，多福多寿；如果牙齿又大又漏，又小又尖，又斜又稀，又薄又缺，这是贫穷凶夭的征兆。

麻衣老祖论牙齿的办法是先分辨门牙骨器。如果四颗门牙洁白干净，颜色晶莹并且长得齐密方正，此人定是言语有德而且一生享有高的官位。如果四颗牙焦黄枯白，参差不正并且无色的人，必受贫穷，年华虚度。

牙齿像龙齿的人，必生贵子；像狮子的牙齿的人，必做重侯卿相；齿如编贝的人，必登高位；齿如鸟嘴的人，无情无义，无事生非；牙如狗齿的人，只会胡说八道，无信无义；牙齿长得密像银子颜色的人，笃信好学；疏漏焦黄的人，难成就学业；晶莹如玉的人，必受上天的福禄；像灿烂的银子的人，必定富贵。

牙齿颜色洁白的人富贵，黑黄的人贫贱。牙齿滋润，色如白玉的人，自然而然地安乐，不用苦苦地追求。白得像枯朽的骨头一样没有神采，必定财食没有富余，终生劳苦。牙齿黄的似枯败了的叶子，穷得没有屋子安居，只得与鬼一同居住。黄得像璞玉的人，一生清闲，衣食美足。黑如烧焦之木，贫穷少福禄。黑如宝光的人，安享事贵，保有全福。

牙齿有四十颗且白净齐密、牙根也深固的人，必有佛祖圣贤之尊位。有三十八颗牙齿并且洁白明澈，必将享受天禄侯王的品位。有三十六颗牙齿的人少年得志，拥有巨富。有三十四颗牙齿的人，富贵并且长寿。有三十二颗牙齿的人，享受中等福禄。三十颗牙齿的人，牙齿洁白，颜色莹洁，也富贵。二十八颗牙齿的人，贫穷并且常受饥寒之苦。如果牙齿白净而莹洁，虽富也不会长寿。二十四颗牙齿的人没有福。

十一、论舌

舌头的道理，在内与丹元一起发号施令，在外与重机为铃铎。实在是神馈赠给人们的心灵之舟楫。因此性命的关键，一生的得失，都要寄托在舌头上。

古人在评论客观存在的好坏时，总是不让它随便乱说。它又为五脏的苗灵，和肺腑胸襟相通，所以把舌长得方长，端正、鲜红，如锋刃般锐利，有秀美花纹的人叫做富贵。如果舌头狭窄又长，其人必奸诈而心术不正；秃而短的人，必连续遭灾；大而薄的人，多胡说八道；舌头又尖又小的人，其人必贪心不足；舌头又白又黑的人，一定是给人执鞭的人；舌头红并且又方又长，咳唾都成珠玉；舌头发红，又小又长的人，聪明多有志向；舌头鲜红，纹路秀美如锦的人，定与贵人相处；舌头如锋刃般锐利的人，必定富贵，安享厚禄。

柳庄说："舌头长一直到准，眼睛里好像蕴藏真气，定能任王侯将相；舌头长，直到准，眼睛发白发干，肯定成不了大器；舌头长一直到准，像土星的样子，是非常尖酸刻薄之人。"打破舌理，三川纹足，其人必享有万顷之田；舌理花纹环绕，一定多子多荣。有黑痣的人，上天赐禄；有黑靥者，多有凶祸。有粟粒者，荣迁高位；舌头吐出来像蛇一样的人，必定歹毒。没有说话就用舌舔嘴唇的人多有远福；舌头小而短的人，就是贫汉；舌大嘴小，干事没结果；舌头小嘴大，语言轻快；舌头如丹砂的人富贵；舌头黑有阴影的人下贱；舌头像血一样红的人有厚禄；舌头如湿灰的人多有灾祸；舌头如红莲的人，又富又善；舌头如青莲的人，高贵贤能。

十二、论颧

颧骨代表权力，印堂象征官印。如果一个人颧骨高，印堂满，那么他肯定会有聚集千军万马和退解百万敌军的威势；如果颧骨低陷，就不会有权势，即使有也会反复难以掌握。颧骨有关锁，自然能振兴家业；如果颧骨又低又尖，无关不锁，肯定衣破食缺。双颧高耸插天，两只眼睛有神威，才能有大权，使万人都归顺他；颧骨高耸，鼻翼丰富，地阔居中，可安享晚年。颧高颐消，做事很难清楚，晚年会孤苦伶仃。如果只有颧骨而没有颜面，中年时事业就会败落；有面而无颧，做事时很少有人帮助他。如果颧起鼻高，颐又丰满，晚年多钱。颧高鬓发稀少，老年会孤独。如果颧高插天，目长印满，面起重城，定贵为天子，权高势大。如果目大而眼球浑浊，印陷耳低，那么就是文星失落，印绶无根，即使是得到贵人的权力，也不是贵人的样子。颧高鼻陷，成功多，失败也多；鼻向颧拱，会经常得到别人的帮助。如果须清鬓秀，定会得到贵人的助力。

女人的颧骨高，夺夫权；颧骨高如山峰，妨三夫。紫色侵卜颧骨，会有大喜；黄气插到鬓发上，功名就会到来，青气侵颧，兄弟起口舌；白气绕过颧骨，兄弟互相防范。

十三、论法令

法令主管号令使之发挥作用，上连接八部三台之拱应，下带令地阁仙库之归朝。兰廷分明，以清楚为贵。法令两旁为根基，长而达到地阁者，会长寿；寿带短而入口者为螣蛇。

白阁道者曰："法令现在，金缕独镇江山。螣蛇侵入水涎，饿死台城，财食艰难。"只因漏槽被侵破，听到好消息也不欣喜，一定会印绶模糊。丰衣足食，只因为纹理又圆又长。缺柴少米，都因为法令冲破。兰廷带令，地阁朝天，寿星永远在南箕呈观；井灶空露，缺衣乏食于暮年。兰廷虚肿，要做奴隶；法令紫色，喜事临并有加封；法令青黑，灾病侵袭；酒舍横纹绝断，会因酒而致亡身。

十四、论鬓

鬓是脸面的丰采，可由此而决定人是贤是愚。取其黑光，绀清齐厚，滋润。单忌黄疏并乱卷。古语说："君子无焦鬓，小人无朱舌。"鬓深超过命门，多为贤德之人；鬓重发清，可许以翰林之职；鬓发清秀，眉毛富于光彩，早得荣华富贵；眉毛稀疏，鬓发光秃，老来孤贫；鬓重须清，一生有福；鬓轻须重，必做介优隶卒；有颧骨而无鬓角，办事易成；鬓发粗浓，终生劳苦，鬓发绀光，欣得禄位。

十五、论发

人有头发，就像山岳有草木一样。草木茂盛则山岳薮而不明，郁然不清。所以一个人头发多就不想让头发短，头发少就不想让头发长。头发短的人，以头发上有青光并且又细又长为贵；头发多的人，以头发又黑又长，颜色滋润为贵。长的胖的人头发不应过多，瘦人头发不应太多。头发粗硬直立的人性格刚强并且孤独；头发繁多并且有气味的人，昏滞而贫贱。发际低的贫穷，发际高的人性情温和。头顶后发高的人，性格孤僻、险毒。所以耳边无鬓的人，心怀毒刃；头发侵上眉梢，打乱额头的人，会多遇灾祸；鬓发粗而稀疏，财产和吃食都不多，没有富余；鬓发干燥，会忧虑一直到老年。

《鬼眼相》说："自古无浓发宰相，亦无秃发健儿。"小孩头顶上头发红，一定预示着要受刑罚之苦；老年头发和胡须都滋润，福寿双全。少年头发白，胡须焦，很难说他有福禄和长寿。头发白如仙鹤，颜面红似孩童的人，其身必享有仙境之乐；颜面焦黄，头发枯干，就会贫病不止；头发一直长到耳朵边，一定要提防饿死；鬓发卷得像螺丝，肯定会有刑罚之伤。额角上的头发稀少，这是多受刑罚、多受苦难的征兆；头发颜色发黄的人一定要提防克伤。头发颜色发红的人，多灾害；发色绀翠，荣华就会到来，发如青丝的人能登高位；头发长又少的人，老来会孤独穷困；鬓发乱长，定是狡诈之徒；发中赤理，会死于兵祸；额头上的头发又多又乱，须要提防父母。

十六、论须

胡须像山川的松柏。胡须光彩漂亮，且不染尘杂污秽的人，有生命发达的迹象。胡须枯黄直立，昏蝉晦滞的人，有败亡的迹象。所以少年富贵的人，两道眉是清秀的；老来福寿的人，胡须则长得非常滋润。

眉毛的浓和稀疏与胡须应相配，不应浓浊蓬乱；胡须要稀疏得依稀可以看见肉色，不应该焦黄毛细，胡须清亮健美，长得长的人，忌讳其飘来摇去；长得短的人，忌讳它锁喉；胡须多的人，应以清秀，参差不齐为好；胡须少的人，应健美、光彩，有情照顾为福。

眉毛像罗汉的眉，必使妻子受苦；长得一副判官的胡须，会伤害孩子。眉毛有八种颜色，会比贤臣还好；须清五道，忠孝高明；胡须卷得像螺纹，聪明豁达；亮得如银条的人，早做朝官。胡须发紫，眉立如剑，如果声音洪亮，再配上清奇的神骨，不被千里封侯也会做十年宰相；胡须如果毛短锁喉，这是秀竹开花的征兆，即使有做满一个月的宰相，若不败业，也定会恶死。

陈抟老祖说：长在上嘴唇的叫做髭，长在下嘴唇的叫做须，长在颐颏上的叫做髯。上唇有髭，会有厚禄；下唇有须，会做高官。宁可有厚禄而无高官，也不要有高官而无厚禄。有禄无官的人，又富又寿；有官而无禄的人，财富散而亲人离，纵使有高官，也属贫寒之象。

髭不过唇，朋友无情；头发重金而无髭，不可与之做朋友；胡须卷曲，鬓发卷起，必是贫穷汉。白麻子粉面孔，得到胡须的帮助，才有寿数。颜面扁平，胡须柔软，虽然清秀，不过只能做个道士，如果辅须先长出来，一辈子都会贫困。鼻毛与胡须相连接，会常常多有晦气。胡须短，和嘴相连，非常蓬乱，一定预示着又饥又寒，破败家业；胡须硬得像剑刃的人，掌兵权。如帚者赴法市，细而浮飘，粗而无纹，到老年就会万事皆空。

十七、论颈

脖颈，上扶六阳，下通百谷，不可不看占人的书，不可不辨别栋梁的道理。脖颈在上面扶着人的头，可为栋。在下面统领四体，可为梁，很高的自己屹立的是颈项。胖人的脖颈就该短，瘦人的脖颈应该长，如果与此相反，那么这个人不贫穷也会早死。如果太长像鹅颈，或者太短如猪颈，或者大如樱木，或者小如酒盅，这都是不好征兆。脖颈短而方的人，有福又有禄；脖颈细长的人贫贱。脖颈是整个身体的支柱，支柱若是倾斜，身躯就如同虚幻，他将必死无疑。项上有结喉的人多灾，颈有锁喉的人凶亡。又瘦又有结喉的人命途不顺，又胖又有结喉的人多灾，颈后丰满高高隆起的人，富贵。颈后有皮像丝绦的人，多寿。脖颈多斜曲的人，性情暗弱而贫困。颈上多有斑痕却不洁净的人，性情鄙俗而呆滞。颈往前倾的人正直有福。颈圆粗如虎颈的人，善良而多福；颈曲如蛇颈的人，狠毒而凶残。颈立和颜面相应的人极为富贵。头举起的人，早夭而贫穷，颈皮又薄又细的人贫穷而低贱。

十八、论肩

肩平厚而背项负弓，腰正直而有支坐磉。左肩比右肩高的人能白手起家；右肩高于左肩的人，会大大破败家私。肩阔面方，诸事都顺。肩阔臀尖，老无结果。肩似鸢鸟的人，定早飞黄腾达。肩膀平满的人，名扬四海。肩往下塌陷的人，诸事无成。肩部寒冷的人，无固定居所。后背，浑身就仗着它的端正宽厚。详细地考察它的丰满和塌陷，来确定其吉凶。背应厚不宜薄，应长不宜短。背部平阔丰厚者，终身安定。

袁天罡说：背像伏在地上的乌龟，他若是儒士，主早发达。背厚膀圆，威镇九州。背部前仰后俯，不贵则富。胸凸背凹，不穷则早夭。背圆厚如团，富贵双全。后背窝深如沟，主贫贱。背曲腰直，主子孙少。背厚胸阔，富贵双全。有背无胸，晚年孤独贫穷。背脊成坑，虚度光阴，不会长寿。女子背圆，必嫁聪秀之士。若鳖背龟胸，必贫穷好色。如背如屏风，主妻子得到加封、子孙得到荫庇。

十九、论胸

胸是藏有万事的机关，是神的宫廷，应博宽、厚平、广阔。胸部广阔，神藏而气壮；胸部浅窄，神露而不安，无收容之地。所以胸渐阔长平厚、颜色鲜润之人，智慧广而才能高，并且有福。如果偏凸侧狭，又粗又黑之人，一定贫困夭折，气量狭小，胸无大志。胸怀广阔，体态丰盈之人，必做王公。胸平阔厚，钱财稳定而充足。胸不匀称，不会有禄。皮薄无肉，衣食不足。胸窄而长，不可限量。胸凸高起，贫贱夭折。鸡胸鸭背，目光短浅而早夭。胸比脸短之人，孤独穷困，胸坑陷者，仕途艰难。胸有一点之光，必能成家立业。

二十、论乳

乳头者，运血脉之英华，居心胸之左右。其颜色黑白及大小，可以看出子孙的愚和贤。所以乳房开阔，又红又黑，又大又正的，

周易相学点窍

代表富贵子贤；狭窄细白，并曲屈向下的，是孤贫夭折之相。乳阔者，心胸开阔；乳狭胸窄者，忧虑愚顽，见识浅近，乳头大而黑者，贤能而多子；乳头小者，性格懦弱而断绝后代。乳头曲者，难养儿孙；乳头仰者，子如金玉；乳头低者，养儿如泥；乳头壮而方大者，儿贵如珍。乳头白黄者，子少有成就。乳头紫如烂椹者，子贵孙贤。乳头薄而无肉，衣食不足；充实而有肉，财帛丰多隆盛。乳头生毛者，多藏见解。乳头有黑痣者，必生贵子。

二十一、论腹

腹为水谷的海洋，脐为筋脉的源泉。它是身体的冶炉，安藏万物，汇总了六腑在其中，轮百谷之根基。

腹圆而长之人，不但吃得多，且有宽容的德气。腹是一身的根本。四肢润泽，其福将至；四肢干枯，其死将来。皮应干净而洁白，肉应红而滋润。势若垂囊，风雷四方之震，深能容李芝兰千里之间，满身罗纹。若不大看不拜，定做神仙。胸有透骨，必然大贵。泽腹方脐，必能胜任官职。腹大无毛，空求名利。脐贵乎深，而朝上腹应该下垂，向下腹有三壬，肯定会积蓄黄金。腹厚而坚，大成家业；腹小而薄，家贫无隔夜之粮。上尖下瘦削，穷苦难言。肚脐凸出，寿命夭折。有腹无臀，得不到儿子的帮助；有臀无腹，苦无财物。一身硬毛，骨肉就会被刑罚所伤。

二十二、论脐

脐为筋脉之根源，六腑中心之机关，肚腹之包藏也。所以脐深且宽阔之人，聪明睿智而有福。肚脐浅且窄的人，愚蠢而贫穷。脐低的人，思考得多；脐高的人，无见识、无气量。脐大能容李，名扬天下；小而尖凸，贫穷夭寿。脐含黑痣，叫做含珠，享受万钟的福禄。深宽阔大，方正朝上则富贵；不宜窄小，凸露下垂尖曲为低贱。

二十三、论腰

腰是腹的靠山，如物体依山而恃。上依靠着背，下靠着肾。背应又平又方，腰应又坚又厚。

老祖说："腰生叠肉，发财并能延年益寿。肾皮枯焦，则因病丧其身。有福的人，腰板直硬端方。薄福的人，偏陷而狭。有背无腰的人，早年能发迹，等到了中年就平平了。有腰无背的人，当初困厄，然后才能亨通。腰背两全，福寿俱全。腰如蜥蜴者，性情宽和，命运低贱。腰如黄蜂者，性情鄙陋而奸邪。腰陷而臀高者，早受穷而后享福。腰厚而无臀者，早年享福而后贫困。"

二十四、论臀

臀是后天形成的，由此可看出一个人的兴亡与败落。少年无臀，凡事难成、破败、离散祖宗。老来无臀，妻亡子丧，到处奔走。瘦人无臀，多学少成。胖人无臀，刷锅洗盆，有妻无子，孤独无穷。臀开腹大，诸事可成。女子臀大，下贱之人。臀尖翘，父子无感情。身长无臀，老无结果。身短无臀，难以发达。

二十五、论膝

膝盖是身体下部分的主要通路。膝圆如斗大，一辈子不会到公庭上去；腿大膝尖，半生招官家诉讼。膝大腿小，叫鹤膝，象征下贱；膝小无骨，预示少年亡命。膝上长筋，终生奔走不定。腿上长毛，终生不犯法。毛硬短粗之人，会招来刑罚；毛细软长之人，有福。膝腿如柴，老无结果。

二十六、论股肱

股肱是身体的根本。四肢规模，腕包脚肚，所以股肱不能没有。瘦人无股，败走他乡；胖人无股，命运难以限量。大人无股，常处贫贱之中；小儿无股，恐怕难以长大。

二十七、论臂

臂至肘，名叫龙骨，肘至腕名为虎骨。龙骨应该比虎骨长大，虎不应长于龙。双手长度超过膝盖，是盖世的英雄；脚长手短，奔走他乡。

二十八、论下部

谷道急而方者富贵，水道宽而圆者下贱。大便细而方者富贵，小便如撒珍珠的人富贵。阴部长黑痣的人富贵，独肾方刚者贵。大便迟缓者富寿，速细者夭贱。小便直如篙攒者贱。

柳庄说："寿夭穷通各有因，相来僻处便惊人。阴头有痣人多贵，谷道无毛一世贫。"

二十九、论饮

口唇是饮食的门户。齿为关锁之坚固，舌为机轮为运化。喉为出入之要路，广大的人，不但饮食能流通，而且性情有宽容之度量。饮食，是精神与气血脉络的根本。吃东西时要快而不要停留，要吃得仔细而不要着急，啜不要发出响声，吞下去时也不要有声音。口中含着食物不要说话，咀嚼食物时不要发怒，拿东西时要慢而有秩序，嚼东西时要从容。下手要缓，张口要急，坐着要端正文雅，头要平正。吃东西快的人易肥，食迟者常瘦。吃得少却长得胖的人，必情宽和；吃得多而又瘦的，性情率乱。仰起头来吃东西的人贫穷，嘴如鸟啄的人贫寒下贱。闭口吃东西的人不正义，吃东西时牙齿露出的人辛苦，吃饭如老鼠的人是挨饿的命。吃东西像马的人是穷人，嚼东西像牛的人福寿。吃东西如虎的人将来定做将帅，食如猴者使相，食如羊者尊贵而荣耀。在舌头处咀嚼的人，一生寒苦。吃饭缓慢的人终身穷饿。

三十、论行

行者为进食之礼节，可以分辨贵贱。人的行为好，如同船遇上了水，无处不顺利。不善行如同船离开了水，必有漂泊溺没遗患。所以贵人走路时，像水之往下流，身体动摇；小人走路时，就像火苗已经烧到他的身上，身轻脚轻。走路时不要把头昂得太高，肩膀不要侧身，腰不要折，步伐不要乱。太卑下就弯曲了，太急就显得暴躁，太缓就迟了。与人周旋不失其节操，进退有度数之人至为显贵。抬脚要急，龙行虎步，极为显贵；鹅行鸭步极富有；走路时腰肢发软如蛇，并且身体弯曲的人，心中多有毒害。如马一样走得快并且头颠来颠去的人，大多劳碌奔忙。走路像雀一样跳来跳去，不像乌龟那样走路的人，预示寿长；如鹤步预示着要做公卿；如牛一样走路的人富有，善良。走路时脚跟不着地的人，流落异乡。抬脚要急，进身往前要迟缓，起步要阔大，俯然而往，不碍滞的人，是富贵相。行路时多思并且自言自语的人卑贱，走路走一步就一俯一仰的人卑贱。

三十一、论坐

行者属阳，坐者属阴。行预示着动而性情稳定，坐预示着静而性情冲动。人像凝固了的样子坐在那里，这是讲究坐的道德。膝盖摇来摇去不固定，是最坏的坐相。人应该立着像松树，坐着像山，走路时像水。身体要重，步子要舒缓，这才是行中最好的。树木摇来摇去，就会把叶子摇败；人摇来摇去，也同样会把财摇跑，这是常理。

三十二、论五音

五行散而为万物，人生万物之上，其声也可分辨五音。所以，木音嘹亮高畅，激越而和；火音焦裂躁怒，如火烈之声。金音和而不戾，润而不枯，如调簧奏曲，玉磬流音。水音圆而清，急而畅，感于条达之间。与形相养相生者吉，与形相克相犯者凶。

三十三、富贵格

形厚神安，气清声扬，眉阔耳厚，唇红鼻直，面方背厚，腰正皮滑，腹垂牛齿，鹅行已上，皆富贵之相。主少年奋发，家财丰厚。

三十四、大富格

耳大贴肉，鼻如截筒、悬胆，面黑身白，背耸三山，声如远钟，

周易相学点窍

背阔胸平，腹大胸平，腹大垂下，头皮宽大，主大富。

三十五、中富格

三停平等，五岳朝归，五长俱全，五短俱全，五露俱全，眼如丹凤，身似鸣钟，秉此样之人，主中富。

三十六、贵相格

面黑身白，面粗身细，脚短手长，身小声大，龙来吞虎。面短眼长，不臭而香，肉角少顶。以上皆贵相。如果人有此相而求功名者，官高职显；求财利者，钱谷巨富之相也。

三十七、大贵格

虎头燕额，日月角起。伏犀贯顶，眼有定睛，凤阁插天，两手垂膝，口中容下拳头，舌头可伸至准头，虎步龙行，双凤眼，此为大贵之相。

三十八、中贵格

须如铁线，耳白过面，眼如点漆，上长下短，口如四字，三十六牙，龙吞虎吻，此为中贵之相。

三十九、小贵格

天庭高耸，地阁方圆，小便如珠，大便方细，齿白而大，眉疏目秀，口如弓角，唇似珠红，此为小贵之相。

四十、富相口诀

圆腰背厚者富贵。有梁柱左右颧起，口方而地阁方圆，四维有朝拱状者，主富之相。气色润秀，身体细腻，面天平满，骨骼古怪清奇者，主富。手背厚，行、坐、立、食端正者，主富。精神秀异，举止沉重，主富之相。

四十一、贵相口诀

看五官，贵在眼有神，有骨耸秀，皆异于常人。身短而面长者贵，面方眼长者贵，肩背重厚者贵，头有角骨者贵，面有骨骼者贵。

凤目龙睛者贵，额有角起，声音清亮者贵，耳白如面，额有袱头有棱者，贵。胡须似铁，手足似玉，不贵而富。

四十二、寿相格

颧骨重贯耳者寿，命门光泽者寿，项下有皮如绦者乃长寿之相。双绦，妻子偕老，一绦则孤。人中著齿而齐者福寿。喉音高的人，卧而不喘，这叫龟息，也是长寿之相。颧骨相连入耳，后骨高起，年寿上下陷者，主长寿。耳是木星，又为寿星，山根上正直者，主福寿。耳后有骨，名寿星骨，生得丰隆者，福寿。鼻梁隆起者，寿相。

五岳丰隆，法令分明，眉有长毫，项有余皮，额有横骨，面皮宽厚，声音清响，背厚负肉，胸前平阔，齿齐坚密，行坐端正，两目有神，耳有长毫，鼻梁高耸，以上皆长寿之相。

四十三、孤神格

颧骨生峰——主孤无子。终有，也是螟蛉儿，此乃俱不得力之相。

耳无弦相——主父母妻子生离死别，田园耗散，无祖业之相。

面无和气——主有妻无子，父母隔各，六亲无情。

眉棱骨起——主三妻，有破祖，无情。主有宿疾，性刚气暴。

眼下无肉——主儿女有克，得力者少。与人无情，小人不足之相。

四十四、寡宿格

面无人色——主与人寡合，为人心毒，最爱便宜。

处事不和——主人常招是非，主孤，有妻无子。

不爱老幼——主六亲不和，救人无功。

眉头常蹙——主早年克伤，见孤单不伤，妻女早见刑伤。

不哭常泪——必主伤妻克子，晚景孤单，一双流泪眼，只会送人亡。

四十五、亡神格

头尖项大——主人牢狱刑伤，性急无定。

面小鼻大——主守空房，为事颠倒后悔，财禄俱滞，一生穷困。

须拳鬓卷——主人凶暴，性狠毒。

鼻梁横起——主与朋友难交，性严难犯。

四十六、劫杀格

眉高枯棱——主妻子难为，六亲如冰炭。性情不常。

鼻梁尖薄——主杀妻害子，其心最毒，孤单之相。

眼深无肉——主人奸诈便宜，早年父母不得力，兄弟分离，财寿不足。

喉下结高——主伤妻子，寿命不常。

四十七、六神格

面多漏气——主作事犯重，妻子重见，亦主离亲之相。

眉眼不朝——主为人六亲不和。

口角下垂——主为人爱便宜。

齿乱牙疏——主骨肉不和，阴人不和。

星辰不拱——主背禄奔波，无成无立。

眉目杂乱——主有人口，生离死别，百事无成。

四十八、六害格

鼻尖齿乱——主自家不睦不和，阴人不得力之相。

悬针梁露——主兄弟分离，父母隔各，持刀弄斧。

肉露肉横——主为人反面无情，为事不仁，女人主孤。

四十九、华盖格

横纹额上——主人幼年辛苦劳禄，妻迟子晚，又主孤单。

眼人露堂——主人有艺压身，为人悭吝。

鼻准丰大——主为人心善爱道，为事能进退。

额上高骨——主有寿，不染瘟病，刑妻子。

五十、羊刃破家纹

印堂上穿——主持刀把斧，性重，别祖离宗之人。

鼻露尖薄——主田宅破耗，屋宅破财，限行到此，必危。

鼻梁剑脊——主六亲如冰炭，三十九六一厄，末年田园耗散。

两眼昏沉——主一世贫穷，奔波劳碌，妻离子散。

鱼尾偏亏——主小人不足，妻子刑克，财散。

面如洗光——主自破家产，一世贫穷。

皮薄绷鼓——主人无寿，一生财禄不聚，奔波劳碌之相。

灰土尘蒙——主为人死无所归。

五十一、面上十大定亡

额尖为天定——额尖绷鼓，官贵无分，祖业难招，主孤刑，父母有伤，五十不齐。五十以前，凡事不利。

颏削为地定——无地阁，主晚岁孤寒，妻子难为，无结果之处。夫妻隔各，六亲不和。此为平常之相。

天仓陷为一定——此定主食禄浅薄，主人斋戒，口腹浅薄，得祖业难招奔波，晚景辛苦之相。

面无城廓为一定——此相大忌，主人无成，虚花无寿，亦无祖业，此为平常之相。

山根陷为一定——此定主人离祖，六亲无力，骨肉无情，兄弟隔阂。

风门露为一定——此定当主财散，六亲隔各，夫妻不能偕老，庄田祖业，主有破难存。

须不过唇为一定——此定主为人费力，朋友无情，财帛破耗，主其子孙不得力之相。

耳无弦根为一定——此定之相，主人破祖离宗，身无居住之地，财禄耗散，无成，也无结果之相。

唇无须为一定——此定主孤刑，晚景贫寒，衣食困乏，决无妻子，若有，定是虚花到头，一场辛苦，此相为贱相。

五十二、十杀格

人行如醉为一杀，鼻曲者为二杀，面如散麻者为三杀，面如瓜萎为四杀，眉浓为五杀，豺声为六杀，声高为七杀，寅甲戌为八杀，口阔为九杀，眼大为十杀。

五十三、奸诈格

斜视者多诈，口尖唇薄者多妄；冷笑无情者多诈，偷视不正者多诈，视上顾下多诈。妄说言语如太急者多诈，牙齿疏者多诈。鼻尖毫出，眼细视低，口角高低，步履纵横，行步不匀，脚步高低，多诈之相。

五十四、宽大格

升斗满，部位中心，印堂开阔，诸部圆满，鼻窍微露，阴德眼，上下堂有黄气，黄气精舍。加上地阁朝天，耳有轮廓，朝水口，有棱角，眼带桃花，眉如线，又如新月，久视之意气可人，宽厚之相。

五十五、贪食格

鼻如鹰嘴者多贪，心狡；眼红者多贪，心毒；眉卓多贪，嘴尖者多贪，鼻勾者多贪。

五十六、劳碌格

眼长多劳碌；骨粗多劳碌；面如马面驴唇，劳碌。眉重气弱者劳碌；鱼尾纹多者劳碌。

五十七、四反格

耳无轮，口无棱，鼻仰孔，目无神。

五十八、三尖神

鼻尖，头尖，额尖。

五十九、六削格

眉无尾，额无角，目无神，鼻无梁，口无棱，耳无轮。

六十、恶死格

眼睛黄色，主猝死。眉卓如刀，主横亡。面黑，常带怒容，眼中如血者，皆主暴亡。赤脉贯睛，鼻露梁，主恶死。眉生逆毛，主恶亡。

六十一、溺水格

人中交纹，溺水招魂。额上忽然有尘污者，五十天内主坠水而亡。眉间有黑子，初年有水厄之忧。痣生鱼尾之中，主水厄之忧。

六十二、火灾格

山根赤发红，七日之忧，慎火。天罗纹在额上出现数十条，有灾，遭火殃。痣在眉毛，终年必遭火厄。

六十三、妻美格

蚕下黄色起纷纷，贵人欲要立为婚。有妻必是多贤德，才子文章入帝京。

神机先生说："准头圆窍、不露、不昂，兰台廷尉二部相应，主得美貌之妻。山根有奇骨伏起者，为婚得贵妻。眉毛如画者，一生得阴人之财。"

第十章　痣相总断

痣带赤色者，主口舌、争竞；带白色者，主忧惊，刑厄；带黄色者，主遗亡，失脱。

面有黑痣者，左富右贵。左眉主财，右眉主寿；泪堂，听穴主聪明。子宫五、六、七三台者，主贵子；其他皆不为贵也。

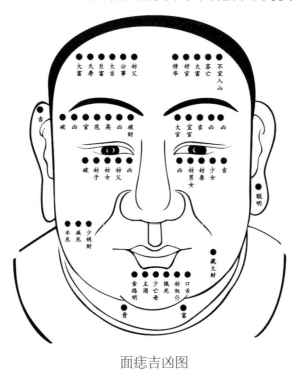

面痣吉凶图

第一节　头面痣神断

头面有痣者，如黑痣生发中者，富贵；近头顶上者，极贵。额上有七星者，大贵。

天中妨父。天庭妨母。司空主妨父母。印堂当中，主贵。两耳轮上，主聪慧。耳内主寿。耳珠上，主财。眼弦上，主作贼；眼下有黑痣，血泪痣，主哭泣不止。口有黑痣，主道路中死。元珠有痣者，主孝子。两颧骨面生黑子者，居官失职。山根上，主克害；山根下，主兵死。鼻侧，病苦死。眉中，主富贵。目上，主穷困。唇上，主吉。鼻头上，妨害，刀厄。鼻梁，迍蹇多滞。正口，言取祸。口侧，聚财难。口中，主酒食。舌上，主虚言。唇畔，主破财。口角，主是非。承浆，主醉死。左相，主横夭。高广，妨二亲。尺阳，主客死。辅角，主兵亡。边地，主外死。武库，主兵死。山林，主离伤。虎角，主军亡。劫门，主弓箭死。鱼尾，主市井亡。奸门，主刀刃亡。天井，主水厄。元中，主清情。夫座，主夫丧。妻座主丧妻，长男，主克长子。中男，主克中子。少男，主克三子。金匮，主破财。上墓，主无职。命门，主火厄。仆使，主为贼。婴门，主饥寒。小使，主贫薄。妓堂，主克妻。外宅，主无屋。奴婢，主无奴婢。坑堑，主落崖。陂池，主溺水。墓上，主客亡。三阳，主克子孙。盗部，主奸窃。细厨，主乏食。祖宅，主移居。大海，主水厄。年上，主困贫。地阁，主少田宅。刑狱，主刑厄，破散。

　　凡面部多斑点者，均主少年不吉，其应事浅。若为雀卵斑（俗称雀斑），与痣同断。

第二节　身体上下痣神断

　　两肘近上，谓之死门，主病厄。

　　两臂外，谓之厄门，主刀刃亡。

　　两肘内近下，谓之臂垒，主富有。

　　两肘下，谓之金匮，主富，并好道释。

　　手堂，即掌心，主富贵；手背，即掌背，主生财。

　　两曲池穴外，谓之神庭。主妄邪，神经衰弱。

　　两曲池穴里，关骨上，又名盗部，主被盗。

　　闲人按：使屈交向前，肘头在后，则神庭在前，盗部在后。

两臂屈交中，谓之后收，主技巧。

两臂挟，主财富。腕颈谓之前收。

两曲膝后，谓之财苑，主牛马六畜。

两肘头，主灾厄。

两腿上福府，主驱使奴婢。两腿后德庭，主福德旺相。

两足膊骨上，谓之荣源，主奔波劳苦。

足指间，谓之外库，主多仆使。

两乳上，谓之男女宫，主男女多。一说左乳多子，右乳有痣多女。

两乳下，谓之左右宫，主积蓄金帛。一说左主钱财，右主田宅。

两乳当中，谓之福穴，主福寿而安乐。

闲人按：凡胸膛丰隆之乳房俱属男女宫，两乳头间之凹洼部位，于女性为乳沟处，是为福穴，非两乳头之谓，切勿混误之。

心窝上，谓之灵穴，主智慧兵权。

脐中谓之龙关，主福智，生贵子。脐下两旁，谓之左右野，主贵而且乐。

两膝骨上，谓之威扬，主得名威势。

两膝头上，谓之五府，主蓄积财。

两肩上有痣者，贫者。两肩前者，主人性淫。两肩后者，主有财禄。两臂上谓之崇邱，多主产业而贵。

闲人按：崇邱者，约当手臂肌肉贲起邱近肩者，上而近腋曰死门，下而近肘曰臂垒。

两足底下有痣，谓之宝藏，主封侯伯。

相传安禄山两足底俱各生一痣。又传说足底痣与腹底痣相呼应。

第三节 黑痣与斑点

一、黑痣

天中黑痣不宜居，男妨父母女妨夫。若见天庭忧市死，印堂官事或才储。

寿上黑痣尤自得，承浆若有醉中殂。女人地阁须忧产，沼狱或见死囚拘。

黑痣须妨左厢出，若临高广二亲无。尺阳主往他乡殁，鱼尾奸门盗贼辜。

华盖暴亡天井水，太阳官舍外阳逋。武库主兵边地远，游军之阵或兵诛。

或主书上忧无学，井部宜防井厄虞。小使会堂并内阁，主无待养自区区。

不修尤怕看门阁，祖宅如生没故庐。命门作事无始终，学馆看来学岂余。

正口嗫嚅多咀喁，帐厨妻室恐难胥。山根鼻准兼廷尉，家业飘零骨肉疏。

眼下悲啼当不绝，耳根双出倒商途。正面所为皆不遂，人中或有立身孤。

坑堑陂池并大海，诸方不见始安舒。拥旄仗节何由得，有痣深藏足底肤。

五彩如龙下绕臂，梁武贵妃生赤痣。七星左胁贵为郎，未若班班七十二。

二、斑点

雀斑者，主妻子难为，做事犯克，事爱便宜。女人伤夫克子，天年不吉。

痘斑者，主作事犯重，极其奸诈便宜。男伤妻克子，三度做新郎，女人有之亦如是也。

第四节　神相黑痣吉凶探原

一、黑痣

皮肤之有黑痣，犹之沃壤产嘉禾，瘠土生莠草也。是以人之骨格高明，血脉疏畅者，则生奇痣，以彰其贵。人之骨格平庸，血脉蹇滞者，则现恶痣，以表其浅。其黑如漆，其赤如珠，光泽美艳者，多主大贵，惟必须生于隐处，不妨碍部位之进化，始有特效。若黑而灰，红而滞，生于明显之处，皆不足取。

书云："足生黑子，为有禄之人。"盖非明显之处也。

其他杂色，既无色彩，又为部位之障碍者，均未可以善云。

至于雀卵斑点，无论男女，对于夫妇子女，不免多属刑克，岂止好行奸诈，酷爱便宜而已哉？

二、富贵痣

黑痣在发，富贵。额有七星，大贵。印堂，正中，贵，又主管事，须细辨其形色。眉中，富贵。耳珠，财。山林，大财。（原注：亦主虫伤，可辨颜色）耳内，寿。粒越大，象征力亦增强。圆形主贵，浅淡者鸿运当头。痣头生长发毛较短者财富。痣粒光滑，逢凶化吉。足踝痣，女力求自足，男出人头地。右臂痣，事业成功。背部痣，好友乐交。胸部左右痣，大财。妇女胸口痣，爱情专一，左颊痣，生活美满，但亦遭挫折与失败。下颚两边各生一痣，不论男女，有求必应。右眉痣，早生贵子。脚上痣，有智慧机警。手背痣，伟大成功。腰部痣，讨人喜欢。大腿痣，连生贵子。右腿痣，乐观。臀部痣，乐于助人。右额痣，心才特佳。鼻头痣，妇女品性可爱，男人怀有大志。唇边痣，快乐。脐黑痣，食禄万钟。龟头痣，主寿。阴有黑子，主贵。

三、刑克痣

1. 克父母者

天中，刑父。天庭，刑母。司空、高广、双亲并刑。法令有靥，左损父，右损母。

2. 克夫妻者

夫座，刑夫（父）。妻座，刑妻。夫妻宫则克夫妻。山林、寿上，皆主刑。

3. 克子女者

长男，刑长子。中男，刑中子。少男，刑少子。凡泪堂三阳见，皆刑子。眼弦底有黑子者，有子刑尽。人中黑子，则养螟蛉。

四、凶终痣

1. 刀兵死者

山林，出伤。奸门，刃伤。鼻头辅角，兵死。武库，无职。虎角，军亡。劫门，箭死。

2. 水死者

天井，水死。大海，陂池，眉中黑子，水死。承浆，醉死。

3. 客死者

尺阳、上墓、边城、鱼尾、耳根黑痣。

4. 近死者

凡面身上忽然生红黑斑点数十者，近死之兆。

五、破财痣

眉上、目上、年上、主穷困。两颧黑子，破败失职，退财。口侧，难聚财。口角，无要职。唇下、金匮，皆破财。地阁，少田宅。（原注：女人更忌妨产难）

六、其他

痣有角或边缘，运坏，痣颜色深厚，运坏。

痣毫发较长者，忙金钱。脐下痣，懒怠。左臂痣，运坏。

小腿痣，同情心少。臀左边痣，无幸福。肩部痣，辛苦。

喉部痣，暴躁。两耳后痣，闯祸。左眉痣，运坏。左膝痣，错误百出。

七、前贤异痣

朱夫子，左面七痣。关夫子，颏聚七星。

文王，一痣生于四乳之中。张守圭，足底一痣，贵为刺史。

安禄山，足底左右各一痣，后果两处刺史。汉高祖，左股有七十二黑子。

第五节　人伦大统赋

一、轮黡生乎黑子，智足经邦

在耳朵的轮黡上生有黑痣，普通的说法是"左聪明，右孝子"。

二、黑子刑克论

人中有痣，上则克母，下则克子，中主克妻。女人亦然，只是其痣不正，且主欺心害夫。只有朱砂痣一概主吉。

三、手上痣

手掌手背有黑痣大多主吉祥，惟手掌上的黑痣，不宜冲破主纹。手上的痣，色如朱砂者，上上吉，黑如点漆者，次吉，总要圆明突起，红的鲜红，黑的漆黑，有光彩，气象润发，无疑是交好运，做官的"禄位高升"，居家的"人兴财旺"，凡事顺心如意。

四、皈依三宝痣

头顶火星位，九痣排如和尚皈依之炷疤形者，主心慈好善，勤于礼佛，远酒色、财气，轻富贵，脱俗逍遥。如有炷疤形痣未全九数者，亦受戒未成，凡心未脱尽。

五、各部痣所主吉凶

法令严明：两法令上各生一痣，介鼻唇间合格。

喜上眉梢：痣生眉尾尖，一痣有喜，二痣全，双喜。

克夫克妻：奸门有痣，一痣克一，二痣克二。

满地金钱：人中以下布满痣者，合格，万贯家财。

满天星斗：双眉以上火星下布满痣者，合格，佛门富人。

目不识丁：生在两眼上眼皮者，目中无人，鲜通文字。

眼泪汪汪：生泪堂下至是廷上者俱属，一边单愁，二边双愁。

只见财来：痣生二眉中，痣多进财亦多。

万里知音：两耳中间及人轮有痣，聪敏知音。

高朋满座：痣生两耳天轮，痣多贤友多。

阴阳双合：额两旁各一痣对称呼应，主夫妇和合。

鸳鸯拜堂：兰台、廷尉各一痣，神仙眷属，相敬如宾。

四季如春：颜面地支四正位各一痣，宽宏和气。

鱼门三及浪：头顶、山根、颂堂各一痣，天生艺人。

五心烦躁：印堂、寿上、准头、两泪堂各一痣，五心烦躁，劳多少成。

南斗星君：额布七星如南斗，贤良清吉如仙人。

五福临门：天中、颂堂、两耳下，准头各一痣，主出五子忠良，或五代同堂。

梅花盖头：火星、天庭、中正、两边城各一痣，清雅机谋。

三星在户：寿上、左右颧各一痣，三痣全合格，福禄寿大吉昌。

福禄寿者：准头、兰台、廷尉各一痣，全合格，本人享福禄寿而有不全美。

三餐不保：承浆金缕并排三黑痣，多节食少餐。

公侯宰相：食禄骨（喉结）一排三痣全，公侯将相。

千杯不醉：人中、法令、一排三痣全，嗜酒不醉。

三元及第：天庭及两山林各一痣，直步青云。

丰衣足食：生在上唇，丰衣足食。

出口成章：出在下唇痣，文章盖世，聪明多能。

独占鳌头：痣生鼻尖准头，名利双全。

必定如意：痣生人中，凡事如意。

一枝独秀：年上有痣，白手荣贵。

一本忠心：寿上有痣，忠仁乐善。

二龙戏珠：痣生印堂，性刚义气。

双凤朝阳：痣生山根，男有齐人之福，女马双鞍。

一世同春：离发际八分至一寸，位居天庭天中之下有痣，一世快乐。

满室春风：眼下兰廷上布满者，合家欢乐。

三餐必荤：下嘴唇与左右口角一排三痣全，食必荤肉，食禄自余。

寿高老彭：承浆一痣，享高寿。

少年得志：痣生中正，少年得志。

吉星高照：火星有痣近发际，诚直仁善，逢凶化吉。

一门吉庆：痣生天中，家运隆昌，一门吉庆。

客死异乡：痣生左右丘陵，客死异乡。

聪明玲珑：痣生耳眼平前之颧骨边，学富超群。

克父克母：痣生左右山林，近发角，左克父，右克母。

青龙白虎：痣生日月角，二痣龙虎会而主贵至极品，左青龙为豪杰，大吉，右白虎，不吉。

性暴妨父：痣生左右辅角，一生不吉。

养子送终：痣生帐下，及兰台下，孤独无儿，养子送终。

难得小财：痣生右口角斜上，即雍州位，多谋无成。

大官大贵：痣生两眉牛角，清吉贵显。

疾病延绵：痣生井部，多灾病。

贪官污吏：痣生比邻，奸谋欺诈。

清秀文官：痣生太阳、太阴，正直勤政。

福星高照：痣生口角，和蔼福厚。

水患刀兵：堂上生痣，天破人害。

妨妻损妻：眼下夫妻座生痣，夫妻妨损。

酒色成凶：居宅之痣，左主酗酒，右主贪淫，二痣主酒色猖狂，破败，贱亡。

水厄火灾：痣生两耳垂珠下前，多天灾地祸。

龟头：主贵子，正中者尤。

阴囊：左主贵，右主富，左右俱有痣，一生富贵。

痣生心窝：男主兵权在握，女主刚暴掌权。

腹底二痣：痣生脐下正中间，上下直到痣者，合格为显富。痣生脐左边，主大贵。痣生脐右边，主豪富。左右均有痣，主智慧超群，有谋略和才能。

六、上肢痣

1. 左上肢痣

（1）畅达：生在左手肩膀头部是也，此痣主人做事无阻，求名于朝，求利于市，均是一帆风顺。

（2）进财：生在左手膀外侧，及蟆股之位是也，主日日进财，时时进玉，只见金银来，不见宝贝出。

（3）藏珠：生在左手膀外侧，及进财下一寸部位是也，此痣主男女多积财利，宝贝满厢，珍珠盈仓，囊中不空，手中不缺，头顶金瓦，脚踏金砖，美不可言，发达无边。

（4）多舛：生在左手弯外舛骨，此痣主人一生时运不济，凡事失败，只见财去，不见财来，多行逆境。

（5）大方：生在左小肋中间外侧，此痣主人做事大方，不私不苟，正正当当，无欺无诈，清白可鉴。

（6）高明：生在左手弯寸尺后边，此为高山打鼓，有鸣出外，广见广多，开门见山，智慧超群。

（7）失财：生在左手背，无论前后左右，主人一生不聚财产，左手来右手去，终是两手空空，故为失财。

按：西方士永贤先生痣注，读之若不确当，今从其说注图，宜自考证之！

2. 右上肢痣

（1）顺遂：生在右膀肩头，无论男女，皆主做事顺遂，一生少遇挫折，平安吉庆，人口兴旺。

（2）招财：生在右手膀侧，蟆股之位是也，此痣主招财进宝，不论经营何种事业，不愁失败，利自常来。

（3）怀宝：生在上手膀中间外侧，及招财下之位是也，此痣多主身怀珠宝，囊中钱财不断，手上金银放光。

（4）运蹇：生在右手膀弯骨之侧，此痣不分何人，皆主不吉，凡事不成，经商无利，求职少贵，衣食困难，财源不足，家中人口不安，时患病魔，抑或灾难重重，一生少遇春天。

（5）多情：生在右小手膀外侧，中间之位是也，此痣女子逢之，有夫不利，无夫可也，男主招蜂引蝶。

（6）有能：生在右手腕上下螺骨统是也，不分男女，多才多艺，智慧玲珑，巧妙计高，手工特强。

（7）破财：生在右手背，不论前后左右，皆主财不能存，手掌难握，左手来，右手去，终败空。

第十一章 痣斑纹痕及麻面相理

第一节 痣斑相理分析法则

人的面庞或身体上长的痣斑，乃自然的生理现象和病理现象，观相者不可将痣斑神秘化和迷信化。

痣斑是人体内部五脏六腑各种大小病变所放射出来的毒素，未能被水谷二道及汗腺排出，通过血液循环和经络互动作用，将毒素余烬推送至面庞或身体上内脏器官相关联的穴位或生理反射区。经过日积月累，毒素余烬沉淀在皮肤表面而不成粒者则谓为斑。从痣斑出现的穴位与痣斑的颜色，可以推知人过去内脏器官曾发生过何种病变。

痣斑有刑克父母妻子或损财败业的说法，是因为痣斑生长在面庞最重要的部位所致。例如痣斑生长在日月角（父母宫），象征其父母在事业、健康或心性方面必有不如意的方面，因为日月角代表父母遗传的状况，先人倒说成日月角有痣斑必定刑克父母；婚姻宫有痣斑，象征人小脑（内分泌系统）或肝脏曾经发生过病变，因此，其与配偶作内分泌交换时，必定不利配偶或个性方面有严重瑕疵，影响配偶的精神生活、健康和事业，先人谓之克夫或克妻；子女宫有痣斑，象征人生殖系统曾有病变或心性行为方面曾有严重瑕疵，因此对子女遗传不良，子女在健康、智慧、个性方面必有一差，先人将此说成刑克子女。痣斑长在十三部位或其他重要部位，均象征人的脑组织或内脏器官曾发生过病变，人的健康、智慧、个性方面曾受到或大或小的损伤，当其流年行运到达有痣斑所处的穴位时，身体内部就会发生负面的生理障碍现象，事业上或健康自然会发生或大或小的差错。

现在是科学高度发达的时代，专门从事命相研究的人员就应把痣斑的形成原因和其相理作用向世人交待清楚，不必夸大痣斑对命运的影响。

痣斑依外表的颜色可分为"善痣"与"恶痣"两种。如颜色朱红、漆黑或白如玉者可归类为善痣。善痣形成的原因，亦为人体内部的生理作用。凡脑组织和内脏器官先天遗传良好，后天运转正常，并受到祖先父母行善积德或自身行善积德的心理刺激，而促使脑组织和内脏器官产生优良的素质，经过血液循环作用和经络互动作用，这种素质堆集在五脏六腑相关联的穴位或反射区形成善痣，象征其健康、智慧、个性之优良。恶痣形成的原因是脑组织和内脏器官先天遗传不良，后天因病变而产生毒素，或因承受祖先父母或自身损阴骘的心理刺激，促使脑组织和内脏器官产生毒素，经过血液循环作用和经络互动作用，这些毒素堆集在五脏六腑相关联的穴位或生理反射区而形成恶痣，象征其健康、智慧、个性之不良，运程不顺。恶疾的颜色大都为褐黑色、灰黑色或枯白色，均暗而无光。祥运则生善痣于隐处，败运则生恶痣于显处。所谓善痣生于隐处，系指眉发之内或身体之上；所谓恶痣生于显处，系指生长于面庞当阳之处，至于面庞或身体上所长出之"黑色素瘤"或"白色素瘤"或"红色素瘤"或"肉笋"，乃是因皮肤病变所产生，与痣斑的吉凶性质完全不同。

痣斑也会因脑组织与内脏器官健康状态的变化而发生变化，善痣可变为恶痣，恶痣也可变善痣。例如朱红色的善痣变为赤黑色，漆黑色的善痣变为暗黑色，白玉色的善痣变为枯白色，这些都象征脑组织及内脏器官健康有退化现象，或因自己损阴骘心理影响生理所致。恶痣由赤黑色变为朱红色，暗黑色变为漆黑色，浅灰色变为白玉色，或恶痣上长出黑毛，或褐色小斑慢慢褪去，象征其脑组织及内脏器官健康状况有了进步，或因病变带来的损伤已完全复原，或因自身行阴骘心理影响生理所致。

一、头面痣斑相理好坏标准

1. 头面善痣

善痣（含黑痣、红痣、白痣及黑子、红子）生于发中，主男性有成就又长寿，女性则可嫁有成就之夫。

善痣生于头顶中央者，主有大智慧，可为圣贤。男女同论。

善痣生于额，主非富即贵。

善痣生于印堂，主有大成就，但女性孤独。

善痣生于两耳，主聪慧。男女同论。

善痣生于耳内，主高寿。男女同论。

善痣生于耳珠，主有财并有孝心。男女同论。

善痣生于眉中，主技艺超群并有财。独论男相。

善痣生于山根，主有大成就。独论男相。

善痣生于鼻准，主其人有大成就。独论男相。

善痣生于口旁或唇上，主一生衣食丰盛。男女同论。

善痣生于食禄仓，主一生衣食不缺。

善痣生于舌中，主善言词又喜美食。

善痣生于龙宫泪堂，主子孙显达。

善痣生于奸门、鱼尾，主配偶贤能、婚姻美满。

2. 头面恶痣

恶痣（含黑子及斑点）生于天中，主克父。男女同论。

恶痣生于天庭，主克母。

恶痣生于上墓，主一生工作不顺，常常失业。

恶痣生于司空，父母均克。

恶痣生于左厢，主遭横祸而亡。

恶痣生于高广，主刑克父母。

恶痣生于尺阳，主外死他乡。

恶痣生于辅角，主因战乱而死。

恶痣生于边地，主外死他乡。

恶痣生于山林，主离乡别祖。

恶痣生于武库，主因战乱而死。

恶痣生于虎角，主因战乱而亡。

恶痣生于两耳，主幼年疾病，中年官非败业。

恶痣生于耳背，主忠言逆耳。

恶痣生于耳根骨，主死于交通事故。

恶痣生于命门，主有火厄，一痣应一次，多痣应多次。

恶痣生于刑狱，主有牢狱之灾。

恶痣生于两颧骨，主为官者主失职失官，经商者主合伙不利，一般之人主招小人损财。

恶痣生于山根，主刑克六亲和配偶。

恶痣生于山根下部，主因战乱或意外死亡。

恶痣生于妻座夫座，主克妻丧夫。

恶痣生于年寿之侧，主因病而死。

恶痣生于年寿，主一生运程蹇滞。

恶痣生于年寿正中，主一生运途蹇滞。

恶痣生于眼上，主一生多败运。

恶痣生于劫门（即劫路），主易遭血光之厄。

恶痣生于鱼尾，主死于市井。

恶痣生于奸门，主因血光之灾而亡。

恶痣生于天井，主有水厄之灾。

恶痣生于长男，主克长子。

恶痣生于中男，主克中子。

恶痣生于少男，主克三子。

恶痣生于眉中，主水险及手足受伤。男主手伤，女主足伤。

恶痣生于眉上，主多败运，难享父荫母荫。父左母右，男女则反论之。

恶痣生于准头，主血光之厄。

恶痣生于唇上，主容易破财。

恶痣生于正口，主因言嫁祸。

恶痣生于口侧，主贪吃而难聚财。

恶痣生于口角，主多口舌是非。

恶痣生于法令，主有消化系统或神经系统、下肢系统之隐疾。女性主上肢有疾。

恶痣生于舌中，主巧言令色多虚言。

恶痣生于承浆，主消化系统有疾，忌醉酒。

恶痣生于仆从，主与部属少缘。

恶痣生于婴门，主出身贫寒。

恶痣生于小使，主出身贫寒。

恶痣生于妓堂，主克妻或终身不娶。女性主不嫁。

恶痣生于外院，主一生没有财产。

恶痣生于奴仆，主终身被人使唤。

恶痣生于坑堑，主有山难之厄。

恶痣生于陂池，主有水险之厄。

恶痣生于下墓，主客死他乡。

恶痣生于细厨，主终身贫寒。

恶痣生于祖宅，主离乡别祖。

恶痣生于大海，主有水险之厄。

恶痣生于地阁，主少祖业，并常迁移居所。

恶痣生于腮骨，主个性倔强叛逆。

注：

1. 以上痣斑生长的部位名称，均为面相一百三十部位的名称。

2. 痣所应验的吉凶较大，黑子（含红子）所应验的吉凶较小，斑所应验的吉凶更小。

二、身体痣斑相理好坏标准

1. 善痣相理

善痣生于两乳晕，主子女多且优秀。

善痣生于两乳之中，主福寿安乐终老。

善痣生于两乳之下，主能积聚金钱。

善痣生于两腋之下，主有财富，并喜宗教道术。

善痣生于心窝，主智慧高，必拥兵权。女性为巾帼英雄或生贵子。

善痣生于腰侧，主智慧高，有异路财荣。

善痣生于肚脐中，主可生贵子。

善痣生于脐下正中，主乃英雄豪杰之辈，正路发展有成。

善痣生于脐下两旁，主乃英雄豪杰之辈，异路发展有成。

善痣生于咽喉近上，主常有贵人提携。

善痣生于两肘内近下，主一生富有。

善痣生于两手臂，主生财有道，善于理财。

善痣生于两手明堂，主非富即贵。

善痣生于两腿，主有奴仆可供驱使。

善痣生于两腿后，主福寿绵绵。

善痣生于两膝后，主多牛马六畜。

善痣生于两膝骨，主名声远扬。

善痣生于两膝头，主能积聚财帛。

善痣生于两胫骨，主劳少获多。

善痣生于脚底，主乃英雄豪杰之人。独论男性。

善痣生于足指间，主有奴仆可供使唤。

善痣生于两肩胛骨，主一生必有成就。

善痣生于两肩后，主富足。

善痣生于背脊中端，主长寿。

善痣生于前腰两侧，主中年否极泰来。

善痣生于肚脐正后方背脊，主一生幸运天之骄子。独论男性。

2. 恶痣相理

恶痣生于颈椎，主健康日益衰退。男女同论。

恶痣生于两肩上，主贫苦劳碌。

恶痣生于两肩前，主劳碌好淫。

恶痣生于颈项，主意志力薄弱，并多愁思。

恶痣生于喉结，主多愁思，有自杀心态，或因外伤而死。

恶痣生于后腰，主远征边疆而不还。独论男性。

恶痣生于两肘，主一生多病痛。

恶疾生于两肘头，主常多灾厄。

恶痣生于两臂外，主死于血光之灾。

恶痣生于两曲池穴，主心性不正。

恶痣生于两曲池穴内骨上，主一生常遇盗贼。

恶痣生于两臂部，主一生均有桃花运。

恶痣生于腰侧，主多病促寿。

第二节　纹痕相理分析法则

纹痕形成的原因，是人体的内分泌作用所致。人自发育成年进入社会后，因面临各种生活环境、工作环境、人事环境和国家社会的种种变迁，以及受到家庭、子女、金钱和婚姻生活等因素影响，脑组织受到刺激而产生各种意念，因意念激发五脏六腑的内分泌，内分泌依循内部经络系统到达体外相关的部位或穴位，并在该部位或穴位形成纹痕。身体相关部位或穴位就是指面部十二宫、三十六宫、七十五部位、一百三十部位和手掌各部位。根据纹痕的形状走势，以及男女阴阳之别，可以评定其吉凶情况。面上的"皱"与"纹痕"不同，皱是老化现象，纹痕是因生理心理原因而转折不定，变凶变吉，随心生又随心灭。纹痕与伤痕也不同，望读者注意

周易相学点窍

区别。

额上有伏犀纹（〓），男性主贵而有寿，女性主孤刑。

额上有偃月纹（〓），男主贵而寿，女主孤刑。

额上有华盖纹（一），男主武贵，女主孤刑。

额上有眼纹（○○），男主大贵，女主刑克六亲。

额上有三横纹（三），男主克父，女主克夫。

额上有华盖（⌒），不论男女均主犯孤。

额上有一横（一），不论男女均主死于道路或郊外。

额上有交叉纹（×），主死于极刑。

额上有王字纹（王），男主大贵，女主妨夫。

额上有乙字纹（乙），男女均主可贵可富。

额上有女字纹（女），男可得女性贵人助力。

额上有山字纹（山），男主大贵，女主妨夫。

额上有井字纹（井），男主富，女主妨夫。

额上有十字纹（十），男主富，女主女强人。

额上有甲字纹（甲），男主富，女主相夫旺子。

额上有川字纹（川），纹短者，男主聪明富足，女主妨夫；纹长者，不论男女均主刑克配偶但有寿。

天中有天柱纹直下印堂（｜），男主大贵，女主妨夫。

印堂有悬针纹又名恶死纹、六害纹（｜），不论男女刑克六亲，事业破败，常遭凶厄，婚姻不美。但悬针生脚者另当别论。

印堂有执刀纹（丿），不论男女，均主幼少年刑克六亲。

印堂有三横纹（三），男主兵亡血光，女主刑克六亲。

印堂有交叉纹（×），男主死于兵亡血光，女主刑克六亲。

印堂有交加纹（#），男主恶死，女主一生贫苦。

印堂有平行纹而细秀（‖），男主可贵可富，女主相夫旺子。

山根有士字纹（士），男主清贵，女主刑克六亲。

山根有平行纹（‖），男主破耗，女主妨夫。

山根或印堂有八字纹（八），不论男女，均主劳碌灾厄而又刑克配偶。

眼下有罗网纹（），不论男女，主刑克六亲配偶，到老孤独，男性又主中年破败官非。

眼下有斜刑井字纹（＃），纹细秀者为阴骘纹，不论男女，象征福寿良宁。纹粗浊者，名羊刃纹，不论男女，刑克配偶子女。

眼下有正井字纹（井），不论男女，死于自杀。

眼尾下方有扫帚纹（又名劳心纹）（≷），不论男女刑克配偶，中年破败。

眼下有此一直纹（又名哭子纹）（│），不论男女，刑克子女。如此纹直下口边地阁者，不论男女，主子女不肖，破败祖业。

鼻柱有一横纹（一），不论男女，主克子。

鼻柱有一直纹（│），不论男女，主养他人之子，或得子甚迟，女性又主克夫。

鼻柱有钩纹（乚），不论男女，主养他人之子。

鼻柱有羊刃纹（⑋），不论男女，主恶死或有凶厄。

颧上有破颧纹（リ），男主一生不能担任主管或企业主，女主不旺夫兴家。

禾仓（即正面）有悬针纹（│），不论男女，一纹克一子孙，二纹克二子孙。

耳垂有网罗纹（▦），不论男女，主有循环系统之疾病，亦主饿死。

周易相学点窍

第十二章 头面相百岁部位解析

第一节 人的面形吉凶断法

1. "圆"字形面相

　　"圆"字形面相，有椭圆形、方圆形两种。古人又将眼圆、耳圆、体圆者，称为圆字形相。圆字形面相的人，父母缘薄，离乡背井。五官端正、丰满者富贵，若有三官败者，以技艺养命。女命随夫奔走他乡，在三十一岁前有一次灾难，男命四十岁以后，开始放荡致老，若不积阴德，必恶死。如积德行善，不贪酒色，则事业有成，为荣身之人。

2. "田"字形面相

　　"田"字形面相又称方形相面，眼上起阔，眼下起厚，像"田"字，属富贵之人。初年、中年、老年，都吉。五官中有四官好者，有将相之才；二官好者，只是小贵，三十岁前可得贵人提拔。但五官不明，言语、动作粗鲁者，难得贵，反为孤，子女缘薄或无子女。

3. "目"字形面相

　　"目"字形面相者，初年运佳，二十岁前后离乡，过游荡日子或因灾难而倾家荡产。此人特点是，技艺精湛，专心钻研艺术，受长辈之助，可得业成。若是女命，好景不长，与家不和，伤夫克子，终为孤独。男女均寿长，七十岁左右。

4. "风"字形面相

　　上略大，中间窄，下宽者，像"风"字形。此相迁移不定，初年离乡背井，奔走他乡。二十岁左右，就东徙西迁，南北不定，如遇贵人提拔者，成功者亦多。四十岁后运程好转，有好的晚景。但若此相"耳后见腮，此人不可往来"，原因是此人太贪。

5."申"字形面相

面相上下尖者，像"申"字形。此相自幼辛苦，生活上风波多，但对事业认真，努力进发。五官中有三官好，可得功名成就；五官全好，更为贵格；五官反恶，一生多劳苦，贫贱孤独；语言粗暴，有刑罚之灾。"申"字形面相者，廿一岁后运气开始好转，事业顺利有成，五十二岁后运衰。

6."由"字形面相

上尖下阔，为"由"字形面相。二十岁前多孤独，辛苦之人；二十岁后运程逐步好转，如有贵人提拔，则事业成功，幸福美满，可安度晚年。女性有"由"字形面相，多为孤独，结婚遇良夫，可为荣华之人，但子患难，多收养子。

7."甲"字形面相

上阔下尖，像"甲"字形。此形人得祖福，廿六岁前受人尊重，廿八岁至三十岁更为众人钦佩，五官正者晚年运佳，五官恶者，自由放荡，事业多败少成。五十岁运衰，老年孤独，有三四子女且可得子力，寿命长。

8."同"字形面相

三停长广，五岳相宜，部位相适，面相上称为上等相。得此面相者，富贵荣华，子孙贵，家业昌盛。男命，初、中、末限都吉。二官好，有功名；三官好，地位显；四官好，大富大贵，但傲慢，是强人。四十岁左右，因对社会反感，招致命运之灾。寿八十岁以上。

第二节　人的头相吉凶断法

1.凡欲相人，先视其头

头者，五脏之主，百骸之宗，诸阳之首。头上有五部，即天中、天庭、司空、中正、印堂，各主富贵贫贱吉凶。头尖、鼻尖、地阁尖者，三尖俱全主贵；三尖不全者，无贵也无富。头尖不得父母助，地阁尖无产业，鼻尖无寿。

2. 四学堂

头有四学堂：即眼为官学堂，长而清者为官贵；额为禄学堂，额宽阔且丰满者，富贵；当门二齿为内学堂，密而大者，主忠信，疏缺而小者，主说话狂妄；文学堂为左右耳门之前，丰满光润者主文章扬名，昏尘而暗者主愚呆。

3. 额上九骨

头为诸阳之首，视头先观其骨，头无异骨终难为贵。头上九骨即一颧骨，二驿马骨，三将军骨，四日角骨，五月角骨，六龙宫骨，七伏犀骨，八巨鳌骨，九日龙角骨。

东西二岳成者为颧骨，势入天仓为驿马骨，耳齐为将军骨，左眉上骨起者为日角骨，右眉上骨起者为月角骨。翘眼圆起者为龙宫骨，鼻上隐起骨至印堂者为伏犀骨，两耳畔沟外骨起者为巨鳌骨，两眉毛入边地梢骨似眉者，为龙角骨（也称辅骨）。

以上九骨成者，为富贵之人。

九骨成者计算法：颧骨起者为一成，驿马骨起者为二成，将军骨起者为三成，日角骨起者为四成，月角骨起者为五成，龙宫骨起者为六成，伏犀骨起者为七成，巨鳌骨起者为八成，龙角骨起者为九成。

九成八成为大臣，五成六成七成为中臣，三成四成五品人，一成二成有微功，无成者永沉沦。

①颧骨成峰玉枕高，作辅庭辅左，骨不露者富。

②驿马骨，将军骨，口角骨，骨起而明，位明君。

③月角骨起近贵，辅左朋君，红色起者主十天内得财。

④龙宫骨清明，清官，有功，主子贵。

⑤伏犀骨起至贵作大臣，光泽无破，大贵之人。

⑥巨鳌骨清明，有官有功、三台官高、多财，出远方主贵。

额为天，天圆则贵。额宽广者富贵吉昌，宽广无官而有名有势。额大面方，富贵无殃；额丰隆者，必早发达；额覆如肝者，福寿双全；额如立壁而直者，有福有寿；额明润，方而长者，有贵有寿；额耸而润者富贵之人。

额尖短者无官，额狭窄者不贫则夭，额卑薄者死无葬身之地，额向后反削者叛逆不孝。特别是天庭、天中、印堂有凹者，更为凶恶反叛不孝之徒。额凹者蹇困，额尖无子，额偏左防父，偏右防母，额尖而薄浪走他乡，头尖顶削不得父母力。额骨尖高不自由，乱纹破坏入牢狱。

4. 额纹

额有"刀"字纹者（从左边地至右边地有横叠纹如刀痕），无冲破，为将军；从天中且下到印堂者，名悬犀纹，省级官员；额有"田""申"字纹者富贵；天中有纹如刀环者，大官；印堂有十字纹者高贵，有天字纹者一生亨通，纵有灾也不怕，会自消；印堂有坤卦纹者贵，土字纹者拥兵百万；伏犀纹从两眉连接天庭，将军之命。额有日、月纹者，为人正直；额有乱纹如水波者小贵；男人眉角有"山"字纹者有禄，妇人有者为国夫人。天庭无纹者，僧道之人。

额有刚骨有肉者，积财巨万。若刚纹居正中，三品官。不正者有曰：妇人有刚骨防夫，其子出于众父。不论男女，有两个刚骨纹者，家人不和；额有三横纹者，人缘好；额上纹多，兄弟姐妹多。天中四横纹者，有官。额上有三纹者，一纹一妻；额上有三横纹者，为命运强盛之人。上为天纹，天纹长，有势，得长辈助力；人纹长，有势者多主自身努力；地纹长有势者，得部下之助。额有迁纹者，必超君有官，有"山"字纹者，早为官；三纹者，受敬重，为僧道、高僧，一生无灾；有"井"纹、"一"字纹、"乙"字纹，女主富贵。

乱纹薄额，纵横相变，多忧多愁，主贫贱孤独。额有三横纹，早丧父。额中乱纹贫苦到老。额中如有一曲纹如蛇者，客死道旁。

额中乱纹如罗网交错，牢役。男人额角有立纹者，主杀妻。额上有毫毛者，为孤独杀。天中有"火"字纹者，主客死、刑死、兵死。额中三纹，如火字者见火灾。如水字者见水灾。额上见一道横纹者，主兄弟不和，老来贱。

5. 头发

发秀者聪明，发疏发美者富贵，发疏而秀为上相。发细如丝者富贵，发黑而光者能干。头发多厚者，不聪明。发际低，老实，易受人欺。发硬者，心狠克父母。浓眉发厚，贼心损寿，不长寿。发焦发乱，定为不顺。发黄者，防牢役。头小发长走他乡。发黄而焦，不贫则夭。发乱者，无信。额发偏左者妨父，偏右妨母。发中多寒毛，贫贱妨父母。发如螺毛，叛逆不孝。

6. 天中

天中，在发际至额中处，为贵之主宰，又主通达。丰满光润者，初年为官；平润清洁者，运行得禄；骨起者富贵；缺隐者贫贱，主牢役，横死；骨起如筋又有棱，当近国家领导人，或为国家顾问。

天中有黑斑、黑痣、黑色素者，多主防碍。天中有黑痣者，无孝心，祀祖无诚意，男防父，女防夫；如黑如漆，赤如珠，善良，赤主口舌、争斗，白主刑厄忧惊，带黄防遗失，青黑者少年困，气色红黄明润者大吉。

7. 天庭

天庭在天中之下，司空之上，主贵。平润骨起者，有官禄，少年荣达。若得两边日月角相应，其色光明红润，必为高官大贵；如窄狭缺陷，乱纹纵横，则不免为丧父母而苦；有黑痣克长上，有火灾，青黑气者尤凶。天庭如削克父母，如再司空凹陷者，不克死父母，定为叛逆不孝之子。

8. 司空

司空在天庭之下，中正之上，最喜平正。骨起而光泽者显贵，色恶者多惊、痕破纹侵及有黑痣者，不吉。赤色现于司空，下贯印堂者，主百日内凶死，红轻者不妨。黄明者，凡事皆顺。

9.中正

在司空之下、印堂之上，为官禄宫，主职业。光润平满、莹净、无痕，其人不折不挠，功名顺畅，又易得长上重用。中正广阔骨起，气色明润，必主富贵；缺陷或见黑痣者，多为挫败；如见痣、疤、纹破。不免横生官非。

10.印堂

在中正之下，两眉中央，山根之上，印堂为命宫，为人之元气，精神凝集之地，又为脑髓之表。命宫美者，得天独厚，脑髓必优。命宫污者，脑髓必劣。凡人命宫圆满如镜者，定是体格强健，立志于学，功成名就，而且寿长。命宫有纹乱破者，不免时常悲观，命短；命宫光明莹净者，学术精通；纹理多迟滞，主破尽家财祖业。

印堂圆阔颧骨高，重任实权。如有伏犀骨入印堂者，定主科甲大名，无伏犀骨，只圆阔丰满者，健康聪明，无论从事何业都出众拔群。印堂倾窄，职业多变成功少。

"十""天""正"字纹见于印堂者，主握重兵大权。"八"字纹有官灾口舌，但长寿辛苦。此处有纹在三十岁前后，若四十岁左右，依然平坦如板，尚无微纹，其人必懦弱无能。有三横纹，"井"纹为正义之人。此部有纹，廿五岁、廿六岁多危难。黑痣见于印堂，男主讼争，女主妨夫。红痣紫痣者男女都主大吉大贵。眉侵印堂，短寿，克妻破财，心胸小，不利官。

吉凶未到，气色先从印堂而发；印堂气色红黄大吉大利，如再准头明亮，名利双收。印堂紫色，主有喜事；印堂赤色，君子吉，小人凶；青黑见于印堂，是非口舌，破财失物，灾害官司；印堂白色，宜道术；印堂、眼睛、鼻梁、嘴角同时发青发黑者，大凶之兆，主百日内死亡。

歌诀：

印堂发亮喜财两旺，印堂发明谋事必成。

印堂发青必有灾星，印堂发暗必有灾难。

11. 眼睛

天有日月，人有两眼。人之眼目能视万物，故眼目为人之日月，所以眼明性则聪，眼昏性则愚，眼善性则善，眼恶性则恶，眼有神则寿，无神则夭。

左眼为日，象父；右眼为月，象母。

诗曰："眼秀有神，必遇贵人。"

眼长晴光大贵，眼如曙星大贵；眼有夜光者大贵，眼如漆者聪明，眼不露晴者智慧聪明，眼细长而深者长寿；眼长者不富则贵。目深有青光者贵；目大而明者喜僧道；目光明媚者聪明积德；目清眉秀聪明善良之辈。晴黑光彩者聪明；晴紫黑光彩者隐居；晴红黄直视者，喜佛法或道术人。黑晴正者有寿，眼仁发黄必是忠良，眼上下有纹者性纯、心善。目圆者忠孝；眼有大小有异母兄弟；目长过寸极贵。

眼如卧弓者虽贵，但是叛逆之人，如隋唐皇帝杨广，杀父杀兄。眼大而凸者暴躁，眼小而短者愚贱，眼圆而小者无志。赤脉从眼尾侵瞳者，劳役饿死；从眼头侵瞳者大灾。三角眼者，奸徒之辈，性狠毒，犯刑，妇人多杀夫。眼昏如醉者，短寿、破财。眼淫者，奸盗之人。黄晴赤脉，一生恶死。赤脉贯瞳者恶死。眼露四白者极恶之人，妇女杀夫。三白大者，不诛必遭水难。四白大者杀君杀父，女杀夫。四白者死在道路，两眼昏黄者，溺水而死。目下白直视者，兵死。左眼一头破者，犯刑；右眼一头破者，有灾。瞳近上者，意志下劣；近下者，傲慢。眼急转者，小人。眼急眨者，嫉妒虚妄之人。瞳近尾者轻浮、奸诈，近里者收敛之人，眼常急转者盗贼之徒。眼斜盼侧视者心毒，眼四顾淫乱杀身，瞳仁微小者恶死。上眼胞硬父送子，下眼胞硬子送父。两眼角白多者，有异母兄弟。

眼下无肉，刑克子女。眼晴如鸡眼，恶极好杀生，横死，丧妻。眼如火轮（蛇眼）而青者，杀宗族人，自杀，横死。眼中有黑痣者，败祖业，心狠，一事无成。眼上三白，出言伤人，僧道；下三白，虎狼成性，多险，妇人杀夫。睡不闭眼者横死。男眼大为女所爱，女眼大为男所爱，但易失败。闭目而语者，贫穷多厄。眼圆无角，做事多错而后悔。眼眶长而眼尾有纹者，有外遇。两眼下垂，亲人别离，二婚。眼多紫者性刚烈，多赤者心恶，多黄者有病。眼头尖尾大，心乱而狠。

12. 眉毛

目为主，眉为客。眉宜长，不宜短；宜齐，不宜乱；宜秀，不宜焦；宜细疏，不宜粗厚。

眉长、稀疏、平正、有彩者，主贵。眉生白毫，三堂骨起，仙人之相；眉重者，主身闲有财，妇人伶俐，四十六岁后必发财；眉过目者聪明，文章振天下，名播四方。一字眉者有学问；眉秀而长，聪明智慧；眉长一二寸（五十岁以后），眉高齐耳者，寿。眉高者，聪明过人，有官；眉曲者聪明多艺，眉直者不利子。眉间黑痣如漆主聪明，灰色主亲戚兄弟有横死。眉过目如新月者，名扬天下；眉头明，眉尾平立，早年登科，名闻天下。眉头高者有志气，有"士"字纹者将军，有"王"字者大官，眉宽广者心平无私。眉中有红赤或赤旋者，必掌大权。眉无赤旋，子必当权。

阴人得阴眉，平生多乐；阳人得阳眉，平生多乐。

婚姻：眉尾散、脱落者，必弃前妻，娶后妻者富。阳人阴眉者，必妨妻，散在小背，妨二至三妻；散在大背者，妨三至五妻。阴人得阳眉者，散者妨五至七夫，不正而散妨二至三夫。女眉细黑者，正妻；眉重有肉者，得阴人财。阴人得阳眉为正妻，必是额好为贵。眉头交不得贤妻。柳叶眉，妻多。

兄弟：两眉毛不一样者，主有异母兄弟。眉如新月，兄弟多面和。眉散兄弟各方。眉中有痣灰色者，兄弟中必有横死。眉肉中有疵者，刑克兄弟。眉中痣白如珠，丧兄弟。

眉眼相近者，不利初年。眉坚者，不善终。眉破断无光，有麻痣者，无德。眉小眼细，穷相。眉低压眼，贱。左眉有旋纹妨父，右眉有旋纹妨母。眉低于耳，不顺，破祖业。眉头高，眉尾低，胆小懦弱。眉头逆生不见父母死。眉有三角不孝、不义、性愚。

眉毛直生，为人性狠，主横祸。眉头倒生，定性凶恶。眉大弯者，虚伪。眉向上竖者残忍，虽有智勇，但易损阴德，一生中必有一大险。

眉骨低凹，无志气。眉尾疏散且脱落者，主财破散，廿六岁至三十岁破财。

眉生白毫，早者不宜，二十生毫三十死，三十生毫四十死。眉出毫向上者，克妻克子。眉出毫端卷者，与儿女无缘。眉毫特长向下者，康宁长寿。眉上横纹者，无子老贫。眉头有乱毛者，终生劳役，背井离乡。

13. 鱼尾纹

鱼尾平满如刀裁者，聪明多才，文章显赫。

鱼尾纹入山林，文章震天下，四海扬美名。

鱼尾明净，求妻易得，得阴人之财。

鱼尾有一纹连耳者，老有官职。

鱼尾（眼角）生黑痣者，因情遭灾，中年有水灾。

鱼尾枯无肉，妻子易招魔。

鱼尾开花，夫妻分家。

鱼尾有白色，妻私通，并伤害自己。

鱼尾红青，主有邪事。

鱼尾纹多，操心之人。

14. 鼻部

鼻居中央为土星，为财星，富不富看财星。

鼻居中央为我，颧骨为他人，为世间。

额上为长辈，额下为晚辈。

鼻居中央为天柱，高而接天庭者，富且贵。

鼻高而昂，如悬胆，大官。

鼻如截筒，贵。

虎鼻猛烈，高官、将军，但多兵死。

鼻长智长，鼻短智短。

鼻大者，为高人，终生奔波。

鼻耸直不露孔，翼库丰满且厚，直贯人中者主发财、大官。

二鼻翼高长，名气大。

鼻柱正直相应，忠孝之人。

鼻为中岳，丰隆而起者，山根不断，准圆、年寿二部丰满与颧部相接而直，是骨法上相也。

年上、寿上，主寿之长短，光泽骨起，不贵则富，隆起有寿。

准头丰大，心慈善，与人无害。

准头黄亮，富贵有官，主信义。

准圆者富，尖者贱。

准头尖细，好为巧斗。

年上、寿上黑暗者，薄者，不贫则夭。

孔仰而露，奔波之人。

鹰钩鼻者，心狠手辣。

准头无肉，贪婪不足，少有纵纹，养他人之子。

鼻有横纹者，困难。

准头赤色汗流湿，忙忙碌碌，至老无成。

鼻孔大容指，贫穷短命。

鼻狭而高，老无兄弟。

鼻左曲妨父，右曲先丧母。

鼻如莲藕多淫，鼻小胆小。

鼻黑紫色者，子不得力，大便带血。

孔露不淫则贫，孔仰者死于道路。

鼻毛外出好说是非，又耗财。

鼻黑者，肺气绝，百日死。

准头低扁，终生无子。

鼻青黑，易遭不测之灾。

鼻小而狭，早离父母，必作童仆。

鼻尖而薄，一生多病。

鼻上乱纹，多诡计，父子不同心，有立纹之女不可娶。

准头有直纹者，大灾，破财。

食仓上有青黑气者，主牢役。

鼻小无根，酒糟鼻者，多狡猾。

鼻曲不直，官非缠身，多淫。

准头高昂，娶三妻。

痣在年上、寿上，体质不好，磨难大。在准头上，贪女色受女害，女主为夫劳苦，不得夫力。

年上有立骨而无肉者，则无子，或养他人之子，运途多险，妇人更难苦。

鼻梁有节者，一生必有一次大难，妇人必有病。年上无肉，主自身不旺，凶灾恶死。

15. 山根

山根为根基，丰隆光泽，意志坚强，根基巩固，百事顺利。

山根为天梯，高起接印堂，有出息，有官位。

山根丰隆高起，能避灾凶。

山根为住所，代表家庭吉凶，丰隆光亮，平满，家事顺。

山根低小狭窄或有黑痣者，既少根基又无耐性。

山根无者，无能耐，难有作为。

山根断，幼年疾苦、为童仆。

山根高，鼻正且润，得贤妻，女得贵夫，富贵有寿。

山根连额，鼻隆起与额平，大官。

山根折，鼻梁陷，贫无立锥之地，难安身。

山根枯暗，鼻梁无肉，易损子。

山根有三道悬纹，常犯胃病。

山根低凹且有痣痕者，灾不断，破败。

山根断，配偶不死则离；山根乱纹，婚事不顺。

山根高隆者，不论男女，多为漂亮、俊美之人。

16. 口

口如吹火者，贫穷。

口尖不得寿终且易招是非，口薄招怨且福少。

口角低垂向下，多被人欺。

口角黑者厌生，老年防水灾。

口两边有纵向理纹者，福薄之人。

口两边纵向理纹粗者，刑徒之人。

口不言自动者，好诽谤，嫉妒。

下唇长贪食，忙碌。

口歪者，心术不正。

上唇长者诽谤，下唇长者破财。

无人独语者贫贱。

口唇如猪肝者，若无胃病，莫交往。

口唇青黑，祸将至。

17. 人中

人中以润泽为佳。

人中深长、正直，有寿。

人中分明，性直。

人中长，不富则贵。

人中深长，子孙昌盛。

人中上阔下狭者，初年荣而老孤。

人中下阔上狭者，年幼辛苦，老来荣，有子有福。

人中深长主诚信。人中宽圆，早有功名。

须在人中，中年财旺。

人中如破竹而仰者，贵而后旺。

人中上有黑子者多子，下有黑子者多女，中有黑子者娶妻易养子难，两个黑子者主双生。

人中短者，子息少，克妻或无寿。

人中高厚，无寿无后。

人中常湿，不干者，贫穷。

人中一条线，死在沟间。

人中润泽者生，枯干者死。

人中短，克妻伤子。浅不正，财不足。

人中上大，女孤，男子性恶。

人中下窄主奸巧，祖业失。

人中下有横纹，女主孤，男性恶横死。

人中上下均宽而中间长，凡事不和睦。

人中曲，为人多狡，虚伪。

人中有斜纹，主无义，妨子。

人中上下狭中间宽者，子息疾苦而难成。

人中上下悬直，中间深者，为人淫贼，无子息。

人中有黑气至准头、印堂者，五日内有灾。

18. 耳

耳分金木二星，右耳为木星，左耳为金星。

男耳大有官，女耳大有福。

耳贴肉者富，两耳贴脑，国家栋梁。

胖人耳张无妨，瘦人宜贴肉。

耳硬不富则贵，耳软事难成。

耳坚如木，刚强，至死不哭。

耳厚而圆，有财有食。

正面看不见耳，富贵闻名。

耳起不倒，少年奋发。

耳长而耸，有禄位。

耳高过眉，有官有寿。

过眉一寸，永无困难。

耳有黑子生贵子。

耳白过面，名震天下；红润光泽，声名远播。

耳黄白色，有名誉。

耳不管大小，只要轮廓分明，聪明多能。耳大有轮，中年奋发。

耳两边挂铜铃，常进京城。

耳圆大有智，耳后骨起，有寿有官。

耳过目，手纹长（生命线），百岁不死。

耳长四寸，世世为官。

耳生黑子，兴邦之臣。

耳垂珠朝口，有财有福。

耳珠扁又圆，穿金戴银。

耳孔大聪明。女人左耳厚先生男，右耳厚先生女。

耳一大一小，食二母乳。

贵人无贵耳而有贵眼，贱人有贵耳而无贵眼。

头尖耳小，辛苦之人。

耳薄向前，耳薄如纸，卖尽田园。

耳轮反者，孤独，女嫁三夫而不休。

耳头破缺，一生贫困。

耳头尖反，一生做事无成。

耳轮不分明者，财散。

耳无垂珠，少年家贫。

耳门三立纹者，学道。

耳青黑者，贫困而愚。

耳门发黑（命门），有大灾。

耳长头短，贫贱短命。鼠耳有寿，善积储，但好偷盗。

耳反而后倒，贫无居屋。

第十三章　从十二宫判断人的事业与运气

一、命宫

命宫在双眉的中间，又名印堂，此部位最为重要。若印堂丰隆平满，事业和求谋皆容易成功，能得贵人扶助而增益。命宫最宜宽大，主有气量，智慧和自信；若得鼻梁高耸连接，更是事业有成，名利双收。若命宫低陷，一生求谋容易遇上阻力，凡事只能事倍功半。命宫低陷再受双眉紧迫而令印堂狭窄，为人器量小，猜忌多疑；若再有恶性纹痕破坏，则一生多波折，甚至一生中容易碰上凶险意外危及生命。

二、财帛宫

鼻子为财帛宫，在面部正中央，整个鼻子是显示财运的部位。鼻如截筒悬胆，耸直丰隆而不露鼻骨及鼻孔，左右两鼻翼宽大饱满，一生财运必佳，为人心善、讲信用、自尊心强、好胜，处事自信，积极进取，容易获得成功，收入丰厚，勤俭可成巨富。鼻头两旁之小鼻，俗称鼻翼，须紧而不露井灶（鼻孔），表示有很好的守财能力。财帛宫越丰隆，精力愈充沛，财运愈丰厚。财帛宫包括天仓、地库、井灶、准头及兰台、廷尉。

三、兄弟宫

两眉称为兄弟宫。从眉毛的浓密、清疏、长短、软硬，都可以观察到一个人的脾性、兄弟姐妹的缘分及理财能力。眉毛清秀、弯长，暗示兄弟姐妹的际遇良好。若眉毛短促，眉毛逆生，则个性刚强、好胜，脾气暴躁，与兄弟朋友难以和睦相处而缺乏朋友助力。眉尾不可疏散，眉毛收聚为佳。眉毛收聚，表示朋友及兄弟姐妹助力大，财运好；眉尾散疏，除了朋友情薄，兄弟姐妹缺少助力外，亦表示一生难以积聚财富。

四、田宅宫

眉毛和眼睛之间的部位称为田宅宫。实际上，田宅宫包括眉毛与眼睛。眼睛是能直接反映心田的部位，从眼睛可以看出人的喜、怒、哀、乐、怨、恨等各种情绪的变化。从眼睛的神情中，也可以看出一个人的虚假或真诚。眼睛宜神气充足，神采兼备，事业容易成功，能置田产物业。田宅宫相理好的人，性情温和，能获得别人的信任；田宅宫相理有缺陷或受眉毛低压，很少能继承父母产业，甚至在购买房产物业时，容易发生不如意的事情或吃亏。

五、男女宫

男女宫又名子息宫，在眼睛下的泪堂位置，俗称眼肚。从泪堂的丰满及色泽的光润程度，可看子女的多少、健康状况及个性的优劣。若泪堂肌肉干枯或有深长皱纹，则暗示生殖机能不大理想，纹理愈多性功能愈差，不容易怀孕生育；纵使能得子女，其子女身体健康亦极差。子息宫色泽黄润明亮，表示子女健康、聪明，处事精明能干。男女宫称为泪堂，如有黑痣，则表示对孩子会操心操劳，照顾得无微不至；倘若眼睛浮露，欠缺眼神，泪堂的黑痣色泽不好，则会因为子女健康不良而担忧费神。

六、奴仆宫

奴仆宫在下巴左右两侧。下巴丰满、圆厚或方圆，都有领导才华，能得下属及晚辈的拥护、爱戴及助力，使事业及工作进展顺利。

若面颊尖削，下巴短小、偏斜，则做事无魄力，自顾不暇，难得下属支持。即使身为老板，也缺乏领导者的气魄与能力，与部属关系欠佳。

奴仆宫如有伤痕、黑痣或破相，更会缺乏忠心的下属，或会被不忠诚的下属连累而损失。奴仆宫相理差的人，与晚辈缘分较为淡薄，更容易与子女出现隔阂。若下停尖斜，则在晚年与儿女有刑克。

七、妻妾宫

妻妾宫在眼尾及眉尾的位置，太阳穴一带均于妻妾宫。观看妻妾宫，可了解夫妻间的感情。夫妻感情也受眉毛及眼睛的影响，眉毛间断及眼睛突露，都影响夫妻缘分或婚姻出现波折。夫妻宫丰隆平满，男士可得贤淑妻子，女士可得贵人为丈夫，并且双方和睦相处，如鱼得水，双方家庭也能和谐沟通。若夫妻宫有恶痣、疤痕或深陷现象，则夫妻间不能互相体谅，或有不诚实的言行致夫妻口舌吵闹或分离。

八、疾厄宫

疾厄宫在两眼睛间的山根至鼻子的中段。疾是疾病，厄是指灾难厄困，故山根高耸，鼻梁端正，除了事业稳定外，暗示身体健康，疾病的抵抗力强。疾厄宫与命宫相连，若有竖纹从印堂命宫冲下至疾厄宫，或山根低陷又有横纹，这些都是凶险危难的讯号，则应有所警惕，凡事要小心谨慎、忍让，勿冲动、勿性急暴躁，方可逢凶化吉，安然避难。

九、迁移宫

迁移宫在前额两侧靠近额角处，源自发际至眉毛上方外侧鬓发位置。从迁移宫可观看职位变动、旅游、出外求谋、搬迁移居等的运气及一切驿动的吉凶。前额饱满，迁移宫丰隆，一生多旅游机会，利于外出发展、求谋或创业。迁移宫低陷，难享旅游的福气，即使有机会远游，亦容易遭遇困难，或花冤枉钱财或遇上水土不服等不愉快的事情。若迁移宫低陷，且再有不吉利的气色，则切不可轻举妄动，否则所有的远行、调动、转变都易招来损失，须待气色转好才可行事。

十、官禄宫

官禄宫以前额正中部位为主。额部亦为四学堂中的禄学堂，额形高广丰隆，必是聪明才智兼有，因此事业的成败、地位的高低，也可以从官禄宫的好坏而获得启示。官禄宫饱满、色泽光润，没有乱纹冲破，暗示头脑发达、思考敏捷、聪明能干。事业际遇能有长上及贵人扶助，容易得到成功。如果官禄宫有缺陷，那么事业上缺乏贵人助力，早年职业不稳定，求谋事倍功半。

十一、福德宫

福德宫在眉毛上方的福堂及天仓位置，主宰一生的福禄、吉祥和财库。福德宫肉厚、骨实、肌肤丰满明润的人，可承继父母事业及受祖福荫，一生运势良好。此外，财运、福气及事业多遂心愿，有官职，无灾，有寿。福德宫关系到人生际遇的良机、财气与福禄，生意投资的利害得失等。若福德宫骨削肉陷，或有恶痣、疤痕等破坏，则是劳碌之相，难以安闲享福。

十二、相貌宫

相貌宫是指面相各部的总称，亦是十二宫的总结。赋曰："相貌，先观五岳；次辨三停。三停盈满，平生富贵多荣，三停相等，作事平生显达；五岳朝归，官禄迁荣，行坐威严，为人尊重。额主初运，鼻主中年，地阁水星是为末年。若有克陷，断为凶蹇之格，如是丰隆，断为富贵。观相应看面相之整体，不能断章取义。"相理衡真有父母宫而无相貌宫。

第十四章　相术密本

卷一：五官总则

天地人元分五音，阴阳妙诀果然真。

去留疏配还参透，不若先知福祸深。

六格阴阳成造化，天机世事莫轻传。

立法先定生和死，次分贵贱吉与凶。

面查相上兴发旺，纹推父母定有无。

奸门专论夫妻局，人中宽狭定子孙。

五官，即眉为保寿官，喜长又喜弯，浓眉主富贵，秃者主贫寒。眼为监查官，薄厚分贵贱。口尖主刻薄，口方主良善。鼻为审辨官，喜大又喜圆。尖小主劳碌，悬胆发中年。耳为采听官，最喜耳垂肩，无肉多夭死，耳肥旺永年。

卷二：十二宫

一、命宫

命宫位居两眉间山根之上，光明如镜，学问皆通。山根平满，乃主福寿。凹沉必定贫寒，眉接相交成下贱理乱，乱理离乡又克妻。

两眉中内是命宫，命宫如镜运气通。

若论兴亡与衰败，纹痕颜色要分清。

红主喜来白主财，黑主忧伤青主惊。

竖纹若有一寸长，男为斩子女伶仃。

二、父母宫

父母宫论日月角，须要高圆明净，则父母长寿康宁。低陷，则幼失双亲。暗昧，主父母有疾。左角偏妨父，右角偏妨母。

左眼为父右为母，若是无神定辛苦。

目有三角其大恶，目有闪电多富贵。

左边凹下父先死，蛇眼鼠目休为伍。

右边凹下母亦亡，凸眼无光空帏守。

阳父阴母要分明，黑白神采且要清。

藏神藏情多富贵，斜胞斜视心不正。

秀才似凤文才盛，圆小如龟智慧丰。

赤脉侵睛多夭折，泪痕斑斑父母空。

看父母，又有以两眉尖观之。或曰，两眉头齐正，光彩一样者，父母双全高寿。眉尖如锥下弯者，必克父母。左带锥尖克父，右带锥尖克母。左眉高，父寿于母，右眉高，母寿长于父。两眉头带锥尖，天庭窄小，克父母定在少年。天庭较饱满，广阔者，克父母应在二十上下。又曰：耳低于眉单薄或耳肤粗糙也克父母。

三、妻妾宫

妻妾者，位居鱼尾，号曰奸门。光润无纹，必保妻全四德。奸门深陷，常作新郎。鱼尾纹多，妻防恶死。鱼尾深陷而下弯者，结婚较迟，且不顺。鱼尾几条则有几妻妾。又曰，中正凹陷主有二次婚姻。

眼角五分是奸门，男左女右要看真。

女有斜纹必再嫁，男有斜纹是淫棍。

奸门青黄纵纹乱，克夫偷情他乡奔。

男女奸门无叉纹，金童玉女未破身。

男女奸门色红润，喜事临门笑吟吟。

奸门浑浊有红痣，前生注定两次姻。

颧高目凹有痕纹，妨夫改嫁半路亲。

男女眉低奸门陷，洞房花烛怨仇深。

若论世间节义女，奸门光润气色鲜。

四、兄弟宫

兄弟宫位居两眉，属罗计，眉秀而疏，枝干自然，端正有如新月，主吉。

兄弟宫中眉为主，一撮眉毛主孤独。

眉毛高曲哥二三，过目高悬兄四五。

眉如鸡冠哥六七，弯月眉毛弟八九。

十个弟兄眉飞花，留与相家仔细查。

行大剑眉毛尖炸，低垂凹陷是行二。

行三眉心中央凸，行四中小二头大。

眉如蚕蛹是行五，行六右高左边凹。

螺旋之眉是行七，左高右低是行八。

眉清目秀最为良，又喜眉毛拂天仓。

掌棣怡怡称富贵，他年及第拜朝堂。

眉为兄弟软清长，兄弟生成龙虎强。

两角不齐须异母，交连黄薄奔他乡。

眉毛细长无旋弯，妻迟子晚早年难。

晚年娶妻方生子，子孙兴旺不孤单。

枯黄暗淡有勾纹，兄弟无缘必有伤。

财帛退亦多兴废，先损天伦再损娘。

眉毛两样（指眉头之眉顺逆，方向不同者）必有继父、继母。眉清尾散，兄弟众多。眉毛过短，家无兄弟。不过关（过关指眉毛过里眼角者），又不过目（眉毛过外眼角者），眉毛间断，兄弟异处或不和。过关过目论真浓。男论兄弟，女只论姐妹。

五、儿女宫

看儿女以人中为准，又有以泪堂断之。人中位准下口上，又名沟洫，宜深长，不宜润满。盖泪堂为男妇子孙之宫，准与人中乃宫室奴婢之位，若有此破陷，主儿孙之有克也。人中平满，主晚年受制而失败，多失辅助之力也。

　　　　人中长短定寿命，广狭可言吉与凶。

　　　　上下窄者子孙寒，宽广儿女定昌盛。

　　　　两头窄者中间宽，纵有子孙也难成。

　　　　下窄上宽生儿男，下宽上窄闺女行。

　　　　中有黑痣子夭折，宽广齐圆主双生。

　　　　人中平满无子孙，青黑纵痕主伶仃。

　　　　人中不关门，不能早得儿。

　　　　人中一个窝，有儿不能多。

　　　　人中断了线，儿女不能见。

　　　　人中不对鼻，有女必无儿。

　　　　人中一寸长，儿孙必满堂。

　　　　人中三分三，二儿在身边。

　　　　人中三分五，三儿两闺女。

　　　　人中竖纹清，四子把家兴。

　　　　人中一溜窝，五子得登科。

　　　　人中二个坑，六子能送终。

　　　　人中八分五，七狼并八虎。

　　　　二痣夹人中，必犯九女星。

　　　　世人兴衰否，奥妙在其中。

六、福德宫

　　福德者，位居天仓，并牵连地阁。颏圆额窄，须知苦在初年。眉高目耸，尤且平平。眉压耳掀，休言福德。

　　　　福德宫中圆又圆，五星光明福绵绵。

　　　　若是凹陷多皱纹，衣禄无着便不全。

七、疾厄宫

疾厄者，印堂之下，位居山根。隆而丰满，祖禄无穷。气如烟雾灾厄缠身。痕纹低陷，连年宿疾沉疴。枯骨尖斜，未免终身辛苦。

山根疾厄起平平，一世无灾祸不生。
若置纹痕并枯骨，平生辛苦总难成。
山根若有横纹断，克子刑妻少弟兄。
高者有纹主成败，平者有纹主夭亡。

八、迁移宫

迁移者，位居眉角。隆满丰盈，华彩无忧。额角低陷，到老无住处。眉连交接，此人破祖离家，天仓偏斜，十居九变，不在移门，必当改墓。

迁移宫分在天仓，低陷平凹少田庄。
鱼尾妻局来相应，光润色鲜最为良。

九、田宅宫

田宅位居两眼，最怕赤脉侵眼，初年破尽家财，到老无粮。眼如点漆，终身产业荣昌。阴阳枯干，莫保田园。气色暗而蒙，又无精神必灾。

眼为田宅主其宫，清秀分明一样同。
若是阴阳枯梗露，父母家财总是空。

十、官禄宫

官禄位居正中，上合离宫。额角堂堂，犯着官司费解。眼如赤鲤，决死徒刑。官痕理破，常遭横事。

官禄须看厄光平，天庭宫正位公卿。
山林田庄随神起，驿马宫中定扬名。

十一、奴仆宫

奴仆者，位居地阁，接水星。口如四字，主呼聚喝散之权。悬壁低倾，恩成仇隙。地阁尖斜，受恩深而反成怨恨。

奴仆还得地阁方，荣华富贵子孙昌。

左右偏者棱角起，出言诽谤命难防。

口如吹火家无子，法令入口饿他乡。

奴仆黛青难可断，同胞兄弟也残伤。

左右有痣遭官司，遇事失机无主张。

地阁若是有红痣，永留青史美名扬。

十二、财帛宫

鼻乃财星位居土宿，耸直丰隆，一生财旺定富贵。厨灶若空，必定家无积金。鹰嘴尖峰，破财贫寒。

鼻子喜大又喜圆，鼻如悬胆发中年。

鼻子尖小主劳禄，鼻子瘦凹主贫寒。

鼻子财帛宝丰隆，两边厨灶莫教空。

仰露家无财与米，地阁相逢甲匮丰。

丰隆端正者显贵，掀露斜曲者下贱。

准大对人皆诚厚，肉横主刚躁量窄。

鼻头仰露不聚财，曲如鹰嘴奸计来。

偏左伤父右伤母，克妻害子冲天台。

妻离子散家财倾，土星宫中痕纹生。

若有竖纹中年衰，兄弟无缘家财争。

卷三：气色篇

青龙之气如祥云亲日，朱雀之气如明霞映水，勾陈之气如晚烟和雾，螣蛇之气如草木将灰，白虎之气如凝脂涂油，玄武之气如黑风如云。色上察气，如雪上印霜，腾腾然四起者，气也。

春观印堂，夏观准头，秋观悬壁（脸上的相术穴位，在耳前颊上），冬观日月角。凡看气色，大凡以准头为主，准头既明矣，诸部昏暗，凶中有吉；诸部虽明，准头昏暗，吉中有凶。

春三月：青色出面，有更变喜美之事。红色出面，因妻妾上喜，三七日至。白色出面，主官鬼相忧，二七日至。黑色出面，二月间有死亡之事。黄色出面，七七日贺得财喜。

夏三月：红色出面，得贵人提携，三五日至。青色出面，父母上有喜庆之事，七日至。白色出面，防阴人上刑害事，三十日至。黑色出面，诸事欠吉，黄色出面，子孙上喜，二七日至。

秋三月：白色出面，七日内获阴人财。青色出面，主拾得横财，三七日内至。红色出面，因讼损财，三十至。黑色出面，主兄弟哭泣，二七日至。黄色出面，父母有封赠，常人得财，七日或二十日内。

冬三月：黑色出面，虽得时不足为喜，防官论。虽有而无患，四十日至。白色出面，得贵人扶持，七七日至。紫色出面，获阴人财，亦宜交易货，三五日至。青色出面，主父母上喜庆，七七日至。黄色出面，三七日内失财，黑色若四季有之，死亡将至。

相气秘诀：

色与色不同，色属虚，气属实。气从骨来，色属肉现。有色无气，有气无色，终不荣。气分天地人三才，自额至眉为天，自眉至准为人，自人中至地阁为地，此气为天地人三才也。

得天之气旺，则风水必发，祖德必厚，凤根必深。气从山林、冢墓、丘陵、边城，诸位认取（山林管旧风水，丘陵冢墓管新风水，边城辅弼管祖德，天中天庭地阁管凤根，此两停所管三事也，新旧风水以三代上下言）。

得人之气旺，而家运必昌，心田必吉，事业必隆。气从龙宫、两颧、两鬓、眼、准、诸位细辨（龙宫管家运、心田、子孙、财帛；

两颧管权位、事业；准眼管心田，印堂光殿精舍位、眼为光明学堂，家运当发。心田好，阴骘催，必然此位骨肉平圆，神清气爽，无此渣滓；暗滞之色在两颧，两鬓屡断不爽也）。

得地之气旺，则后嗣必隆，死获吉地，寿登仙境。从地库、地阁、水星、须、髯，诸位参详；有地厚者，子得力；边地阔者，死得吉地；须清而结，眼有碧光为仙佛；否则难以断福泽。

气从骨上起，如游龙，如飞鸿，近看无，远看有，不可捉摸；似动似伏，此乃旺气之正宗也。气皆非多混在色而字，内看皆实，不肯泄气之指归也；故人无气有色，永发不休，气聚上停，少运必发（少运自眉而上是也，十五到三十四是）。气聚中停，中运必昌（中运自眼至准，三十五至五十是也）。气聚下停，晚境乃达（自五十至七十五皆是也）。时人能认得气宇轩昂，则对面知人之荣通，早断人之祸福也，岂不秘哉。

辨五官之气：

耳有气，轮廓成，星辰耸。耳白有珠，窍宽耳厚、耳硬（无气反此）。

头有气，顶丰圆，骨不孤露，有辅弼，有枕骨。额高无纹无筋，且端正（无气反此）。

面有气，颧起肉丰鼻端隆，光润鲜明，无筋、无纹、无黑子；骨肉调匀，无暗滞色（无气反此）。

眼有气，神光如电，黑白明亮能久视不浮不陷，睛大而黑如漆。

眼眶尖长而秀，有神而不凶，藏神而不昧（无气反此）。

额有气，无纹、无陷如覆肝，如壁立，有辅弼（无气反此）。

鼻有气，上贯大庭，山根丰满，年寿有肉，光泽无疵，准头丰满。兰台廷尉有势有肉，夹准有力不露，鼻脊不曲不偏，并为有栏不仰孔，丰隆长大，端耸有势（无气反此）。

口有气，不露齿，不落当门齿；口角仰，唇如朱而厚，多纹，不少、不薄、不反、不撮、不黑（无气反此）。

颧有气，骨肉调匀，高颧起于正面，夹拱鼻中，无暗昧色，龙宫丰满（无气反此）。

地阁有气，则地阁朝元，骨肉调匀，地库丰满，陂池鹅鸭不陷，须不困口，须不锁喉（无气反此）。

身有气，头正身端，膊平背厚，腰圆胸阔，脐深脐仰，腹垂有托，手不摇，足不跛，头圆而正，乳红、乳堂润白多珠点，不露筋骨，不偏倚，脊平不生槽，有臀，行动不浮，声洪有力（反此一件，则一件无气）。

卷四：相头秘诀

头有三要。一要山林位起，起则有风水所催；二要在边城位起，起则有积德所催；三要天中骨起，起则有凤根；而生尖，此非天即贱。

头为诸阳之首，其位尊而配天，宜圆宜丰，宜健宜正。何谓圆，如珠之圆则谓圆。何谓丰，骨肉调匀则谓丰。何谓健正，不倾不倚则谓健正。头能得此，断无天折贫寒矣。孤贫者，头无天仓、边城。贱者，头无左辅右弼。天者，头无主骨星辰。头骨暴露，刑克早而操劳。头骨缺陷，疾病多而天折。山林不起，祖业纵有必倾。天庭不扬，功名纵有亦滞。三尖六削，是为破耗身家。肉紧皮绷，定必运迍；命短贫贱之相，那见圆满；头颅孤寡之形，莫非离奇骨格，况尖头财主，世所罕闻，凹脑寿翁，人所未见也。

至头为风水所钟。得风水则头角峥嵘，阴阳得配。失风水则头颅尖削，阴阳反和。头大面大，乃为初亨终困。边城起为祖德所司，山林起为风水所发。丘陵、冢墓，分左男右女之司。日月、辅角分左严右慈之别。南人宜看头虚，北人宜向地阁，知其大略推断无差。

卷五：相手纹秘诀

吉凶福祸相手纹，男左女右要看真。

天纹地纹并人纹，五行八卦掌中分。

掌纹喜长又喜深，深长红黄不受贫。

掌中黑痣多安逸，富贵荣华第一人。

天纹主父地主母，人纹终身主妻祖。

父母纹中不亦乱，若乱人纹遭辛苦。

天纹入指主父亡，地纹若乱爷孤独。

人纹乱了主嫁娶，驳杂寒滞无配偶。

贵人十指软如绵，不但清闲福有添。

手如破锤多贫贱，凶灾可防不可言。

若论手纹穿心事，三纹穿心做高官。

人纹穿心有饭吃，地纹穿心有衣穿。

天纹穿心坐草堂，四纹穿心定成仙。

天应君来地应臣，说与知音仔细参。

大抵相手纹，贫富掌中分。五行生父子，八卦定君臣。掌纹乱稻草，到老受孤贫。破财遭横事，官司缠在身。纹窄无后世，纹宽多子孙。纹浅心胸狭，九曲黄河心。若不见三纹，必定早归阴。

天纹冲着巽，此人有官运。天纹冲着坤，朝中伴王君。地纹冲着坎，狡猾又凶险。地纹冲着艮，草堂掌大印。人纹冲着乾，必定是英贤。人纹冲着兑，平生有威信。人纹断三节，苦坏娘和爹。

以手掌论婚姻，人纹（婚姻线）明朗而深者为上乘。人纹细小或无，有婚姻之意无婚姻之实。

人纹中长近天纹（感情线）者，婚在十七岁至廿一岁之间。人纹长在小指根部与天纹中间者，婚廿一岁至廿五岁之间。

人纹长近小指根部者，婚在廿五岁至三十岁之间。准确年限，观而断之。人纹末端向下弯止于天纹者，主其配偶将久疾而死。人纹向上弯者，婚姻艰难。人纹末端有十字纹者，主其配偶突然死。人纹中出现岛纹则夫妻反目。人纹尾分双枝有离婚之兆。人纹中断主离而又复。天纹生草多好色，天纹分叉主再婚。

又有以手掌看子息：子息纹位居小指根部，细小之竖纹。子息纹端正清晰能成人，歪而斜细者残弱或夭折。纹中短粗者为男，靠近掌边先生男，距掌边远迟生男；细长者为女，靠近掌边先生女，离掌边远迟生女。共几纹有几子息。子息纹端正清晰，定是贵子，歪曲纤细必为庸俗之子。小指长而端正，子息出息老而有靠，小指短而歪曲子息无能，老难相依。

卷六：相骨格秘诀

贫贱富贵，五行八卦配，五岳四渎须相对，亦教相者无愧。世人若论骨位，方正被有钦佩，尖嘴猴腮难存，祖业飘零颓废。大抵相骨者，常以头颅、四肢、躯干为本，毛发皮肉为标，瘦肥之分。

> 两手过膝是英贤，短粗露骨主贫寒。
> 身小头大无福寿，身大头小主愚顽。
> 手指肥长主聪明，指秃瘦短主拙贱。
> 三停相等不一般，少年得志建家院。
> 瘦是瘦令寒是寒，瘦寒之人不一般。
> 瘦有精神终须富，寒相之人主孤单。
> 五岳四渎鼻为高，贫寒之人相中招。
> 决唇露齿终必衰，必然饿死在中朝。
> 上停短亏下停长，多成多灾道空亡。
> 纵然管的成家计，犹如烈日照冰霜。
> 下停短亏上停长，下伴王侯伴君王。
> 若是有人生如此，珍珠财宝装满箱。

上下停短中停长，秃眉小眼主不良。

鼻子漏孔口又偏，二眉交接命夭折。

色怕嫩来气怕焦，色嫩气焦不相饶。

老年色嫩遭辛苦，少年色嫩不坚牢。

何知此人有疾病，山根乌暗面目青。

常有黑斑在命门，准头暗淡命将倾。

印堂红润骨高起，少年得志掌官朝。

日月角起文章贵，三停代方是英豪。

何知此人必受刑，红筋缠晴山根青。

颧尖眉竖性狠恶，缠筋顶丁断三停。

眼深定无隔宿粮，带哭妨夫子不强。

但见口中现尘埃，都因分贱厄他乡。

何知此人招贼来，暗淡神情光线衰。

印堂中央现赤红，定然官司必破财。

卷七：相女人秘诀

桃花满面眼溜光，手摇脚摆又坐桩。

决齿仰首提衣领，侧倚门前任四方。

雀步蛇行狗跳爪，一行一步把头摇。

路见行人忙掩面，私约情人度良宵。

女子走路频仰头，人中生毛妨夫主。

不是填房因孝娶，洞房定结两家仇。

低头含笑是娼淫，手掠眉头又看身。

坐立不定低头唱，偷情男子作夫郎。

卷八：相阳宅与阴宅秘诀

1. 相阳宅

未进宅时先看形，看宅须是要分明。

正形正差生克错，其中福祸能均平。

宫若克形人不利，形若克宫财不兴。

有人看形无差事，便是帝问一仙灵。

造房须是分八卦，五形相克有险凶。

前边朱雀后玄武，右边白虎左青龙。

青龙动处有喜事，白虎张口不留情。

地基须是要平方，水剑路剑不相逢。

中间宽阔两头窄，小鬼担挑伤人丁。

阳宅前窄后面宽，人口平安家财兴。

前宽后窄是棺材，依然强住也不中。

六十年后终换主，有损人口坏门庭。

井桥窑庙须注意，后面右边别造宫。

吸毒上吊是常事，男死西来女死东。

门前有井破天心，子孙夭折世人惊。

堂前宜种杨柳竹，桑枣柏桐莫入宫。

世人造房依此诀，后世荣华耀祖宗。

2. 相阴宅

何谓风水地，藏空能聚气。参透此秘诀，详查知其意。小者如酒樽，大者似芦席。青土带黄点，黄土夹黑皮。枯枝插下活，青黑如胶泥。下妇先溶化，雾气漫地起。天空如烟柱，青浊能分离。活的能走动，死的无处去。寅卯细观察，方能得仔细。

风水宝地非等闲，真人秘诀后世传。

福禄寿喜人丁事，天文地理莫胡言。

若是阴宅造化好，后世昌盛又双全。

头枕高山脚蹬涧，口处无泉若瞪寒。

左右有箭冲膀臂，儿女宫中有伤残。

后世若是有庄户，儿女安康建家院。

明堂之中有清泉，后代荣华旺百年。

头前若有庙桥窖，子孙淫荡不可言。

若是有箭冲后世，后世孤独堪可怜。

明堂有箭须挡避，后代才能不作难。

见子龙地主功名，五龙捧圣出英贤。

怀中抱月超凡尘，说与相家仔细参。

3. 面相与风水

火星须得方，方者有金章（额也）。

子气须得圆，圆者有高官（印堂）。

土星须得厚，厚者有长寿（鼻也）。

木星须要朝，五福必相绕（右耳）。

金星须得白，官位终有获（左耳）。

罗喉须得长，长者食天仓（左眉）。

计都须要齐，齐者有妻儿（右眉）。

月孛须得直，直者有衣食（山根）。

太阴须得黑，黑者有官职（右眼）。

太阳须得光，光者福禄强（左眼）。

水星须得红，红者做三公（口也）。

当生命宫得火星之力，人命有田宅，寿九十九。如尖陋多纹理者，是陷了火星，乃不贵，无子息，一二人至老不得力，衣食平常又不得兄弟力，三方无主寿、损妻、破财。紫气星乃额下印堂，分明无直纹，圆如珠，主人必贵。白色如银样，主人大富贵。黄者，有衣食。如窄不平，内有隐纹者，不言子息二三人不得力，无厚禄，损田宅。眉是罗计二星，粗黑过目，入鬓际者，此衣禄之相，子息父母皆贵，亲眷亦贵。此入命，如相连，黄赤色，更短，主骨肉子息多犯恶死。太阴太阳要黑白分明，眉长细双分入鬓者，黑睛多白睛少，睛光彩者，其人当生得阴阳二星照命，大贵。如黑少白多，黄赤色，其人陷了二星，损父母，害妻子，破田宅，多灾短命。

　　月孛星位居山根，是从印堂直下分破者，其人当遭月孛照命，陷了山根，主子孙不吉，定多灾厄，修读无成，破产业，克妻害子息。土星鼻是，须要准头丰厚，两孔不露，年上寿。上平满直，生耳不偏，其人当不陷，土星入命，并满三方主福禄寿。如土星不正，准头尖露又高，其人陷了中岳土星，主贫贱，少家业，主心性不直。金木是耳须要轮廓分明，其位红白色，不拘大小。如耳门阔生得端正，不反不尖，大小一般，更是高过眉眼，白色如银样，大好。其人当生得金木两星照命，发禄定早。若反侧窄，或大或小，陷了二星，其人损田宅、财帛、无学识。水星是口，名为内学堂。须唇红、口阔、四角人中深、口齿端正者，得水星之命，有文章，为官食禄。若齿粗，口角垂黄色，主贫贱。

　　观相之法，如观风水。风水有寻龙、审穴、截砂、剪水之法，相亦如之。相分三停，上停为天，中停为人，下停为地，是大局法。人以头顶为来龙，以日月角两辅角为夹护，以山林填墓枕骨为后乐，以金木两耳为远缠，以印堂为案。得相之美者，必要山林坟墓辅弼两耳，件件照应。有一件不足，所发不大。中停以鼻为穴，山根为来龙去脉，以颧为夹护，以准头为起伏，以地阁为朝峰，故鼻梁宜丰隆，观正辅，倘无颧则鼻为孤峰。山根低，则来脉弱，鼻梁短，则势气薄，冲破泪，为砂飞水走。井灶薄露，为无唇倾泻，均不发也。倘鼻小而两颧生得有情，亦可小发。下停以水星为穴，以鼻为来龙，以人中为过峡，以两颧骨为辅弼，以地阁为案，以承浆为仓，故口角宜仰。地阁宜朝，地库宜丰，颧骨宜圆，陂池鹅鸭宜凹，凹中见凸，主为有气，有结，倘口反，地阁不朝，须困、须锁喉，皆不发也。至如看眼看耳，以气色不泄为佳。若眼露与深陷，耳反、耳低、耳黑，皆为失气也。

卷九：师训秘诀

面上三停额鼻阁，身上三停足头腰，三停平等多衣禄，长短如差福不饶。上停长，幼善祥。下停长，老吾昌。五岳不正，相君终始薄寒，八卦高隆，须是多招财禄。生燕颔虎头，飞而食肉，乃万里侯相也。形容古怪，石中有美玉之藏。人物威严，海底有明珠之聚。金城分五指，极在廊。虎行位至侯王。头过步者，晚景不佳。不哭常如泪，非愁却似愁，忧心常不乐，荣乐半途休。额方而阔，风华少年。额面手足青筋乱，辛苦不闲又多厄。额夹削、耳反，乃三夫之妇也。克婿两颧露，刑夫额不平，要知三度嫁，女作丈夫声。女音粗硬，中年孀妇。额纹多而乱，必主克妻。额生寒气，必主克父。额头青筋，生性凶恶。铁面多才，剑眉多勇。眉棱骨起，立异乡之财，主寿有子，眉过淡过浓，四八前后定破财。眉头聚青黑，文书心滞。眉毛长垂高寿无疑。尾毛润泽，求官易得。眉毛压眼挡前途。眉交不分，早岁归坟。垂垂如丝，贪淫无子。弯弯如蛾，好色唯多。左眉高，右眉低妨母，左眉下，右眉上父亡。眉毛散乱，几度姻缘，女眉长而浓，必主克夫。印堂黄气起，官禄定高迁。印堂悬针者，常遭官司。赤急中心出，公事别妻儿，黄气发自高广，近日必定转官，庶人喜气喜祥。神色俱退，睛如鱼目，为速死气象。三台俱黄色，利名成遂。奸门有青黑之气，必妻妾有灾。鱼尾上扬，桃花正旺。鱼尾下垂，夫妇多别。面色似桔皮，孤刑定不疑，虽然生一子，都换两重妻。男面桃花，刑伤破败。面多雀斑，晦气寒难。面皮青蓝，阴阳极毒。面如蒙尘，家财破败。面似扑粉，败家无后。桃花色重仍侵目，慈酒迷花穷处妻。赤目侵瞳，官事重重。最怕黄睛兼赤眼，一生灾凶活不成。耳黑飞花，离祖破家。法令黑色横三阳，近期须防损寿。三阳青黑，方有重灾。命门青黑，方临死期。

山根折断，灾祸连绵。山根青黑，三十六前后定多灾，法令无纹，应不满三十而死。眼瞳生黑气，刑妻刑子女。青色横观，失权而挫。目眼如凸，必定夭折，眼睛赤，心性急，髭须黄，怒气强。眼若凸露，人生难度，鼻如鹰嘴，食人心髓。目神短促无光，视瞻昏暗无力，必为九泉之客。目长眉短不相对，亲者如疏自用心。右小女怕夫，左小男怕妇，乌眼少而白睛多，不为囚即主贫破。红砂入睛，近期须防牢狱之灾。眼内多白女杀夫，男人如此赤多愚。眼下横肉卧蚕子，知君久远乏子嗣。看君左眼虽然小，我且知君是非曲直长男。鼻小为四极，家作无休息。鼻仰唇掀及结喉者，夭亡，浪迹遗天涯。鼻准尖垂，旺女刑子。鼻如孤峰，中年破财，亦主厄运。准头丰主事业旺，准头尖细主好奸计。骨削颧隐，早岁不利。鼻骨冲犯两眉，父母必不长寿。准头丰大，与人无害。准头尖小，为人奸计。鼻梁无骨，必主夭寿。鼻有三曲，终生无官。人若两耳垂肩，贵不可言也。耳薄无根必早死，耳门广阔不贫困。欲知人寿考，耳大玉缕成。耳根多高骨，主寿又劳心。耳白过面，终为名臣，且名闻天下。口边皮若生皱纹，有子应须出外乡。口如吹火少儿孙，偏左妨连妻归阴。齿疏唇露不合口，口唇尖薄是非多。鱼尾笏纹长入口，虽有眉寿最劳心。结喉主劳伤，露齿招是非。露结喉，目白神痴，死在他州。众人之自以喉，贵人之自以脐，驿马连边地，后权主一方。面皮急如鼓，不过古十五。肉缓筋宽色又嫩，三十六前是去程，手若绵软富可羡，色若巽红禄不绝。男带女相，懦而无立。女怀男相，主失其夫。身上生毛非远器。男无胡须，有子难养。女有胡须，常败夫运。男女皆胖皆瘦，眼皮皆单皆双，必主夫妇分离，终难白头偕老。面多斑点，恐非老寿之人。耳有毫毛，定是长生之客。眉毫不如耳毫，耳毫不如项下绦，项下绦不如枕骨高，此乃寿相也。人生富贵，皆由前世修行。士处贫穷，尽是今生作恶。上之秘诀少人知，说与相家仔细诵。

卷十：流年篇

看流年查年龄，所在面之位，饱满光亮者，此年吉顺，缺陷青暗者，其年不顺。查流年图。

欲识流年运气行，男左女右各分形。

天轮一二初年运，三四周流至天城。

天廓垂珠五六七，八九天轮之上停。

人轮十岁及十一，轮飞廓反必相刑。

十二十三并十四，地轮朝口寿康宁。

十五火星居正额，十六天中骨法成。

十七十八日月角，运逢十九应天庭。

辅骨二十二十一，二十二岁至司空。

二十三四边城地，二十五岁逢中正。

二十六岁主丘陵，二十七岁看冢墓。

二十八遇印堂平。

二九三十山林部，三十一岁凌云程。

人命若逢三十二，额右黄光紫气生。

三十三行繁霞上，三十四有彩霞明。

三十五岁太阳位，三十六上会太阴。

中阳正当三十七，中阴三十八主亨。

少阳年当三十九，少阴四十少弟兄。

山根路远四十一，四十二造精舍宫。

四十三岁登光殿，四旬有四年上增。

寿上又逢四十五，四十六七两颧宫。

准头喜居四十八，四十九入兰台中。

廷尉相逢正五十，人中五十一人惊。

五二五三居仙库，五旬有四食仓盈。

五五得请禄仓米，五十六七法令明。

五十八九遇虎耳，耳顺之年遇水星。

承浆正居六十一，地库六十二三逢。

六十四岁陂池地，六十五处鹅鸭鸣。

六十六七穿金缕，归来六十八九程。

七十之年逢颂堂，地阁颇添七十一。

七十二三多奴仆，腮骨七十四五同。

谁识神仙真妙诀，相逢谈笑世人惊。

第十五章　刑克六亲断

第一节　刑父母

额上偏左损父，偏右损母。露齿结喉者损父，阴气重者损母。左右废缺，父母俱损。鼻偏右先克母，鼻偏左先克父。上唇长者先妨父，下唇长者先妨母。小儿双顶者多妨父，发际低压少丧父母。日月角为父母宫，若高明则父母长寿康健，低则幼失双亲。色暗则父母有疾，日角底塌，毫毛生日角，刑父。月角破坏克母，左角偏妨父，右角偏妨母。左颧先露先刑父，右颧先露早刑母。金木低小，金木骨反，轮飞无廓；目露白，左刑父，右刑母。眼有大小，耳有高低，眉有上下，左眉旋者父先克，右眉旋者母先克，左右旋者父母俱克。右眉上，左眉下，父死母再嫁。左眉高，右眉低，父在母先归。人中偏左损父，右偏损母。鼻偏左先克父，鼻偏右先克母。面部歪斜乾宫破露，先刑父。坤宫破露先刑母。脚步轻重刑父母。左重先刑父，右重先刑母。额发旋生刑克，顶上双旋不利父，单旋不利母。两乳高低，高者先刑父，后刑母。眉毛一半生上，一半生下，主父母恶死。眉浓压眼者，刑父母。手大指节上有横纹交错者，先丧父，有钩纹者先丧母。手掌乾宫低，刑克父母。手背黄，指甲黑手掌黄，皆丧父母之兆。

第二节　刑妻妾

奸门乃妻妾之宫，丰满者百岁双合，枯陷者多刑多克。奸门大阔或纹玷，青惨暗气重，有痣瘢痕，恶玷乱侵眉压奸门，眉棱骨粗，亦压奸门，印堂双纹，山根细小，大仓青脉，鱼尾乱纹，以上俱克妻。内外奸门如是者有妾，得色刑妻。两颧骨凸露，主克三妻，山根有横纹克三妻。鱼尾枯陷，克头妻。年寿横纹克妻。眉重压眼克妻。山根枯陷克妻。结喉露齿克妻害子。眉中有痣妨妻。面如布袋，克妻妨子。印堂川字纹，妨妻。山根八字纹克妻。年寿有横纹克妻，一纹刑一妻，两纹刑三妻。左目小损妻。眼尾有纹克妻，眼尾直纹一两露者，刑克妻；眼尾下有十字纹或交叉纹，妻自缢；眼下叠叠有纹，克妻；眼白上黄者，男克妻，女克夫。颧骨尖露不圆净者，主男女刑克。面大鼻小者，克妻。鼻生枯骨者，克妻。鱼尾枯山根凹有痣，三次作新娘。奸门色恶，妻多疫死；夫妻宫色恶陷缺者，主妻必死。山根断者，克妻。奸门青惨，必主妻灾；奸门暗朦，必主生离。鱼尾干枯，妻寡夫鳏。黑痣印堂，夫妻隔角。

奸门多青筋，绕皮暗色冲占，山根无肉，露骨折断，气黑侵占妻座，定主妻妾多病而刑者。其人眉毛浊乱无光，眉毛如金妻妾淫奔。

如有华盖纹覆额，奸门陷暗，或有斑麻痣痕之类。定主妻宫子嗣难成，纵生亦防刑克。若出嗣过房养育，可免冲。如小儿轮飞廓反，鼻梁起节，发尖冲印，中正筋冲，头骨过大，翘唇齿露，地阁尖削，天占于地，阳胜与阴，连眉锁印，重叠罗计者皆是也，这都是少年刑克父母。额削刑父，颐削刑母。额有旋毛少年刑父。

其人若鼻形酷劣，鼻梁清削，准头尖小偏歪，奸门缺陷，都是娶妻不贤之象。诀云：鼻之梁柱名为妻座，凡有黑痣及痂纹冲破或色暗者，皆主妻宫有病刑冲，无缘欠力。奸门低陷，主生死离别，奸门多青筋，主妻多病而死，奸门有纹冲主刑妻，有交加十字纹，主妻妾死于非命。如眉毛婆娑，须不遮口，两颐侵颧，雌雄眼，两颧低，眉压目，主惧内之相。面大长者，面大鼻小者，无颧准大者，眉骨如指粗者，头过大山根弱者，山根有八字纹者，年寿有纹如丝过两边者，眉毛粗硬形竖刀剑者，左眉低垂者，连眉者，眉毛反生者，鼻起节者，剑脊鼻者，准头垂者，鼻太大者，额有痣者，鼻偏斜者，华盖额者，颧骨如拳者，单眼者，四方面，倒眼者，眼小面大者，鼻大面小者，鱼尾纹多深现者，悬针破印者，山根印堂有痣者，山根折有断纹者，奸门梁柱有黑痣者，奸门及眼尾有暗色如斑者，这全是刑妻之言。奸门低陷，妻妾无缘。奸门低陷，常作新郎。悬针破印，妻子两刑，鼻小面大多与刑妻，山根左右为妻座，若有损破，主妻当破相。暗病防刑。有黑痣，主不贤。奸门有十字交加纹，主妻不得好死。凡鼻有痣主刑妻。鱼尾纹多，妻防恶死。奸门有十字纹相交，定主妻死于非命。准头垂肉，贪淫不足；鼻梁薄削，不仁不义；面皮枯黄，男无妻女无夫。

终身不偶者，其相何如？青白或上无肉，薄情之人。其人面上必无喜客，面色青蓝，刑如鬼脸，或红赤如丹，面如神像，或面皮百折，深眼突额，坚眉鹰咀，三颧面，破锣声，蜂目、狼顾或仰露白眼，尖突眼圆、挺胸或鼻有节，耳缺额削，拗面掀唇，虎牙，发如猬皮。

第三节　刑儿女

泪堂三阴三阳为男女宫，最宜丰厚，不宜偏枯。左三阳枯损男，右三阴枯损女。奸门太陷，卧蚕乱纹，颧骨粗露，卧蚕乱肿，印堂悬针，形如哭容，卧蚕青惨，眼斜射蚕，有子刑尽，无子送终。山根细软，孤峰独耸，颧如鸡卵，口如吹火，背陷腰小，泪堂深陷。面带桃花，眼黄流光。唇皱囊折，声音低散，焦枯急促，或如破锣，卧蚕肉肿，纹射颧面有两凹，两颧孤凸，人中平满，泪堂有痣，眼下泪痕，人中斜侧，耳轮无廓，山根断折，人中高尖，惧克儿女。人中黑痣，抱养他人之子。泪堂直纹穿破者，主儿女刑克，眼上弦高，下弦低者，难为子女。泪痕缺陷，有子隔角。眼下走蛇主害子孙，年老方见。三阴三阳有疤痕及纹痣，鼻如剑脊，头低步纵，狼虎之声，主刑克。三颧者，克子而贫。三阴三阳黑者，生儿女灾。

五十五岁后失齿者，刑克儿女成败，背斜薄淫下者贫寒孤独。乳头曲者难养儿，乳头仰者子贵如玉。颧骨生峰，耳无弦根，面无和气，眉棱骨起者无子。眼下骨起眉愁者无子，面大肩寒者无子，眼目白多黑少者无子。眼下坑陷者，并山根陷者无子。兰台、廷尉薄缺者无子。人中平者无子。唇厚眼小者无子。额高颐削者无子。泪痕重两睑者无子。口如吹火者无子。颧骨生峰者无子。背枕后少发名发稀，精冷者无子。立路看人者无子。行路旁观者无子，养他人子。印堂露者宜螟蛉。羊睛而白多者孤，形如僧道者孤。面如桃花者孤。口角低者孤。雀行者孤。如菩萨面者孤。卧蚕枯槁者孤。狼口而囊缩者孤寒。鼻子孔仰名鹭鸶鼻，主孤独。唇无须者孤刑。声如雷者主孤。有腋气者孤贫，行齿跳跃者孤独。眉骨凸起者孤。印堂悬针，眉如罗汉，面似判官，孤峰独耸，鼻大小不称，哭容愁脸，背陷腰小，俱孤独无子。

女多子少相如何看？眉毛眼角下垂，眉毛婆娑压目。若此薄相，倘多生子，也主刑伤。诀曰："何知人多女不多儿。只因眉眼两头垂。"龙宫不好多生女，山根纵理纹，主养他人子。眼下辅罗网，主养义子螟蛉。

得子发贵，能享子福者，其相何如？两颧光润圆满，并无暗色侵占，地阁朝拱，须疏而润背如圆物，腹似垂箕者是也。

克子之相何如？两颧冲破，龙宫黑痣，或色暗纹冲，或华盖纹多，或人中平满，或面如油光，或面带桃花，或面色烟煤，眼尾下有青黑色如指类者定克子无疑。人中平坦长子难成。

一、无子断

罗汉相（即佛相）、和尚相、僧道相、仙佛相、菩萨相（过于光润，无城廓无阴阳分也）、判官面（色惨黑如墨，其形酷烈也）、冤鬼相（面如哭状若冤鬼形）、太监面发（即阿婆面，无须且多纹，面皮百折）。面如烟煤，面如桃花，面光如油，面赤如丹，面红如

287

枣粟，口如吹火，雷公嘴，鹰嘴，卧蚕干枯，面凹龙宫陷，眼下蚕肉，眼下起独骨，法令太深、太长（或为苦泪纹，纵有子临终时也见不上面，且后嗣多绝），肥人无臀，声如破锣，乳白无珠，手指如蛇头，门牙朝入（主克子），颈后干枯，黑色无肉，阴下无毛（主无子），以上之相主克子或无子。

指甲如饭铲，损妻无子不寿。妇人腰背薄，板直而硬，多主破刑克子。口反下垂，主老来无子绝后。男如口形丑，主无子，得亦不孝。若问子迟之相，如泪堂深，眼盖凹，天仓陷，华盖额，桃花面，尘灰面主子迟，早防刑克。若全犯此格者，妻财子三者主迟缓。眼眶平满，龙宫平满；额无华盖，则子早成。两鬓过命门者，子必稀迟。乳生得太低者，子亦迟。华盖额，人中平长，又宜子出嗣，不出嗣必刑冲。倘不刑冲而养成者，其子必不孝也，不孝之子亦做刑冲论。

二、多儿相

龙宫平满，不暗不冲，天仓丰隆，地阁朝天，额无华盖，脐深大有托有栏，不泻而朝，人中深广，须长过嘴，唇厚多纹，腰平圆而不陷，乳珠多而乳堂黑大者，定主多子无疑，且能享贵子皓封。女人鬓角低过命门，得子必迟，鬓角高在命门之上得子早。

生子宜过房养育者，其相如何？

此子耳反而尖薄，眉粗而连，或重罗迭计，或发闭日月角，或发尖冲印，此等之相，刑克太重，理宜出嗣过房，否则，主少年刑伤父母兄弟，若出嗣或企其幸而免耳。

生子愚蠢，其相如何？

龙宫、卧蚕黑暗及有青筋盘绕。诀云："龙宫黑暗，主子不寿及愚顽者。"

生子不寿，其相如何？

此子阴骘堂黑暗，地阁不朝，须浊而秃，分燕尾者故也。若能享子福者，其相定必两颧丰隆光润，无暗无冲，背圆腹垂，地阁朝天，颈后有肉，须疏而散，不乱不枯，不开燕尾者是也。须分燕尾，无论承浆下之须与下颌之髯分燕尾皆然，确验。

若问老年人，红颜白发须，面光如油，齿落复生，眼珠复明，耳聋复聪者何也？有如此之相定主长寿而子孙必多刑克也。诀曰："老人转少年，定主子孙刑冲，家财败退。"男女相同。

生子生女色从何见？面色黄明主生子，红色主生女，黑暗反赤色主生产有灾。此从三阳三阴，眼下两颧处参见，男女相同。诀曰："女人面赤黑，定知有灾厄。唇齿不能盖，产中多事故。女人面上黄，怀孕必安康。左掌青红男，右掌青红女。"人中色明艳，生产易。人中枯槁者难养育。左脚先动男，右脚先动女，回头左右分男女。三阳青筋生子，若三阳红，生女。

女人旺夫益子之相何如？面如满月，鼻正而丰，眉清目秀，唇红齿白，龙宫光满，不暗不冲，面如冠玉，声清神静，坐立，行动端正不倚，所谓有威，百媚有态，纯和有气者。诗曰："一见可敬者，贵寿而多男；一见可重者，贞洁而福泽。舌红主夫贵。"

妇人之相令人一见若生畏怯者何也？此妇人定主刑夫克子。如三颧面，丈夫声，雷公咀，烟煤色冤鬼面，挺胸掩面，眼四白，发黄额闭，面皮百褶，口垂眉锁、鼻生节、口角生难者是也。诀曰："一见可怖者，刑克而恶极也。"若此妇人，不但刑夫克子，且不能和睦也。又云："妇人面色焦黄，血不华色者，主一生不偶，纵有夫，也不和合，所谓孤寡之色也。"

第四节　刑夫

面过长为马面者，额过高而尖削者，头过大、额过广而凸者，掀唇露齿，牙如虎牙射出者，额破而削者，额乌面乌者，三颧面者（颧突额凸是也），鼻起节，剑脊鼻，三曲三弯鼻仰孔鼻，蒜头鼻

（山根小鼻头大），眉坚如月剑形，眉骨粗大如指，眼露四白，单眼，倒眼，眼突露光，面圆耳缺，声如破锣，鹅公声，酸苦怨哀声，身瘦高长如男子，挺胸昂头昂面，面大鼻小，四方面，面皮百折，额纹太多，须粗如绳毛发黄如金，颧高而尖露，发长过身，无端常哭，惧为刑夫。令人一见若有所思者何如？此妇定是淫相，其必风流至如眼如秋水色似桃花，半笑含情者。

诀曰："一见可喜者，邪淫易诱也。此妇虽隐处深闺，到底难言贞节。"

又云："眼为勾引之媒，媒人淫相，每因眼俏光浮者居多，故一见令人有所思也。"故云眼流露光，定含贪淫。如此定主不贞，男子之眼如此，不独好贪花问柳，若有姿色者，犹防充作小宫也。妇人之相过柔则淫，过刚则刑，何以为柔何以为刚？柔之相，腰软头歪，行摇坐倚，似笑似媚，娇声令色，态如含露之秘，神如迎风之柳，若此相定主淫欲无疑。腰硬之相，定主刑克恶极者。

妇人生产死者，其相何如？翘唇齿露，眼圆睛突，掌中震位黑暗是也。

诀曰：眼露睛，齿露龈，产死难免。若丈夫山根有纹如丝过两鬓，或者三条者，主妻产厄死。有痣在奸门，主妻小产及产厄者。

妇人心存妒忌阴险，相人何见？口常冷笑，眼深斜视，面皮青薄，法令深陷，言语吞吐诈若惊疑者是也。妇人之相凶何如？声杀面横，额高颧突，雀步蛇睛，似男子气象。诀曰："一见可畏者，刚强而欺心也。"又云："颧面，丈夫声，峰目狼顾，亦刑克恶极。"妓妇之相，何以有能生子，有不能生子者，如何分？面无麻雀斑点及龙宫平满，无冲无破，色泽光明者，便可生子。反此定主无生。

第五节　刑兄弟

兄弟宫在两眉上，左眉为罗睺，右眉为计都。眉毛要丰蔚长秀，不宜缺陷和短促，否则兄弟分离孤独。眉有旋毛，兄弟众多，狼性不常。眉毛两样，定然异母。眉中有断路者，主兄弟远去。眉生逆毛者，兄弟仇害。眉毛逆者，兄弟隔阻。反复逆生不丰者，兄弟凶，主不和。眉中有断纹为六害眉，主克兄弟。

兄弟或多或少，或贵或贱，或得力不得力者，相从何看？

两眉舒长，秀而有彩，软而不坚不乱，定主兄弟众多；若有坚毛乱毛者，虽众多亦主刑克，或彼此性情各异，参商不睦；若有彩色毫光者，主有富贵同胞；若短促不反目者，主欠得力而稀少；若粗乱浊逆者，主刑冲隔角，彼此结仇；若幼疏软秀者，主兄友弟恭，家庭和睦。诀曰："眉长过目，兄弟五六。短不及目，反为孤独。纵有一双，也非同腹。反弓带箭，隔墙不睦。新月弯长，贵器金玉。"

诀曰："发际低垂，父兮早离。颐削嘴尖，母也归泉。额角眉交父母早抛。眼如羊目，相刑骨肉。痣生山根，发妻安存。鱼尾枯干，妻宫痛酸。山根纹断，妻必去魂。面大鼻小，克妻不了。人中短促，子孙不足。人中立理，养他人子。眼下痣纹，子孙难成。口如吹火，到老独坐。眉毛交加，雁行有嗟。"若欲周章，十二宫详。

赋曰："额头尖而幼岁刑伤，发际压而少丧爷娘。额小兮父早故，颐尖兮母必亡。鱼尾凸而奸门漏兮，奚美中馈。泪堂陷而山根折兮，定克椒房。人中平满刑子克子，膝下无儿，老来受孤兮，眼不哭而泪汪汪。扇风耳受孤苦，吹火口无儿郎。"

第十六章　秘传面相口诀

一、口诀一

相虽应验，难得入神，今将秘卷梓书，如神异相传。

眉起骨锁分鸾尾，主多刑子息。

眼大露光，主犯刑死。

鼻起节，主破家，死在他乡。

肥人面赤，主性恶心毒。瘦人发黄，主多贪奸杀之徒。

有头无项，三十前死。

项圆头小颈偏头削，一生不成事。如项再不圆，主少年死。

男女睛黄，多主性躁急，再露者犯刑名。

男人眼大，常招阴人口舌。

男人细眉，主得阴人财帛。

男女有喉结者，招恶梦。

眉轻口阔，常招水惊。

耳间生黑子，常招水惊，在本命不妨。

眉生黑子，招阴人口舌，又主水厄。

男女卷发，犯刑好色。发黄者，下流之论。

项上生肉如堆、项后发高、肉如堆、眼深发黄，三者俱主犯人命。

眉梢开花，运不通。须眉开花，多蹇滞。

眉生毫，耳太小，若犯此二件，俱主外家养大之人。

眼不转睛，及上下左右视者，俱主做贼。

眉垂耳低，多是私生庶出。

女耳无轮，额削骨粗，二者多主为妾。

妇人仰面，多有奸淫。

男人垂头，一心贪婪。

身大手小，一生不聚财。

身小手大，一生下愚。

鲨皮多有奸淫，男人多破家（鲨皮者，似鲨鱼皮一样，过寒天即起），初年不妙，晚年白手成家。

面大妇人多不孝，睛圆女子必妨姑。

嘴尖面陷为奴，一日要打三遭。

面大鼻小之仆，忠直兴家旺主。

口阔唇红，多贪饮食。肚小背陷，一生无禄。

腰偏脐深，多有邪淫。目红语结，好色无穷。

眼大须小偏左，俱主内奸。

左肩高，主白手兴家大富。右肩高，主大穷大苦破败。

梦语者，一生多胡说妄言。包牙多，主俱内，妻病，少年不稳。

唇薄动者，多奸，不聚财，不信行。唇青，主老来饥饿之病。

女人汗多，主一生劳苦。无汗无子，汗香子贵，汗浊子贱。

小儿咬齿，主妨父母。开口睡，难养。自言自语，主招鬼迷，亦主寿夭。

奸门有十字纹者，主打妻。女人颧骨高于眼角上者，主刑夫。女人颧高大，手骨粗，能作生涯。

男眼中有痣，聪明；女眼中有痣，淫乱。

耳薄、梁低、嘴努、胸凸，犯此四件，主为人奴。四件全者，一生为奴，不得人意。少者神散即死，老者头项皮乾即死。

眉毛生毫，不过主寿，朝上者克子克妻。须分燕尾，十子九死。

老来面白无纹，须发有黄尾，白如羊髯，数件俱主克子。

老来耳白主子贵，唇紫主子贵。老来房事多，主有寿，主子贵。

老弱落须，主克子。老不落发，主劳碌。女老不落发，主大寿。

龟头黑色子早，白色子迟。准头偏，主贤子。脚跟削小，主后代不如，若血红润稍可。

血红眉梢，孤峰独耸，刑破败家，本身还要受苦。

耳若无边，有八旬之寿，子盛孙荣。耳内青白，忌血疾亡身。

须生项下，多得外家财产。

项下起骨节，多夭，外家败耗。

承浆无须，唇耳紫，定遭水厄（承浆者，在唇下者也）。

痣上有毛，定是俊毫。乳边生毫，子必清高，二三分方好，多者为草。

女人下唇包上，一生口舌到老。上唇包下，为雷公嘴，主无子，而又不贤。

女人开声无韵，主贱；男子开声无韵，主贫。

足指短，足心陷，足多骨，三者全，必主贫贱。足生肉，足生软毛，俱主一生安乐。足红润，主多贵。

男子发粗，多犯刑名。女人发粗，刑夫克子。

六指者多妨父，一生不得荣显，下贱之相。

身白面黄，不久守困。身黄面白，不久身荣。

女人掌上有纹深，主言有生。

男人阴囊上无纹，必主绝嗣。

女人手起骨节，一生辛勤主多贱。

女人头圆，主生好子。男子额削，一生不得显达。

女无指甲，一生下愚。脐下生毛，淫贱福薄（脐下乃子宫也）。

眉心有赤脉，女主贵，男主富。

腰腹起一筋，横主贵，直主穷，青为次，赤为贵，男女俱宜横忌直。

人长手短，一生不成气。

鱼尾纹直上天仓，白手成大贵。

女面不宜有痣，独天仓生痣，主生四子。

女人齿朝外主刑伤，朝内主孤独。

女人面黑身白贱，面斑身轻贱。女人相瘦唇红为子成群，瘦人唇白，寿元短促。面上无毫毛，贫贱逃外乡。

绰头须嘴，其心极奸。

少年皮生黑斑，主死。小儿腰阔，必有寿。

老人生斑，为寿斑，高黑方好，平黄主穷。

凡人生肉，先从腰上生，方为有用，胸上面非好也。

四肢干，一年主死。四肢润，两年主富。

老转黑须，老生齿，主寿，然必克子刑孙，乃大孤独相。

额角有旋毛，主过房。额多乱纹，主过房。额有三四纹，额大面小，尖额大无梁，俱是华盖额。

两太阳并天庭有一骨，方名为华盖骨，华盖骨与华盖额不同。骨如三条川字样，何愁金榜不题名。

山林得一痣，主得大财。痣上生霜毫，主生贵子。

卧蚕发紫，主生贵子。弦上有小黑子，主生贵子。弦低黑暗，子要克尽。

奸门有杂色，娶娼妇为妻妾。

年寿有一缺一陷，或一纹一痕，主成败一次，有二纹。成败二次。

十二亥宫起白点如粟粒，主遭奴仆之害。眉间上下生白包，主招花酒亡身。眼边生包，主子女多刑。满面生包，主要伤子损妻。

足底纹宜直不宜横，宜双不宜交乱。如足底纹乱多刑，子孙亦迟。手指足指如蛇头鸭嘴，主一生奸狡孤独，女人主刑父母。妇生牙主刑夫克子，男人主克子克妻，一生贫贱。女人鸭脚多是姨婆，男人鸭脚一生下愚。

男人脐浅无衣禄，女人脐浅无儿子。有此二法，宜切记。凡人生子发财，俱要血壮气足。此件最要得法，不可乱言。

刑妻克子，俱因色不润，气不和，非奸门卧蚕一处为用，还要气色为用。

一本相书，独以气血二字为妙，精神为用。满面部位，印堂为用。印堂可管一身，一世各样事俱看印堂为主。女人要看乳脐阴户，以辩子孙以贵贱。阴户深上者佳，后者不如。毛乱生脐者不如。

山根有一根横纹离祖，二根横纹离六亲，三根横纹白手大成家。

口水为液增漕，老人喜少年嫌，三十有二年死，四十有三年死，五十有五年死，六十有六年亡。古书云："眉毛不如耳毫，耳毫不如项下绦，项下绦不如液增漕。"有人言液增漕乃小水，非也。小水频者，老来主足疾，下肢亦有疾。

老来多睡主死，少年多睡主愚。忽然眼垂下视，主死。忽然声噪主重疾，干韵主死。男女中年顶发落，老来最苦。发生绒毛者，男女俱主困穷。少年发白，主丧父母，大不利。

鱼尾有梅花，主因妻破家，有直纹，大困穷。颧上有纹，主大破耗。天仓横直纹，主破家。书云："地库要纹，天仓要明。"准头南方不忌偏，惟忌白。书云："南方无正土，北方人忌偏，偏左外家破，偏右老来穷。"

鼻孔有一二毫，长者为长枪，多者为有余粮。宁教仓库有余粮，莫使井灶有长枪。井灶薄而能动，一世休聚财，乃败子死。

病人俯卧主生，常人俯卧主死。卧中叹气，决非吉兆。卧中切齿，害子害妻。卧中口如吹火，少年主刑死，老来不善终。

凡肉瘤红色者佳，白色者不好。背后生瘤主富，然亦不长。面上生瘤主穷，下身生瘤主贱。

指甲朝外主孤。项内发肉卷螺者，主大发。项内发肉如堆者，俱主招凶。面生黑子，宜大宜高，主贵，若低小不寿。脚生毛者，宜软宜细少，多乱如草，子孙不贤，无毛主子孙不孝，食禄二仓生纹，主老翁。

二、口诀二

男子以刚为贵，女人以柔为祯。阴反于阳夫必损阳，阳反于阴祸必当。《灵台秘诀》云："女中至贵，谓威厚燕语，声和耳厚，白额圆鬓，乌润怀抱，平肩削项，长目澄净，视端妖媚，人中分明，腮颧隐隐有力，悬壁正，唇红齿白，骨肉相副，手纤鼻狭峻直。女中至富，谓耳慢厚唇，相当红润，悬壁正，目美性宽，腮满颏阔。人中长，食仓满，蚕囊平，四仓俱满，兰尉分明，井灶平细，厨满酒池平，地阁阔犯金鸭玉霞。女中至贱，谓耳急撮唇，吹火口，鼻凹目露，蛇行雄声，体冷齿高，腰削臀高胸凸齿露，膀窄背直，声重破龙唇凤口，颊高神浅，人中断肌，指粗短有角。女中至贞，谓瞻视分明，刚骨有力，颧骨年寿隐显有势，法令深目神澄，黑白分明，目下斜视，娇有威媚，而能行缓步轻，身柔性正，耳厚额圆，鼻直发疏润而光，声清严不散者贵。其下贱者，反顾蛇行雀跃，耳反羊目神薄，娇而无威，媚而不态，刚中欠柔，五官不定，犯日角月角龙角，神流口阔舌长，笑而不实，掀唇撮口，眉偃月，气浮声浅。女中至恶，谓口高齿露，声散发黄人中蹇，鼻促下，唇进前，耳窄鼻曲，窍露，目深，鼻梁有节，横面黑黄，发粗索体硬无眉，声破无韵，项短面促。女中至孤，谓三拳面，眉厚硬。棱骨高，下唇向前，鼻准大，耳窄，头如立卵，额尖削，目长乏盖，声雄，面黑黳，生蝇斑，靥生须，羊目眼，三角鼻，勾纹山根断。女中至寿，颏拥肉满寿带长，人中深，项颧有力，目神澄黑白分明，语声轻细圆实，法令过口，项有双绦，腹垂皮宽，耳慢年寿高。女中夭命，蝇面颊高声雄，眉压目，耳窄，人中短有靥，双条横匝，目神怒，低头斜视，睛大无光，六合不盖，口尖齿露，犯悬索之气，口边长黑。"

又曰:"女中有九丑,谓一雄声,主杀夫害子多嗔。二生须,主贫贱乏财。三胸凸,愚鲁下贱。四蛇行,主淫。五雀跃,孤独性不良。六蝇面,少子妨夫寿夭。七羊目,主淫。不慈害子。八腰削臀高,主贱辛苦。九喉结,妨夫,好妖喜伪。"

眉弯眼含笑,声韵低柔,目神藏,唇薄,齿稀,归来陷,颧、寿孤,神流散,头掉脚跳,目剑薄口,唇不相当,羊目,小人多贱。妊孕,男女论气血正时,禀真气而成孕。阳盛为男,阴盛为女,阳清太盛则必生偏指或胎内生牙;阴血有余定发白于腹内,又看虎口筋纹而皆暗,生子必联其暗;青点点子必缺唇筋,青而不正其子发稀,青筋大现子骨坚而行早。双生则青筋双牵,不全则浮筋不正,主子难养。青纹不足子行迟,纹筋相交虎口子死。左青色至口是男,右青色至口是女,凤池水聚知生女,土虎龙宫定是男。右看三阴,赤色是女。寿上黄怀孕平安。人中有靥防产厄,有纹难产。

男子之目必要神旺,妇人之目必要和惠,若和惠有恒之妇必当贵重。严肃威力侧视乃富贵之相也。白色宜少,黑色宜多,视不宜偏,光不宜漫,睛不宜露,神不宜困,乃善相也。妇人惟眼长为贵,若圆小高凸粗不秀者主其贱轻。猴目神流多淫,脸薄赤而少节。脸者,目盖也。若目盖薄而赤者,主有不廉之态,少有贞洁之行。女带桃花眼上胞红,睛澄澈湛然若水者必有贵烈之性。

妇人有青气冲眼者,必哭其夫;卧蚕青,必伤长男长女、害夫;眉尾后白色者夫必憎嫌。目露四白,外人入宅,露白且语不正,三角多嗔,为妨夫之霜刃。妇人眼三角者性狠而多怒,如杀夫之露锋之刃,四白带杀,作害子之青萍。妇人眼露四白而神旺者谓之带杀,乃杀子之剑也。青萍者乃剑之名也。白多三角犯刑徒,目露四白带杀,赤缕贯睛杀子克夫,如青萍之剑矣。

耳者,主声音之听闻,为心肾之司牧。司,主守也;牧,古者州长谓之牧,取守养之义也。凡人所言善恶皆从耳传于心,故为心肾之司牧也。《玉管照神》曰:"耳主听,贯脑而多通肾,为心之司,肾之候也。"故肾气实则清而聪,肾气虚则昏而浊,所有主声誉与心性也。耳厚而坚者寿考,耳耸起过眉者寿。轮廓分明者聪悟,垂珠朝口者主财;耳贴肉而生者富足,耳内生毫者寿,耳内有黑子者生贵子,主聪明,耳门阔者智虑远,耳坚如木者至死不哭,耳长而耸者禄位,厚而圆者财食,色红润者荣贵,黄白者名誉,青黑者贫薄,轮廓不分明者财禄多散,薄而向前者卖尽田园,耳薄如纸者贫贱早死。左右大小,必有妨害。光明润泽,则声名远播。尘昏焦暗则贫薄愚鲁。大抵贵人有贵眼或无贵耳,贱人有贵耳而无贵眼,形虽善而色不明,故善相耳者,先相其色而复相其形。《龟鉴》云:"耳圆大有智人,耳孔小骨节曲戾者无智人也。"鼠耳长命,又多作偷。两耳不相似有异母兄弟。耳上大下小,苦心人也。耳长头短者贫贱短命。耳后骨名曰寿堂,亦名辅骨。手中纹长,耳耸过眉,必百岁不死。耳垂齐口与财相守。耳长四寸世世封侯。耳色不泽,城廓不具,仕路不通。耳孔生毛者长命。耳色白者有声名。耳垂与口齐者,资财万亿。猴耳难得心,鹿耳贫。耳如倚金佩刀环,封公侯。耳欲城临廓,不用廓临城。

《灵台秘诀》云:"耳上分五部,傍有四骨。"五部者:一曰天轮分明,主贵显聪明得祖力;二曰天城显,主后旺得子孙歇心早;三曰天廓分明,主寿有财;四曰耳门阔,主聪明记性;五曰匿犀尖显方大,主贵寿聪明。

女人左耳厚先生男,右耳厚先生女。耳一大一小,主饮二母之乳,不然异母兄弟。

谢灵运云:耳薄、齿疏、唇略绰,孤寒亡语日荒忙。《灵台秘诀》:耳如挈起名播神耳。上有城,外有廓,里有轮,扇宽窍大,下过于准贴脑垂窄,红润足财帛主名誉,黑主病疾,有小反轮者不寿。耳反轮焦,少避他乡离故里。李忠臣常朝帝,帝曰:"卿耳大贵兆。"对曰:"龙耳小,驴耳大。"帝雅善之。观其形态颜色见乎休美誉也,咎恶也,荣辱。

耳主心肾，又为禄星。观其耳之形状颜色，则人之休咎荣辱皆可知也。垂珠朝海必延寿而馀财。四渎中，耳为江，口为河，若耳珠朝于口者为朝海也，必延寿而财有余。耳垂朝口，耳尖贴脑垂窄必取延年算数，死后必有余财。偃耳贯轮终朝王而执玉。耳有城廓如新月偃仰光莹朝接者，定朝拱天子而为执玉之臣。耳圆成者主于情和而多惠，偏缺者必为惨酷之徒。谓不缺陷主中平，偏缺者辛苦殷勤。耳薄如纸者则贫寒而早亡。丹田有病，主不寿也。古相云："耳白过面，名扬四海。"莹紫定反，洁也。且如轮主信行之敦笃。耳轮廓如玉之光莹贯轮者，主恩信笃厚。耳似猪耳老不聪，贪娄，贪物也。耳大有如猪耳者，耳小有如龙耳者。耳不论大小，贵其轮廓分明。耳虽大，但无轮廓又无垂珠，谓之猪耳，人多愚钝性多贪娄。如鼠耳者，好疑而积蓄。鼠耳本小有廓无轮，若似鼠耳之人，作事多疑，而能积蓄。耳尖立，窥小利。耳生毛者，乃寿考之相，善持守而不颠危。耳中金丝毛者，贵寿平生，做事不反复，性谲音决，权诈也。谬欺天下，诈而难测盖为如猴。凡有谲诈奸猾不可测者，盖耳如猴也。猴耳者，尖而向前，耳门窄小，故人莫有测其心也。乏而靡充率有似鹿。粮馈殊乏尚能与朋友同用，而憾者盖以耳之似鹿，由鹿有呼群之义故也。《诗》云："呦呦鹿鸣，食野之苹。鹿耳之形可如莲瓣之状，薄如向前卖尽田园，耳之薄小而前向，即为破家之人。"

《鬼眼相》云："耳薄向前，卖尽家园。"反而倒后居无室屋。耳若反轮而后倒。耳珠又不朝海者，贫无所居之室。耳小离亲妨父母。耳为禄星，耳昏暗者为禄星不明，当为寒士，终无禄位。耳主肾，耳色焦枯者为肾气不足。寿长者耳过于眉，位高色鲜如血，聪明。聪明之人耳色明润，富之人耳必为贴肉。轮厣生乎黑子智足，耳前轮厣生黑子者为兴邦知略之臣。

鼻为嵩岳，居中央为天柱，高接天庭。《龟鉴》云："夫鼻者，辨薰莸者也。吐纳气息之所积也。"故知鼻好者有声誉，恶者无名闻。鼻边无媚憨蠢人也。鼻柱薄而鼻陷者多病厄。鼻孔大如手指者短命，亦贫。鼻隆而长者贵，小而仰促者贫贱。鼻高而昂，侍官休昌，委曲局缺，志量下劣，鼻高低垂，至老独炊。鼻头如悬胆二品，鼻如截筒二千石。鼻狭而高，老无兄弟。鼻左曲先妨父，鼻右曲先妨母。鼻如龟鼻，贫而多淫。虎鼻，猛烈将军多兵死。鼻长智长，鼻短智短，鼻头晃晃如老蚕，富贵封侯。

《灵台秘诀》云："准者乃鼻之主，号嵩岳以居其中，又曰审辨官，土星所居之位。"鼻总属金，惟准属土，上有三节二部，属金为土根金苗。其准者上有寿部，下临人中，势贯台尉二部，左右势狭，两颧侵连。法令二部，方圆一寸二分，曰准头，掌信义、官禄、学艺之宫。如截筒者信义，若荠藕者多淫，低小者胆小，尖薄者下劣，准圆如破弹者贵，鹰嘴者毒，瘰者寿短，瑕者无仁义，露窍者不淫而必贫。如悬胆者多财帛。准如兰尉，皆大而方主聪明显达，长有黑子，子不得力，仰天则客亡。准高孤，兰尉小不相副，一子之相。忽然黑色者，谓之肺绝，百日即死。其余气色，如瘰、痕、瑕、靥，主短寿。准圆兰方主晚子。左兰台为仙仓，右廷尉为仙库，主收藏积聚之宫，完美者主声誉，分明者财旺，缺露者财乏，薄小者无财，端正无破者公平。

《玉管照神》云："鼻象中岳，一面之表，欲高而隆，不要尖小。"光润者吉，昏黑者贫夭，斜曲不直者，官灾缠绕。鼻梁贵乎丰隆贯额，气色贵乎莹光溢目。鼻之所贵，惟在高隆贯额；色之所贵，在乎莹光温润而能溢目。鼻孔小者为自闭不通，其性多悭劣；准头低孤独。凡人准头低者，主终身无子，孤独之相。鼻准完美，势若悬胆者，当劳食鼎禄。鼻如立剑，下有三珠，富贵之相。

《玉管照神》曰："鼻如悬胆身须贵，木曜当生得地来。若见山根连额起，定知食禄至三台。"青黑多凶，黄明广福。鼻乃身之主，气色青黑者应遭不测之祸，气色黄明者福禄自至也。凡鼻小而狭者，早离父母，必作僮仆。山根断，幼年疾苦为僮仆。

《玉管照神》曰："鼻头尖小人多贱，孔仰家无隔宿财，又怕曲如鹰嘴样，一生奸计不堪哀。"相曰："蚕将老，自颔而明，然后通于周体，人将发自准而明，然后通于诸部，故人将贵者见青龙之气似老蚕，黄明乃极贵之兆，无不利也。"欲知贫贱之形貌，鼻短无梁露齿牙。鼻短促，兰台廷尉相去是也。完美宜官，破露忧狱。鼻完美者宜享官禄，破露无势者平生忧苦，多致牢狱之囚。年寿上缺，主已身不旺，又主凶恶死。准头隆者诚信，夫准者为面部之标本，准头高隆，其人诚恳而笃信。鼻准齐者主信义，学堂也。法令深而严肃，法令仍鼻之左右纹也，若其纹理深长者，为人敦重严肃，又有遐龄之寿。如钟样者富饶，尖者贫，长者寿，短者夭命。鼻尖而薄者，一生多病。兰台小缩者其性吝恪。准头鼻曲，此人不可深交。兰台、廷尉财富宫也，若兰台丰明者家产殷实而多储积，能赡百人。井灶若破露不收者，当庖厨困乏，恒无自赡之食。法令纹断缺，若鼻骨横起，乃厨无粟。鼻骨横起者甚不可相亲为友（此为年寿上骨起）。纹若乱交，慎勿为乎眷属。鼻上纹理乱交者必诡行，父子不同其心，女子不可为之眷属。准头至年上立纹多，疏通则水流而不壅滞。

人中名寿堂，亦名子庭。短而促及蹇者贱夭，有黑子者养他姓子，纵横理者俱不宜子。其小如线者贫寒之人。《月波洞中记》："人中者亦名寿堂，一名子庭，上阔下窄者初显荣而老鳏，下阔上窄者少无子而老有屬，在左边腹带亲子屬，在右边暗抛女子。"又云："人中理立，主养他人之子。"《灵台秘诀》云："夫人中者乃人之沟壑，上通玄牝，下注海门，左右金甲二匦。内属季复万物结胎之月，乃寿算妻财子孙之宫。"其应有九，短而骞起，克妻害子。漫浅不正，财不能足。上大轻则女主孤独，男子性恶，下窄主奸巧，少荣老孤，失祖业。上窄下宽主幼困老荣。上有横纹轻，女孤独，男子性厄；重则女子产厄，男子横亡。不然老年危困。人中上下皆宽慢，主为事多慌急不和睦。须歇其中，主财聚散不常。须乱逆旋其中，主蹉跎，须密其中，末年财旺。曲者男女多狡。上有厣，应在舌下，女人防产厄。微如一线之并，死于途中。形如破竹之仰，贵显后旺。深长者寿长。短而深，子晚克妻或寿短。立纹主死他乡。男子人中有厣，舌有厣相应，人多见喜财旺，多酒食。交纹多水灾。斜立纹，主无义，妨子。平长分明多正直。曲浅多淫欲。人中黑子，养异姓子。中高两低子晚。人中深长，子孙盈堂；人中短浅，子孙易尽；人中广平，子孙不成。人中一寸二千石，若蹇则兵死。深则疏导，浅则滞延。若人中深则必致亨通，若其浅则应当困滞。浅短绝嗣而夭命，深长宜子以遐年。人中短浅者，绝嗣夭寿。若得深长者，宜其子孙，又当寿考。若人中有厣者，主其母产难。不正之厣，女必欺夫。若有横纹截断，必当饿死于路途。人中上窄下宽，主晚年发禄，有子成群。下窄上广，多为孤鳏之人，绝嗣之相。深长者诚信著，宽厚者功名先。若得深长者有诚信之行，宽阔者早立功名。人中微如一线并痕者，主死于沟涧。人中无形，为仆又损主。若人中明如破竹，长远有棱理者，则祖庭高贵。如甓筒，主荣禄高迁。

　　口者，语言之钥，是非之关。发言为开口之钥，口开则是非无不至也。《玉管照神》曰："口为言语之门，饮食之具，万物造化之关，又为心之外户，赏罚之所出，是非之会也。"口端厚不妄谈，谓之口德；口诽谤多言，谓之口贱。方广有棱者主寿贵，形如角弓者官禄，横阔而厚者福富，正而不偏、厚而不薄者衣食丰足，如四字富足。尖而反，偏而薄，寒贱。不言自动如马口者，主饥饿。鼠口谗毁嫉妒，如吹火者孤独，狗口者贫下。纹理入口者饥饿，紫黑色者多滞。上唇长者毁谤，下唇长者破财。口齿露者早夭。有黑子者主酒食。口如含丹，饥寒。口如一撮者贫薄。口能容拳者出将入相。口阔而丰禄食万钟。无人独语，其贱如鼠。唇为口之城廓，舌为口之锋刃，城廓欲厚，锋刃欲利，厚则不陷，利则不钝，乃善相也。舌欲红不欲黑，舌欲赤不欲白。舌红如朱，赤如血者，食禄。舌至鼻者，位至封侯；舌上有长理者，位至公侯；舌上多纹，牛马成群。舌大口小，贫薄折夭。小而短者贫下。舌紫而黯者贫厄。舌出如蛇者心毒。口势欲深形欲方，口色欲红，口音欲亮，口德欲端，口唇欲厚。

《灵台秘诀》曰："夫口者，人身之海门也。"上通沟壑，下连承浆，左右井灶细厨二部，五岳曰恒山，五方曰北，五脏内应于心，乃水火既济。口又为出纳官，乃水星所居之位，接饮食之户径，滋身体之根源，为言语之钥，是非之关。夫海者受纳百川，口者受纳百味，滋养形体。夫口贵者，棱角分明，闭合欲小，张开欲宽，上下二唇相覆，形似角弓，意如噙水，势若含环，方城四字，色如喷血，状若含丹者贵。唇薄不贵，多好歌乐，贵人不携。吹火者酸寒，鼠口者谗妒，二唇相覆好文章。女人唇齿不相覆者主厄。下唇过长者妨夫，上唇过长者多诈。孕妇左边青色入口是男，右边红色至口是女，黑色绕口者母子难全。口角下垂者贱，主多悲啼，不为妾必作婢。唇粗厚紫色者，无夫。口为祸福之根，祸福乃利害之本，惟其人之所招，故言不可不慎也。唇若偃蹇，乃为无智之人，又当夭寿。如人中骞起，下唇越上，青黑祸发，黄白病缠。口唇青黑者恶祸将至，色见黄白者大病临身。左右纹粗定凶恶，口左右有粗纹者定是凶徒，多遭刑宪。唇薄言语急疾不嗔，祸害。若口如鸟啄者与人难以为交，不可与之同行。

齿者，骨之余，筋血壮则齿坚，衰则齿落。齿者筋骨盛衰之侯也。齿欲大而密，长而整，又欲排而坚，不欲漏风而斜，坚牢固密者长年。红白者贵，牛齿者富，鼠齿者贫。齿黑而细，屯蹇多滞。疏漏短缺，夭破折。数至三十以上者终始富贵，当门齿内学堂齐大者主信行。

《龟鉴》云："锯齿食肉，齿平食菜，取象于狼虎牛马也。"义曰："锯齿非谓齿锯也，亦非前缺也。"上尖下阔，状如锯齿，齿粗者性粗，横齿密性淳和，齿白而长富贵。齿如锋三品，齿疏参差无信。齿疏唇薄，好游不休。齿一寸利将兵，齿如金玉二千石。

齿牙锋伴齐密者少病长命。齿缭乱主多病，亦短命。齿二十四贱，二十六、二十八贫贱，三十二贵寿，三十四、三十六以上者命长而贵。齿短密集细小者，邪诌奸佞人也。上齿盖下，先妨父亦破家。牙黑者多病短命人也。当门二齿缺，则命蹇于没世；当门二齿缺者其命蹇滞，终身困穷。长齿不齐，运五十后贫薄，缺落者屯否。学堂一官全，则声闻于普天。当门二齿为内学堂，若大而明者，主多闻四海。焦黑困乏，鲜明足钱。牙齿焦黑者，乏困贫穷。鲜明者钱财丰足。二十四命折，三十六寿延。二十四齿疏而不连者谓之鬼牙，主其命夭。牙尖若立锥必乏衣食之士，齐如编贝优登廊庙之贤。贝，海介虫也。色白而莹，枝枝相同。齿若齐如编贝，足为贤相以登廊庙。

《玉管照神》云："肥人项欲短，瘦人项欲长，反此者不贫则夭。"项者，安于体而扶于首也。项方隆光润者大贵，丰圆坚实者大富，侧小而弱者非栋梁之器也。或太长如鹅，太短如豕，或大如瘦木，小如酒罂，皆不令之相表也。项有结喉，散走他州。瘦人结喉尚自可，肥人结喉逢灾祸。项后丰起者主后福，项下有皮绦者主上寿。肥人项长必夭，不顺非正命死。肥人本宜项短，而以项长者必当横夭。项下垂若器者，非吉乃凶之兆也，似鹅似豕皆不善也。鹅项太长，猪项太短，如是之人皆主恶死，不善终也。项若丰圆厚实，与背相称者，财产多而富足。项光隆厚润者，足掌枢机重权。

夫背所贵者丰隆，身乃恃而安定。洞微玉鉴云："背一身之墓址也。"人不论肥瘦、轻重，皆欲有背。夫有背者号为上，须得丰隆不俗，如龟背而广厚平阔。前看如昂，后看如俯者，福相也；或屈而视下头低而陷者非也。贵人无背名为借禄，借禄者言其不久长也。

《玉管照神》曰："背欲长而不欲短，欲厚不欲薄。坑陷者贫贱。凡前见如仰，后见如俯，不贵则富。"《龟鉴》曰："夫背者负戴于后也，亦强御之情也。背薄则怯弱，厚阔则刚决，高起者弥佳。

背如龟形富贵一品，凡言龟背者，谓竦骨高起，两边应之是也，直而边起者非也。"许负曰："胸背广厚，所为长久，背成三甲者寿而贵。背如圆扇二品。背后有渠道深者皆贫贱劳苦。"管辂曰："背有三甲肚无三壬。额无主骨，鼻无柱梁，目无守睛，筋不束骨，形不附内，此不寿征也。"贫夭绝嗣者偏侧倚斜，贫穷寿夭无后者盖为背之偏侧倚斜不正。富贵有后者阔厚平生，富贵有子者则背阔泽坚厚而平。势若处山之蹲，别本作坐字如虎，利宾于王；《易·观卦·爻》利用宾于王（注：犹言宜利用以宾礼于王国。背势似山中坐虎，有威力者当利宾于王，足为王佐宾友之臣，形如出水之伏龟，考终厥命）。《书·洪范》："五岳考终命。"（注：成全终命之数，而不死于非死也。背如出水龟则寿考而善终，五福全矣。）

龙骨欲长而充实，虎骨欲短而坚硬。龙骨者臂，虎骨者膊，上为君，下为臣，上壮下细者，龙吞虎，下壮上细虎吞龙也。犀者，犀牛也。为人犀膊丰而圆厚则为文明之士。幼达长于从政。指节宜其纤直，腕节宜其圆劲。音更，去声，坚也。手指宜纤而长，腕节宜圆而劲。《玉管照神》曰："手欲柔而长，脚欲坚而短，膊欲平而厚，肘欲圆而低。腕节欲小，指节欲细，龙骨而长。脚虎骨欲长，手虎骨欲短，骨露而粗，筋浮而散，肉枯如削，非美相。其白如玉，其直如符，其软如绵，其滑如苔，福寿之相也。"

掌中丰厚而柔，指节莹光而密者，则足智多谋。如其掌薄骨硬，指节疏露者平生志多不遂。凡人指节，若排笋者身必贵显，其掌如血者家必殷富。若掌中心浇薄，周围而起骨谓之起倾。如是之人，主卑贱寡学。官禄荣高，谓掌中有印旗之形。横纹下愚，纵理慧性。凡人掌中若有横纹而短者，乃为下愚。如有纹纵者，则聪明而多智慧。骨露筋浮者主身贱，皮坚骨枯者愁囊罄。手若露骨浮筋，主身贫下贱。若皮坚硬肉干涩者，当愁囊箧空乏，亦贫穷相也。若手心有黑子主家之豪富。如有横纹通直者，为握刀之纹，则可财丰富足。富贵贤明之士，手滑软而若苔若绵。康宁遐龄之人，手直如笋白如玉。

金书宝印云："形有清奇古怪者，须得神与气合。"若神气不爽，则露粗欲俗寒薄轻沉，非贵相也。清如寒水，奇如美玉。古如松，怪如盘石，杂千万人中见而异之者，乃清奇古怪之贵相也。凡有此者必须操修持过人，功业隆厚，声阔天下也。形有五宽、五短、五慢、五露、五急、五藏。何谓五宽？曰器识、曰行坐、曰饮食、曰言语、曰喜怒，全此五者必远大。何谓五短？曰头、曰项、曰手、曰足、曰腹，全此五者中流之相。何谓五慢？曰眉、曰鼻、曰耳、曰齿、曰眼，全此五者清烈孤贵，异显之相也。神更露必夭折。何谓五急？曰神气、曰言语、曰行步、曰饮食、曰喜怒，全此五者发早易丧也。何谓五藏？视藏神、听藏气、貌藏色、思藏息、言藏声，全此五者清贵远大之相也。董正公常论五悉杀曰："眼中赤筋，毛厸强视，此名斫亡杀。肉横四起，暴露不检，此名凶暴杀。目睛黄动，睡不合眼，此名扛尸杀。人有一焉定不能善终。"余常以此言为克当也。

身大音小祸所隐，身小音大福所伏，身大音小者谓形声之不相应，故隐其祸而待其发。身小音大者乃神气之足有余，故藏其福而待时。夫声音之所发，自元宫而乃臻于心气以相续；夫声音之发，起于丹田与心气相续而出也。琅然其若击石，旷然其若呼谷，斯乃内蕴道德终应戬音剪。谷，尽善也。《小雅》天保章："俾尔戬谷。"声清则琅然，若击磬之音，声浊则旷，然如呼幽谷之奥。此谓内怀道德之人，终当享其厚禄。谓之罗网者干湿不齐，谓之雌雄者，大小相续或先急而后缓，或先缓而后速，是谓粗俗之卑冗，焉遂风云之志欲。闻人之声音，有声乾声润，出而不等，谓身之罗网也。若声大声小相续而乱出者，谓之雌雄不一也。或先迅急而后缓慢，或先缓慢而后迅急，皆为粗俗卑下之徒，终身定无官禄。

辨四时之气，如春蚕吐丝之微微；察五方之色，若浮云覆日之旭旭。辨四时气青，别其气之五色属也。青白红黑黄乃四时之正气也。在于皮上者谓之色，皮里者谓之气，气者如粟如豆如丝如发，藏于纹理之中，隐于毛发之内，细者若春蚕之丝。欲察五方正，如浮云覆日之徵，在乎熟详而辨之。洞徵玉鉴曰："气一而已矣，别而论之则有三焉，曰自然之气，曰所养之气，曰所袭之气。"自然之气，五行之秀气也。吾禀受之，其清常存，所养之气，浩然之气也。吾能自安，物不能扰。所袭之气，乃神气也。若所存不厚，所养不完，则为邪气所袭矣，又推而广之，则有青黄赤黑白五色。黄正公论神与气有曰："神大为神有余，神怯为神不足，气过于神为气有余，气下于神为气不足。"此说甚妙，宜以意考断可验矣。气通五脏则有所见，世人喜、怒、哀、乐一至于心，则神色斯变矣。又况疾病生死乎！论五色吉凶，应时生死于后，黄色土也，其敷润贴肉，不浮不凝者为正色也。红紫二色同，皆主喜悦。若凝滞烟云污泥者，初年曰土犯，主三十死，中年曰土病，主二十死。末年曰土死。应甲乙寅卯年，旺戊巳辰戌丑未年，日月皆同，下准此。青色木色也，其色荣畅条达，如竹叶柳者为正也。若干枯凝结，闪闪不定者，初年曰犯木，主廿四年，中年曰木病，主六十年。末年曰木死。应庚辛申酉年，旺甲乙寅卯年。赤色火色也。其色光泽华秀，如脂涂丹为正色。若焦烈躁烦。如火炽者，初年曰犯火，主二十年。中年曰火病，主四十年。末曰火死。应壬癸亥子年。旺丁巳午年。白色金色也。其色温润如玉，经久不变者，乃正色也。若尘蒙干枯，无红润色，如干衣者，初年曰犯金，主廿七年。中年曰金病，主十八年。末年曰金死，应丙丁巳午年，旺庚午辛未年。黑色水色也。其色调畅风韵光彩，有锋芒显露者为正色也。若如烟雾昏昏四起，污浊不明者，初年曰犯水，主十八年。中年曰水病，主十一年。末年曰水死，应戊巳辰戌丑未年。旺壬癸亥子年。地阁明而饶田宅，天狱暗而罹音离，遭也。地阁光明者田宅多广，天狱昏暗者刑狱多忧。

《灵台秘诀》曰："夫地阁者，人身之地，一体之基，上有承浆陂池之部，下临重楼左右两颐，势如奴婢学堂之部，田宅牛马之宫。"此部应阴之八数，方则荣，厚则富，朝接则贵，虎头则雄，燕颔则勇，拥肉财丰。如满月者富贵两全。朝天贵，朝人次之。方厚更加顶平，得祖业。尖不得产业力。颐陷不得奴仆力。肩骨陷不得生财力。地阁尖长，多破祖孤立于他乡，颏分有瑕，田宅不足，颐大颏小，祖财无力。颏大颐小，他乡再立。偏薄皆为贱。颏分必另居。承浆下有纹短立者主庄田坟宅常有人争。斜纹者主妻多奸淫。生颐多富。颏薄垒则不实。髯分颏露者，狡猾。有黡正者得外人田宅。不正偏者为破。大抵方圆满平正朝接者，为富贵。偏狭尖陷、痕瘢破缺者，皆贫贱。粟黄缯紫多豪贵。粟黄者如粟粒之点娇黄也。缯紫者如紫线之乱盘也。是为青龙之气。若面部四时常见者乃豪贵之人也。脂白青合贤淑。人之面色，其白如脂，其青若翠者是贤明之人士，可登廊庙。若相者精究其术，而妙语于神，安逃祸福，别本作信无所逃其祸福，若相者惟当细玩此书，而能得其神妙，则祸福殊无逃也。歌曰："嗟嗟世俗不知因，妄将容貌取其形。若得正形为大贵，依稀相似出群伦。形滞之人行必失，神滞之人心不开。气滞之人言必懒，色滞之人面尘埃。形神气色者无滞，举事心谋百事谐。色在皮而气在血，脉聚作成之喜悦。散则成忧静则安，部位吉凶皆有诀。"又曰："欲穷祸福贵贱，除观诸家相文，听声观形察色，有肉神、音神、眼神、总欲观之，则自然明矣。"又曰："迷而不反，祸从惑起，灾自奢生。"老子曰："天之道利而不害，圣人之道为而不争，此之谓也。"

第十七章　古代相理歌赋

第一节　金锁赋

五代间，有圣人陈抟，宋太祖赐其号，曰"希夷先生"。陈抟，字图南，自号"扶摇子"，精相法。尝相宋太祖，后乘驴入小路，闻宋太祖即位，大笑坠地，曰："天下定矣。"太祖召至，以野服见，服华阳巾，还山，赐号"白云先生"。

师麻衣，乃仙翁也。学相。谕以冬深拥炉而教之，希夷如期而往，至华山石室之中。华山石室，乃麻衣先生修道之地也。后希夷亦隐于此。不以言语，而度与希夷，隐而授之也。但用火筋画字于炉灰之中，以传授此赋，又名金锁赋，又别有银匙歌，悉皆授之，希夷尽其学也。

赋云：相有前定，世无预知。欲预知相之前定，都非奇妙，异常之资不能知。然密授此书者，又岂世俗凡下之人所能解推哉，意必希夷能之者。

非神异以密授，岂尘凡之解推？人之生也，富贵、贫愚、寿夭、福祸、善恶，一定于相之形貌、皮发、骨格、气色、声音焉。世人无有能预知者，惟希夷而已。

若夫舜目重瞳，遂获禅尧之位。舜虞帝名，瞳目童子也。舜有重瞳之异相，遂受帝尧之禅而有天下。

重耳骈胁，果兴霸晋之基。重耳，晋文公名。骈，并也。文公有骈胁之奇骨，果兴晋室之基，而成霸业也。

发石室之丹书，莫忘吾道。剖神仙之古秘，广与希夷。麻衣谓："今日开发石室册宝之书，剖破古仙秘奥之传，授尔希夷。吾之相法，尽于此矣，当念念不忘可矣。"

当知骨格为一世之荣枯，气色定行年之休咎。骨格无异相之体也，则一世之荣枯，可由此可知。气色旋生相之用也，则判行年之休咎，可由此而能知者，参之人之贵贱，思过半矣。

三停平等，一生衣禄无亏。

自发际至印堂，为上停。山根至准头，为中停。人中至地阁，为下停。此面上三停也。头、腰、足为身上三停也。古云："面上三停额鼻阁，身上三停头腰足。三停平等多衣禄，长短如差福不饶，则衣禄丰亏。"于此可见矣。

五岳朝归，今世钱财自旺。

左颧为东岳，右颧为西岳，额为南岳，地阁为北岳，鼻为中岳也。此五岳欲其朝拱丰隆，不宜缺陷伤破。混仪云："五岳不正，相君终始薄寒。八卦高隆，须是多招财禄。则钱财旺相，于此知矣。"

颏为地阁，见晚岁之规模。

丰厚者富饶。尖削者贫薄。凡相人末限在此。地阁为水星，属下停。若推金水形人尤准也。

鼻乃财星，管中年之造化。

丰隆端正者贵显。掀露斜曲者下贱。凡相人中限在此。鼻乃土星，属居中停。若推土形人最应。

额方而阔，初主荣华。骨有削偏，早年偃蹇。

额为火星，乃官禄父母之宫。在限为初。若方正宽阔，必主初年荣华。其骨削偏陷，须早岁见不利矣。

眉清目秀，定为聪俊之儿。

眉分罗计，目属阴阳。眉宜秀而不粗散低垂。目宜清而不昏暗斜视，知富贵早，必为聪明俊秀之人。

气浊神枯，必是贫穷之汉。

相中言神气最多，人所难辨。观夫白阁道者云："神气者，百阅之秀裔也。如阳气舒而山川秀发，日月出而天地清明。在人为一身之主，诸相之验。"故清鉴云："大都神气赋于人，又似油兮又似灯。气神不浊人自富，油清然后灯方明。"然则神气浊枯者，终身不达之相也。

天庭高耸，少年富贵可期。

天庭位印堂之上，发际之下，以其处于至高之位，故曰天庭。宜高耸如立壁覆肝无瑟纹偏陷，更兼五岳朝拱，幼必显贵。

地阁方圆，晚岁荣枯定取。

地阁在承浆之下，颐颏之间，为田宅奴婢之宫。若方则贵，厚则富可期。薄则贫。方又圆末主荣华。

视瞻平正，为人刚介平心。视不欲偏斜，若斜视者，其人奸邪，心必险恶。正视心地坦直，志气刚介耳。

冷笑无情，做事机深内重。

凡与谋为，唯冷笑而不言情由者，其人机谋必深而难测，心量必重而不轻也。

准头丰大心无毒，面肉横生性必凶。

准头为土星，主乎信。若丰大如狮子截竹者，心必善。如鹰嘴者，性多毒也。面肉即颧骨，与肉俱露而横生者，其性必凶暴。

智慧生皮毛，苦乐观乎手足。

皮肤细腻光莹，毛发疏秀润泽者，主智慧聪明。若反此者，必粗俗之人也。手指节枯大粗硬，足背瘦长干燥者，其人必辛苦。手若细软润泽，足若骨肉圆肥者，其人必然逸乐。

发际低而皮肤粗，终见愚顽。指节细而脚背肥，须知俊雅。

发际若额而低，皮肤燥枯而粗者，毕竟愚顽之徒也。指节细润如春葱，脚背肥丰而有肉者，必俊秀闲雅之人也。

富贵自然体厚，贵者定是形殊。

体貌丰隆者，仓库形相异常而必贵。清奇者，骨格无亏而必富。

南方贵宦清高，多主天庭丰阔。

南方以天庭为主，天庭为额，乃火星也。南方之人，若头额丰阔而不偏陷，官禄星得躔。故多为清高贵宦人也。

北方公侯大贵，皆由地阁宽隆。

北方以地阁为主，地阁为颏，乃水星也。北方之人，若颐颏宽隆而朝天庭，若臣相得局，故多为大贵公侯也。

重颐丰颔，北方之人贵且强。

颏颐肥大而若重，两腮颔阔而如燕颔者，贵相。北人尤强。

驼背面田，南方之人富而足。

驼背丰厚类驼峰，面貌方圆如田字。南方之人，有此相者，既云富足矣。观夫上文有曰："南方贵室清高，多主天庭，似乎相庆。"反观广鉴云："浙人俗于清，若面背丰厚，得北方厚重之相，不贵而富矣。"

河目海口，食禄千钟。

眼为四渎之官，河也。

口为百纳之官，海也。目若光明而不露，口若方正而不反，贵显食禄千钟。谓之河目海口者，言有容纳而不反露也。

铁面剑眉，兵权万里。

铁面者，神气黑若铁色也。剑眉者，棱骨如剑脊也。此相乃罗计横行于天位，水气远居于火方，非兵权万里之兆钦。言神气忽变而黑色，定主凶也。

龙颜凤颈，女人必配君王。

龙貌如龙光之秀异，而颈若彩凤之非常，乃后妃之相也。

燕颔虎头，男子定登将相。

颔在颏额之间，骨肉丰满稍起者，如燕颔也。头颔方圆，口眼俱大，视有威神者，如虎头也。男子有此者，超群之相也。

相中诀法，惟寿夭最为难断。不独人中，惟神是定。如郭林宗观人八法而不及寿夭者，非难而何。不独曰人中为保寿宫，宜分明如破竹之形者。寿夭当以神气为之主也。学者宜参之可矣。

目长辅采，荣登天府之人。神短无光，早赴幽冥之客。

辅即星辅，眉也。彩，即光也。若目细长而有神，眉清秀而有光，必聪明登第之士也。目神短促而无光，视瞻无力而昏暗者，主夭折。

面皮虚薄，后三十寿难再期。

虚者，肉不称骨也。薄者，有皮而无肉也。故经云："面皮急如鼓，不过三十五。"此之谓也。

肉色轻浮，前四九如何可过。

肉者，骨之荣卫，体之基本也。色者，气之精粹，神之胎息也。肉宜称骨而实，色宜有气而显。若轻薄浮暗者，必夭。故经云："肉缓筋宽色又嫩，三十六前是去程。"正此之谓也。

双绦项下，遇咎而愈见康强。

兰台左右有两纹，下至于项者，谓之寿绦，主寿。老人有此绦，若遇休囚而不凶，愈见其康吉矣。故经云："眉毫不如耳毫，耳毫不如项下绦也。"

凡骨顶头中，有疾厄而终无难险。

一作凡骨顶中，盖谓顶额，有凡贵骨，然人难得俱全。恐非是，终不若凡骨顶中为有理，但凡有奇骨生于顶中者，虽有疾厄而终无危险。古云："面无善靥，头无恶骨。"此其证者也。

骨发旋生，形容忽变。遇吉则推，逢凶可断。

夫人未贵之先，虽有骨格，既仕之后。旋有形容，未富之先。虽有形容，既富之后，忽有更变。盖骨随贵生，肉随财长。而形有五行之分。病生于饱暖，忧出于极乐。其气有色之变，学者仔细推之，吉凶可断。

常遭疾厄，只因根上昏沉。根即山根。位在印堂之下，与年寿三位为疾厄宫。宜神色光明，不宜昏暗而不明者，常有疾厄。

频遇吉祥，盖谓福堂润泽。

福堂，在两眉之上，华盖之傍。若常明润而色红黄者，有吉祥而无凶也。

泪堂深陷，蠹肉横生，鼻准尖垂，人中平满，克儿孙之类，刑嗣续之难逃。下眼眶为泪堂，宜丰满不宜深陷。眶中肉虚若肿曰蠹肉，不宜横生。鼻尖为中，宜齐大不宜尖垂。准下口上，形如破竹而仰者，曰人中，又名曰沟洫，宜深长不欲平满。盖泪堂为男女子孙之宫。准与人中，乃宫室奴婢之位。若有此破陷，主儿孙之有克也。

眼不哭而泪汪汪，心不忧愁眉缩缩，早无刑克，老见孤单。

若眼不哭泣，而两眼泪汪汪而湿，心无忧愁而双眉攀缩，此刑克孤独之相也。古云："不哭常如泪，非愁却似愁。忧心常不足，荣乐半途休。"学者宜细推详。

面似橘皮，终主贫穷。

满面毛窍，如尘垢所拭，云橘皮面是也。百一歌云："面色似橘皮，孤刑定不疑。虽然生一子，却换两重妻。"

神带桃花，也须儿晚。

若神色如桃花，娇嫩邪淫，此等之人，恐生子不早也。鬼谷诗云："桃花色重仍侵目，恋酒迷花宠外妻。"信乎生子必晚矣。

肩峨声泣，不贱则孤。鼻弱若梁低，非贫则夭。肩不欲耸而若寒，声不欲散而似哭，有此二者，贫贱孤刑之相。

鼻梁乃年寿之位，不宜低凹，有若此者，必伤财寿，非贫则夭。古云："山根断准头高，到老受波涛。"

富贵多生劳碌，为下停长。

中停长遇君王，上停长幼善祥，下停长老吉昌。三停平等，富贵绵绵。若下停长者，末须富贵，未免平生劳碌也。

贫穷到老不闲，粗其骨格。

凡骨格，宜隆耸清明，与气肉相滋者，乃富贵安逸之相。若暴露粗大，气肉不称者，必贫穷奔波。

星辰失陷，部位偏亏，无隔宿之粮储，有终身之劳苦。

如眼为日月而不明，鼻为土星而不隆，此星辰之失陷也。余皆仿此。额位乎天，宜高而反低，颏位乎地，宜厚而反薄，此部位之偏亏也。余亦仿此。相有如此，贫贱孤苦，终身劳碌，而无隔宿之粮也。

三光明，旺财自天来。六府高强，一生富足。

两福星及准头，曰三光。若明清而不暗，主有天财，大吉，余谓五星即三光。两颧，两颐，两额角，曰六府。若丰隆朝拱者，不贵必然为富矣。

红光满面，发财，家自安康。

五色，惟白黑宜秋冬，青宜春，独红黄四季皆吉。若满面常带红黄之色者，发财，安康之福相也。

诸脂研光，克子，终无成日。

诸脂者，即面若涂膏也。研光者，即帛用研石研光之类也。面色有如此者，名为淋浴天罗。多主刑克子孙之相也。学者宜细推之可也。

面皮太急，虽沟洫长而寿亦亏。

若面皮与肉俱急如绷鼓，虽然人中深，终无寿之人也。

两目无神，纵鼻梁高而寿亦促。

眼为上相，以神为主，骨法次之，若目无神光，纵使鼻梁高耸，亦非寿相之人。

眼光如水，男女多淫。眉卓如刀，阵亡兵死。

眼光，睛之神光也。常要明静，不宜泪湿。故经云："眼湿多淫欲，乌云定不祥。"又云："光不欲射外，神不欲流出。"若目如水兼斜视者，邪淫人也。眉为罗计，具骨势直竖似刀者，性极好勇，终主暴亡。

眉生二角，一生快乐无穷，目秀冠形，管取中年遇贵。

二眉俱有两尾，如角而起者，不贵则安闲之人。

两目细长若冠形，黑白分明而清秀者，中年显贵。黄气发从高广，旬日内必定转官。黑色横自三阳，半年期须防损寿。

黄气，喜色也。高广，傍太阳近边也。此位若黄气见者，必迁官。庶人有此气者，亦主喜庆吉兆。三阳，在目之下，若黑气见此位者，须防身灾不远，亦防子疾。

奸门青惨，必主妻灾。年寿赤光，多生脓血。

奸门，位在鱼尾后，为妻妾宫。若青黑之色见此位者，必妻妾有灾。年寿二宫，在鼻准之上，山根之下，为疾厄宫。若红赤之色见此位者，主生疮疾。

白气如粉，父母刑伤。青色侵颧，兄弟唇舌。

白气主丧亡，若在父母宫见者，必主刑伤。颧位正面者，青色侵此位，主兄弟唇舌之忧。

山根青黑，四九前后定多灾。法令绷缠，七七之数焉可过？

山根，位在年之上，若此位常有青黑之色者，其年主灾疾。兰台之旁，曰法令，又名金缕，又名寿带，宜显顺，若绷急而不显，缠曲而不顺，兼若腾蛇锁唇而入口者，皆不寿也。

女子眼恶，嫁即刑夫。声杀面横，闺房独宿。

女人之眼，宜细长而清秀，若圆大凸露，则恶相显然，便为刑夫之格矣。若声似破锣，面肉横生者，必主寡居。

额尖耳反，虽三嫁而未休。颧露声雄，纵七夫之不了。

古云："额尖削耳反，乃三夫之妇也。"古云："克婿两颧露，刑夫额不平。要知三度嫁，女作丈夫声。"亦此之谓也。

额偏不正内淫而外貌若无，步走不正外好而心中最恶。

头额为诸阳之首，不宜偏削，若偏而不正及举止轻浮而不稳重者，多主淫荡。行步不平正如风柳，乃蛇形雀跃之相，主心地险恶也。

耳后见腮，心地狡贪。眼恶鼻勾，心中险恶。

腮，即颐也。颐骨不宜太阔露。古云："耳后见垂腮，平生无往来。"必主心地狡猾贪鄙。古云："眼若凸露，人情难睦。鼻如鹰嘴，吃人心髓。"

脚跟不着地，卖尽田园而走他乡。

行步稳重，富而财丰。若行步轻浮不停，如雀跃之状者，为破财奔波之相。

鼻窍露而仰，卒被外灾而终旅舍。

经云："鼻仰唇掀及结喉，夭亡浪迹而走他乡。"正谓此也。

唇不盖齿，无事招嫌。沟洫无髭，为人少力。

不笑而齿龈常露者，好谈人过，与众不和。经曰："齿疏唇露不合口，唇尖薄，是非多，故招人嫌。"正谓此也。沟洫，即人中，不宜无髭，若少髭而人中露者，其人主一生劳碌。

印堂太窄，子晚妻迟。悬壁昏暗，人亡家破。

印堂宜丰隆，太窄若此者，不惟无官，抑且妻子不早。悬壁为奴婢宫，宜光润，若气色昏暗者，主死亡破败。

结喉露齿，骨肉分离。粗骨急皮，寿年短促。

结喉者，喉骨若光圆而高显也。露齿者，即唇不盖齿也。二者乃客死招嫌之相。而骨肉分离，不亦宜乎？骨格粗大而露，皮肉急紧而带薄，此皆为夭寿之相也。

形容俊雅，终作高贤。骨格清奇，必须贵显。

形容若桂林之一枝，昆山之片玉，清奇正雅者，必为上等之人，非凡相也。

精神俏秀，曰古。怪异非常，曰奇。有此清奇之骨格，终须贵达。先正有云："峨峨古怪若闲云，昆山片玉已琢成。"

卧蚕非丁，定子息之晚成。泪堂平满，须儿郎之早见。卧蚕，在眼下，为子息宫。若丰丁而陷者，主生子必晚成。泪堂，即眼眶也。若肉生丰满，而不坑陷者，生子必早。

龙宫低黑，嗣续难得而愚昧。阴阳眼润男女，易养而聪明。

阴阳，即三阴三阳，亦子息宫也。若光明润泽而不枯陷者，必主男女易养而聪明。

面大鼻小，一生常经历艰辛。鼻瘦面肥，半世钱财终耗散。

正面虽大，而土星独小，奔波之相也。广记云："鼻小为四极，农作无休息。"面肥鼻隆，钱财非充。若面肥鼻虽高尖而瘦者，纵有钱财终须耗散。

边地四起，过五十始遂亨通，辅骨隆高，才三九则居官从。

边地与天庭、山林、郊外俱高耸者，正晚年荣禄之相。辅骨，即两辅角圆骨是也。若耸起而隆高，必早年荣达。

明珠出海，太公八十遇文王，一本增作明珠出海，大海解明珠为耳垂珠意，谓明珠朝海，为寿相。然与下文不合，姜太公八十遇文王，言发达之迟，马周三十逢唐帝，言发达之早。若火色鸢肩，马周之相，以火能炎上，鸢能飞腾发达之早宜矣。若明珠出海为太公之相，则未明，缺疑可也。予观下文，有曰流龟放海，须防水厄之灾，谓黑气入口。恐明珠出海，亦指气色而言，学者详之。

火色鸢肩，马周三十逢唐帝。

唐帝，乃太公也。火色，赤气也，鸢鸥类，飞则肩耸。马周赤色而耸肩，其相如此，故早年腾达，盖飞而炎上，早发达也。

鹤形龟息，洞宾之遇仙得仙。

鹤形清奇，龟息异常。吕洞宾有此相，到庐山遇钟离真人，一梦黄粱而得仙道。龟息，气息也。

龙脑者，头角蝉岩高起而显露也。凤睛者，两目细长黑白分明而光彩也。房玄龄有此相，故唐太宗时入相。

法令入口，邓通饿死野人家。

法令者，口边纹也。前汉邓通有此纹，文帝令许负相之，负指其口曰："他日当饿死。"帝曰："富贵在朕。"遂赐通蜀道铜山，得自铸钱。后至景帝罢钱，通竟饿死。

腾蛇锁唇，梁武饿死台城上。

腾蛇，即法令纹也。梁武帝亦有此纹，帝都健康，为侯景逼台城饮膳。被侯景裁损，帝忧深成疾，口苦索蜜不得，再曰呵呵，遂殂。

虎头燕颔，班超封万里之侯。

前汉许负相班超，曰："生燕颔虎头，飞而食肉，此乃万里侯相也。"后果投笔出玉门关，立大功，威震西戎，后封为定远侯。

虎步龙行，刘裕至九重之位。

虎步行而阔，龙行不动身也。经云："虎行位至侯王。"刘裕，字德兴，彭城人，有此相，元熙二年，受晋禅，号宋武帝。

山林骨起，终作神仙。

山林，在郊外发际之间。有骨而高起者，以其贵在日月天庭之外，故但作神仙而去。

金城骨分，限登将相。

印堂有骨隆起，分如五指，贯入发际，曰金城，主大贵。经曰："金城分五指，极品在岩廊。"又当知贵贱易识，限数难参。

骨格贵贱贫富，相所易识。若夫气色生克之限数，实难参详也。

诀生死之期，先看形神。定吉凶之兆，莫逃气色。

人之一身，以神气为主，形貌次之，凡相人之法，神与气色为要。神有生旺，气色有生克，详而观之，则吉凶定死生决矣。

睛如鱼目，速死之期。气若烟云，凶灾日至。

睛圆露而痴者，则如鱼目，有如此相，又无光彩，不寿。气色宜光彩，不欲昏暗，若气色如烟尘所蒙而昏暗者，必主凶灾之相。

形如土偶，天命难逃。天柱倾斜，幻躯将去。

形如枯干，与土无异者，不久病亡。天柱者，颈项也。若项倾斜歪而莫起者，虚幻之躯必见将死之兆也。

貌如镂铁，运气迍邅；色若祥云，前程亨泰。镂铁，其疏薄也。

一身气色若此疏薄者，其气运不通。气明润祥云，面红黄者，前程必通泰也。

名成利遂，三台官俱有黄光。文滞书难，两眉头各生青气。

三台，即在两辅及额角，此位俱有黄气者，名成利遂。眉头，即辅角也，其气青黑色，文书必迟滞也。黄气少而滞气重，功名来又不来。

红黄者，喜气也。青黑者，滞气也。若红黄之色少，青黑之气多者，求功名似有而无也。

青气少而喜气多，富贵至而又至。

红黄之色满面，而无滞气，财禄叠至。

滞中有明，忧而变喜，明中有滞，吉而反凶。

气若滞而忽明润者，忧中必有喜气。若明而忽暗滞者，吉中必有凶也。

正面有红光，无不遂意。印堂多喜气，谋无不通。

正面一寸三分，印堂在关门之间，二部若有红黄紫喜气者，谋为多主遂意之兆也。

年寿润明，一岁平安。

年寿在山根之下，为疾厄宫。若光明不暗者，其年必平安。悬壁无光，财宝将去。

金匮润泽，吉祥鼎来。

甲匮光泽，诸吉鼎来。金匮、甲匮，鼻准头两旁，即兰台廷尉。若明润不暗者，主吉而不凶也。

部位无亏，一生平稳。气色有滞，终见凶屯。

一生部位无亏破者，不遭凶险。诸位气色不光润者，平调者，终有所不利，极至不意而之。

形容古怪，石中有美玉之藏。

形相古怪者，不可作下贱看。若神气清秀，动止异常，乃浊中清也。非石中有美玉乎？学者详之。人物蝉岩，海底有明珠之聚。

如龙准龙头，虎头虎睛之人物，终须贵显，如海底明珠。

要之一辨其色，次听其声，更察夫神，再观乎皮肉，不可忽也。

四者兼之，万无一失。

眉毛拂天仓，出入近贵。印堂接中正，终须利官。

天仓在眼角旁，若眉如新月而拂天仓，主聪明近贵之相，若印堂宽隆，上接中正光润者，必利乎官也。

呼聚喝散，只因双颧立起于峰峦。引是招非，盖谓两唇不遮乎牙道。

东西二岳，曰双颧，主威权。峰峦，言隆高也。若二颧隆高，其人有聚散之威。唇不盖齿，好说是非之人也，与众皆不睦招是惹非。

狼行虎吻，机深而心事难明。

行而头低及反顾，曰狼行。无事咬牙，若怒而无笑容者，曰虎吻。其人凶狠，心机必难明也。

猴食鼠飧鄙吝而奸谋到底。

食而细疾，其貌如惧者，曰鼠飧食而不嚼，其貌如不足者，曰猴食。有如此者，必鄙吝奸狡之人也。

头先过步，初主好，晚景贫穷。灶仰撩天，中限败，田园耗散。

行若头低，向前过步者，其人必然初年有余，末年不足也。井灶，乃鼻穴也。不宜仰露，若仰露而撩天，主中年破散。女人耳反，亦主刑夫，男子头尖，终无成器。

木金二星失躔，不利夫宫，兼有九丑，孀居女人之相也，头乃六阳之首，终宜圆大，若尖小者，岂富贵之相也。

观贵人之相，非止一途。察朝士之形，俱要四大。四大，即四体。

腰圆背厚方保玉带朝衣。骨耸神清定主威权忠节。腰腹圆肥肩背丰厚，皆衣禄之人，贵相也。骨骼蝉岩而高耸，眼神清光而有权，若居官必有威，乃忠节之臣也。

伏犀贯顶，一品王侯。辅骨插天，千军勇将。

若有骨自印堂耸入于脑者，曰伏犀，主人大贵。辅骨在眉角，有骨丰肥插入天仓者，必主威权。

形如猪相，死必分尸。眼似虎睛，性严莫犯。

体肥贫短，饮食无厌。目朦朦而黑白不分明者，猪相也，多死非命。目圆大而有神，视不转而有威者，虎睛，其人之性必燥烈。

髯黄睛赤，终主横尸。齿露唇掀，须防野死。

古云："眼睛赤，心性急。髭髯黄，怒气强。"终招灾祸。

两唇不遮牙道，曰露齿。若唇掀喉结，必死他乡之野。

口唇皮皱，为人一世孤单。鱼尾多纹，到老不能安逸。《通仙录》云："口边皮若生皱褶，有子应须出外乡。"岂不孤单？鱼尾，在眼角之上。《经》云："鱼尾筋纹长入口，虽有富寿最劳心。"

二眉散乱，须忧聚散不常。两目雌雄，必主富而多诈。

眉乃兄弟姊妹宫，亦主财星。若散不清，主离耗。

目一大一小，曰雌雄。有如此者，虽然财富，必多诡诈也。

面多斑点，恐非老寿之人。耳有毫毛，定是长生之客。黑青斑点生于面者，神气衰也，岂能寿乎？《经》云："眉毫不如耳毫，耳毫不如项下绦。"皆寿相。

脚背无肉，必主孤贫。胸上生毛，性非宽大。

《大统赋》云："足者，身之枝，所以运诸身者也。若枯而无肉者，必孤贫跋涉之人也。胸堂上生毛者，性偏急。"《经》云："身上生毛，非达器。"

莫教四反五六，必主凶亡，更忌神昏八九也，无称意。

四反者，口无棱，眼无神，鼻露穴，耳无轮也。有此四反，其人主有凶亡之事。有此四反，更兼神气昏暗者，至老终不称意也。

天庭高阔，须知仆马无亏。

前文云，天庭高耸，少年富贵可期。此云高与阔，言其高而且阔，定居官位，而无疑也。

地阁方圆，必主钱财堆积。

天庭丰隆得乎天，得乎天者必贵，得乎地者，必主于富也。

脸上青光汲汲，贪婪孤贫。准头赤色重重，奔波诡计。

脸上青黑之色叠见者，主孤苦不足。土星有火，万物不生之相，主奔波，若酒后见赤，诡计。

圆融小巧，毕竟丰亨。方正神舒，终须稳耐。

五短之形，融和而奇巧者，到老而富泰丰亨也。面目之正而有神气者，终必稳重坚耐而吉。

手脚粗大，难为富贵之徒。齿鼻齐丰，定享庄田之客。

手脚粗大，贫贱之相。无肉而露筋，安能富贵？齿齐而密，鼻大而丰者，安享田庄之人也。

手软如绵，闲且有钱。掌若血红，富而多禄。

《经》云："手若绵软，富可羡。色若巽红，禄不绝。"

眉抽二尾，一生常自足欢娱。

前云，眉主二角者，谓头秀起如角也，但一生快乐而已。此云，眉抽二尾，谓眉首尾齐秀如新月也。其人多恋花酒，一生自乐之相也。

根有三纹，中主必然多耗散。

山根若有三纹侵断者，多主耗散。《广记》云："山根若有横纹断，克子刑妻少弟兄。"

耳白过面，朝野闻名。

《袖里经》云："耳白过面，终为名臣。"昔欧阳公未贵，有僧相曰，"公耳白过面，名闻天下。"后官至宰相。

神称于形，情怀舒畅。

精神者，乃人一身之根本。贵于形神相称，不宜偏足，若形与神俱完美足而不偏者，心身安泰之相也。

足生黑子，英雄独压万人。

左足，男吉。右足，女吉。昔安禄山少贱，事张守圭，为之濯足，少停而不言，守圭问之，曰："节底足底有黑子，故少停。"守圭曰："吾之贵者，在此痣也。"禄山拜曰："不肖双足俱有。"守圭优待之。后禄山领三处节度使，其验如此。

耳插边庭，威武名扬四海。

边庭在左辅角发际之间，若额齐起，插入边庭者，主武贵。《广鉴》云："驿马连边地，兵权主一方"。

声自丹田下出，有福而享遐龄。

丹田在脐下，若发自脐下来者，音韵声远，主寿。希灵论曰："众人之息以喉，贵人之息以脐。"

骨从脑后横生，发财且增长寿。

脑后有骨横生者，名曰玉枕，主富寿也。《广鉴》云："骨自脑生少人知，贵禄绵绵福寿期。"

地库光润，晚景愈好而得安闲，悬壁色明，家宅无忧而多喜庆。

地库在两颐，若光润华彩，末主称心如意。悬壁气不暗者，吉而无凶也。

土星薄而山林重，滞气多灾。前相好而背负亏，虚名无寿。

鼻小谓之土薄，须多谓之山林重，若更有滞气，必主多灾，前面形相虽好，而后背形相亏陷不称者，名寿不足。

阴鸷肉满，福重心灵。正面骨开，粟陈贯朽。

阴鸷即泪堂之位，若丰满不横出者，必聪寿之相也。正面即两颧也，若骨开润而不偏陷者，广积财谷之相也。

鬓毛球织，或先富而后贫。筋若蚓蟠，定少闲而多厄。若发鬓浊乱如织球者，其人性懒，纵有财富而后必贫。额面手足青筋乱生者，曰蚓蟠，主辛苦不闲而多厄。

眉棱骨起，纵有寿而孤刑。项下结喉，恐无儿而客死。眉骨蝉岩，虽云古怪，若眉棱独起者，虽有寿亦孤刑。《经》云："齿露结喉，死在他州。"

眼如鸡目，性急难容。步若蛇行，毒而无寿。

眼圆小而黄如鸡目，其性急躁然多淫，而且破害。蛇行而头足俱动，作三折状者，曰蛇行，轻而心毒，安能有寿。

色青横于正面，唤作行尸。色黑横于耳前，名为夺命。额上眼下曰正面，若青气横生此位者，主有灾疾。故曰行尸。耳前为命门，若有黑色侵者，有病必难疗。

青遮口角，扁鹊难医。黑掩太阳，卢医莫救。

口为人之命，若两角青黑，非吉兆，病人难治。

太阳，左目也。卢医、扁鹊，名医。黑掩太阳，陷乎双目，名医莫能治。

若病人有白气如枯骨者，本无生气，有死而已。又有黑气若湿灰之色者，岂长寿乎？

贫而多难，只因满面悲容。夭更多灾，更谓山根薄削。

容颜常若哭状，必主贫而多难。《经》云："不醉却如醉，非愁却似愁，笑惊疾呆样，荣乐好途休。"年寿山根陷，薄而尖削，主疾病而夭。

平生少疾，皆因月孛光隆。到老无灾，大抵年宫润泽。

年寿即月孛星，此位丰隆有光，平生必少疾病也。

血不华色，少遂多忧。行不动身，积财有寿。

血以养气，气以养神，色无光华，中心不足，岂无忧愁乎？行步而身不动者，谓端庄，贵重称心。鬼色见形，贫愁度日。

神光者，色红黄而有光也。鬼色者气青黑而多暗也。故面有神光，利名多遂。面有鬼色者，贫愁日至。

病淹目闭，有神无色者，生。神脱口开，天柱倾倚者，死。

病人虽目闭，有神无色者，必主生。若眼无神光，开口项倒者，必死。

五岳俱正，人可延年。七穴不明，寿难再久。

五岳注见，前若俱正而不偏斜者，固为寿相。若耳目口鼻之七穴反露而不明者，亦主夭折。

华盖黑色，必主卒灾。天庭青气，须防瘟疫。

华盖谓福堂之间，黑气侵之，主有暴疾。天庭，在天中之下，青气生之，主有瘟疫。

赤燥生于地阁，定损牛羊。青白起于奸门，祸侵妻妾。

地阁为奴仆宫，若生赤气如火而燥者，损牛羊。奸门，在眼角之前，若有青白二气，恐妻妾有灾，奸门乃妻宫是也。

三阳火旺，必主诞男。三阴木多，定须生女。

三阳，在左眼下，红气旺，必生男。三阴在右眼下，青气多，即生女。

流魄放海，须防水厄之灾。游魂守宫，定主丧身之苦。

流魄，游魂，皆黑色也，大海为口，有黑气入口者，须防水厄。宫即龙宫，眼瞳也，若生黑气，定然多主身丧。

道路昏惨，防跌仆之灾。宫室燥炎，恐火汤之咎。

道路，即通衢委巷也。若生滞气，陂险不利。宫室在灶厨之旁，若生红燥之气，须防汤水。

耳根黑子，卧倒路旁。承浆深纹，恐投浪里。

耳后生黑子者，主客死他乡。承浆在唇下，若生深纹，必主有水厄之灾也。

眼堂丰厚，亦主贪淫。人中偏斜，亦多刑克。

眼堂固宜丰满，若丰而又厚者，亦主贪淫。人中惟宜端正，若有偏斜者，亦主刑克。

鬼牙尖露，诡谲奸贪。保寿峥嵘，凶豪恶死。

当门牙齿宜齐大而平固，主诚信。若旁齿尖露为鬼牙，其人必多诡贪。二眉丰隆，固为寿相，若棱骨高削，性必豪凶，恐非大命也。

人形似鬼，衣食不丰。生相若仙，平生闲逸。

人形古怪，固为贵相。若形貌如鬼者，虽有衣食，必不丰也。形貌清而且秀异若仙人之状，非贵必主安闲。

谷道乱毛，号作淫秽。耳根高骨，名曰寿堂。

粪门，多毛，皆由膀胱气之盛而生，此人必主多淫。耳后骨起，名曰寿堂。《经》云："欲如人寿，考耳大玉楼成。"

骨骼精神，瘦亦可取，肉浑浊浮肥何足兮。

骨骼虽瘦，而气色有神者，有可收之吉。皮肉虽肥，而不坚润者，有不取之凶。

目多四白，主孤克而凶亡。鼻有三凹，必贫劳而孤苦。眼如怒睁而露四白者，孤刑凶亡之相也。三凹者，自山根至准头而有三曲折也，主破败刑克之相。

三尖六削，纵奸巧而贫贱。四方五端，须不谋而富贵。

三尖，谓头、准、阁尖小也。六削，谓眉、目、耳、口削薄也。又谓之六恶，主贫贱而奸巧也。天仓地库而不陷，五岳端拱而不偏者，富贵不求而自来也。

腿长脚瘦，当年奔走不停。唇薄口尖，好说是非无了。

腿胫细长，脚背枯瘦者，辛苦之相也，嘴小尖削，两唇掀薄，好说是非之人。

部位伶俐，自然无祸无灾。纹痣交加，到底有嗟有怨。

部位分明而不驳杂者，吉祥。纹闹乱生于各位者，凶。纹痣交加者，凶祸。

峨肩鼠食，非惟吝而且贪。剑鼻蜂睛，不持凶而又贱。

峨肩，即肩耸。鼠食，详见前。有此二相者，主贫吝而凶。鼻梁固而如剑，眼睛露而不转如蜂目者，性暴下贱之人。

若夫孩童易养，声大有神。夭折难成，肾浮不紧。

以下数条，论小儿相。小儿初生，啼声大而有神色者，无病而易养。声虚浮而不紧者，多疾而必夭。

头圆骨耸，易养而利益双亲。额方面阔，无险而吉祥迭至。

头圆而多棱，骨耸而入格，主富贵，岂不易养而利于父母乎？额骨方隆，而容平阔者，吉多凶少。

山根青色，出胎而频见灾厄。年上黑光，幼岁而多生脓血。

山根年寿有青黑色，幼小多生灾疫。

阴囊若荔壳，定生坚耐之儿。面肉类浮沤，决是虚肥而薄如浮沤状者，乃虚花难育之子也。

头尖无脑骨，能言而亡。目缓少精神，将行而死。

头尖小而脑骨低陷，眼缓慢而精神不足者，难存也。

色紧肉实，可养无虞。声响气清，端为颖异。

鼻梁低塌，当生啾唧之灾。发际压遮，定是孤刑之子。年寿低陷，乃疾厄宫不足，故多灾厄也。发若遮额压眉者，多主孤刑。

发齐额广，英俊聪明。气短声低，糊涂夭折。

郊外插额，利处山林，正面无权，难居宅舍。

郊外，在山林之下，有骨接额者，隐逸之人，幽闲之客。面无颧骨，其人无威，治家不严，可以独居而无施为。

孤峰独耸，骨肉参商，四尾低垂，妻儿隔角。

鼻高而四岳低者，六亲不和。眉眼四垂者，妻子少息而隔角，不相和睦也。

乱纹额上，男女并主孤刑。黑痣泪堂，子息恐云有克。

额横三纹，因为寿相。多而乱，又主孤苦刑克之相也。两眼下为泪堂，儿女宫也。若生黑子，必多刑克儿女也。

眉不盖眼，别亲离散之人。眼大露睛，寿促夭凶之子。

目长眉短而不覆者，亦主孤贫。《管辂》云："目长眉短，不相附亲者"。如疏自用心。"目大露眼，其性必凶。"岂有寿乎？

上轻下重，末主伶仃。上阔下尖，终无结果。额尖鼻小，则定分居。喉结脚长，终临外处。

下停轻薄，上停厚重垂者，末主孤苦。身上二停上阔而下尖削者，亦然。鼻额尖小者，固不和于家，结喉两脚长者，客死于外。

有权有柄，皆因两脸有颧。无识无能，只为双眉不秀。以上二等，其文异而理则也。

身白过面，衣食丰盈。神赛于形，庄田荣足。

面粗身细，一身富贵。形神相附，一身荣足，此之谓也。

男儿腰细，难主福财，女人肩寒，孤形再嫁。

男人腰细不丰者，主必寿。女人肩寒似缩者，命必毒。

以下数条，言女人之相也。

头大额大，终主刑夫。声粗骨细，竟为孀妇。

若女人头额俱大，声音粗浊，骨多肉少，皆孤刑之相。

眼光口阔，贪淫求食之人。摆手摇头，诡滥刑夫之妇。

眼露光而口阔大者，贪淫度日。头有轻摇而不重者，滥淫刑夫。

发浓鬓重兼斜视必多淫。声响神清，必益夫而得食。

发浓鬓重而视瞻不正，血气旺而心必旺，主淫荡之相。声音响亮，眼神清明者，益夫，食禄之妇也。

山根不断，必得贤夫。部位停匀，应招贵子。

鼻梁不断者，配必佳。部位不偏者，子必贵。

骨骼细腻，富贵，自主清闲。发鬓粗浓，劳苦，终为贫贱。

骨肉相称，细腻者，清闲。发鬓低乱，浊而粗浓者，辛苦。

皮肤香腻，乃富室之女。面色端严，必豪门之德妇。

皮肉清香而细腻者，面色润洁而端严者，富贵之女。

发细光润，禀性温良，神紧眼圆，为人急躁。

发细微而有光者，气必和而性良。神紧而目圆者，气必急而性躁。

二颧高耸，刑夫未了期年，两耳反薄，克子终无成日。

颧骨高削者，刑夫不定。耳若反而薄者，克子无休。

手粗脚大，必是姨婆。鼻尖额低，终为侍妾。

手脚粗大者，巫姨媒婆之相，鼻额尖低者，姬妾之形。

卧蚕明润而紫色，必产佳儿。甲匮丰腴而黄光，终兴家道。

眼下有肉如卧蚕而紫色者，必产贵子而主福。金甲二匮，在鼻两旁，丰腴而黄色光明，必旺家也。

妇人口阔，先食田庄而后贫。美女背圆，必嫁秀士而得贵。

女人之口，阔大而无收拾者，贪食懒作而后贫乏也。背若圆厚而清秀者，必配良夫。

身肥肉重，得阴阳而反荣华。面圆腰肥，类男形而亦富。

身体肥泽，而肉不虚浮，貌称女形者，主荣贵之相也。女人腰腹垂似男子者，主富贵。

干姜之手，女子必善持家。绵囊之拳，男子定兴财产。

女子皮肉固宜细润，唯手指瘦实不露肉者，善持家。若男子腕如绵软，不求自富。

头小腹大，一生不过多食。骨少肉多，三十焉能可过。

女人头小腹大者，不过多食。若又肉有余而骨不足者，定主夭亡。

眉粗眼恶，频数刑夫。声雄气浊，终无厚福。

眉粗乱而眼恶露者，克夫。声雄大而气浊相者，贫薄。

眼光如醉，桑中之约无穷。媚靥渐生，月下之期难定。

眼露光而神如醉者，多淫欲野合之人。多笑妖媚者，下贱之妇也。《经》云："媚靥渐生非良妇，岂无月下之期乎?

面如满月，家道兴隆。唇若红莲，衣食丰足。

面色光润而无缺陷，唇如抹丹而不尖露者，主富贵。

山根黑子，若无宿疾必刑夫。眼下皱纹，亦主六亲若冰炭。

黑子生于山根者，身无久疾夫必刑。乱纹侵于眼下者，身孤而骨肉疏。

齿如榴子，衣食丰盈。鼻若灶门，家财罄尽。

齿密光洁如榴子，富足也。鼻穴仰露者，主贫乏也。

形如罗汉，见子必迟。貌若判官，得儿尤晚。

形貌古怪如罗汉判官，子生迟晚之相。

三山突阔，万顷规模。四渎清明，终生福气。

额与两颧高阔者，弘远发达之相也。耳目口鼻清明者，广远富贵之形也。

形清神浊，不久贫穷。大小声洪，定须超越。

形貌清而神气困浊者，时虽贫窭，滞若退、福吉还来。形貌虽小而声音洪亮，本源盛大，终主发达之相也。

头面宽厚，福禄双合。神气澄清，名利双得。

头圆象天，皮肉宽厚，富贵之相。岂无福寿乎？澄清而不昏暗者，富贵之相也，亦主喜吉。

面皮绷急，寿促无疑。骨格恢宏，前程可靠。

面肉浮薄，皮肤皱，固非寿相。骨格丰隆，五岳分明者，富贵可期也。

少肥气短，难过四九之期。唇缩神痴，焉保三旬之厄。

年少而体肥，气喘而促急，主寿夭。唇反缩而露齿，目无神而如呆，亦不寿之相也。

形体局促，作事猥琐。气宇轩昂，一生快顺。

体貌局缩者，作为必不宽舒。心广体胖者，无往而不利也。

鼻梁露骨，名为破祖刑家。背脊成坑，号曰虚花无寿。

鼻梁薄削露骨如剑脊，主破祖业。背脊欲隆厚，若薄陷而成坑者，定是花多实少，又主不寿也。

鼻有三曲，不卖屋则卖田。面见两凹，必成家而立业。

鼻梁有三曲而不平直者，破财之人也。天地相朝，太华并拱，发兴成立之形也。

獐头鼠目，何必求官。马面蛇睛，须遭横死。

头削而骨露，曰獐头。眼凹而睛圆者，曰鼠目，皆为不贵。声嘶而面长，曰马面。目凹而睛红，曰蛇睛。其性粗心毒，弟兄不义，卒至横祸也。

睛青口阔，文笔高人，面大颐丰，钱财满屋。

目睛如点漆，口阔若抹丹，文章之士也。面方而大，头丰而阔者，富家之子也。语言多泛，为人心事难明。容貌温和，做事襟怀洒脱。

语言贵乎有伦序，若言无统者，语言滥泛者，必妄而无实。故许负有云："语言泛滥，作事多乱，其心事岂易明白哉？"形容如美玉之温润，气宇似春风之柔和者，乃襟怀洒脱有德之相也。

骨粗发重，何曾剩得一钱。体细身轻，那得停留片瓦。

骨骼粗而露，头发厚而松者，贫寒之相，而身迍邅也。身体贵平稳厚重，若行如风摆柳叶者，不夭则贫。

巨鳌入海，必作尚书。龙骨插天，应为宰辅。

《经》云："额角入天庭，宰相位尊荣。"日月角有骨插入天庭，三公辅弼之器也。巨鳌，即额骨，龙骨，即日月角也。

日月角耸，必佐明君，文武双全，定为刺史。

日月角耸，即龙骨也，定为贵相。若两颧有骨接边廷者，文武双全，亦牧佰之相。

眼若三角，狠毒孤刑。鼻两凹，破财疾苦。

眼为日月，宜圆明不宜三角，相有如此，其心不善。妇人主刑夫儿，男子必克妻子也。鼻乃土星，年寿居之，若两凹侵破，不唯破财，又兼疾苦而贫败也。

骨轻手硬，必是庸常。眉秀神和，须知闲雅。

骨格削而轻，手指粗而硬者，庸俗之人。眉目清秀，乃神气温和者，不贵则清闲人也。

声干无韵，何得荣华。肤涩少光，终无安逸。

声贵乎清亮，若粗干如破锣之音，无韵者，亦主贫也。皮肤粗涩，又无光润，主辛苦也。

凶归十恶，皆因眼下睛黄。死在九州，盖谓龈掀唇𦚲。

犯十恶之凶罪者，多因眼有赤缕，睛黄而不黑色也。身死于他方者，多为齿龈掀露，口唇不𦚲也。

形神不蕴，贫夭两全。筋骨莫藏，懦愚双得。

若形有余而神不足，或神有余而形不足，曰不蕴。如此之人，不刑则夭。筋中显骨，骨中露筋，骨筋俱露而不藏者，不懦弱则愚鲁之夫也。

眼光嘴翘，为人执拗不良。齿啮头摇，其性奸贪无比。

目露睛光，嘴薄唇翘，兼此三者，不良村强之徒也。齿露头摇其性奸贪无比，咬牙作声曰齿啮。咬牙而摇首摆头，狠毒之相，必多奸贪。

得意中，面容凄惨，先富后贫。遭窘处，颜貌温和，早穷晚发。

利名得意之中，宜喜悦，而面容凄惨者，先富而后贫。若处困穷之间，不忧愁而反温和者，心量宽宏，终必发达而晚景优游也。

金形得金局，逢土可比陶朱。

若金形人又得金局之正者，古云："金得金，刚毅深。"兼得土局，形气则相生，而主财富，陶朱公，范蠡也，能致富豪。

第二节　惊神赋

观夫：

神尧眉分八彩，大舜目有重瞳。

武帝有三漏耳，文王有四乳身。

汉祖龙颜，宋玉驴耳。

孔夫子河目海口，楚项羽燕颔虎头。

虞姬身似凝脂，陈平貌如冠玉。

汉高祖左股七十二黑子，楚襄王堂中现出五花纹。

前贤既有如斯，后世焉能无相。

气色乃行年休咎，骨骼乃一世之基。

三停平等，一生衣禄无亏。

五岳朝天，一世资财足用。

天庭高耸，少年富贵可期。

地阔丰肥，晚景风光独占。

口为水星，定一世衣禄有无。

鼻是财星，管中年穷通造化。

眉清目秀，攀龙附凤之贤。

气浊神昏，鞭马牧羊之辈。

发际低而皮肤粗涩，终是贫穷。

手指密而脚背圆肥，当为富贵。

准头丰大，多为福。面肉横生，性必凶。

智慧生于皮毛，苦乐观乎手足。

龟头鳌脑，关门吃食之徒。

羊目鱼睛，缘木求鱼之子。

双眸点睛，盖世英雄。

一点生脐，超群志气。

秋水为神，玉为面。

女人必作后妃，芙蓉如貌柳如眉。

男子当为泉客，眼横秋水鬓如鸦。

月约星期，口是窑灶行似雀。

东奔西走，乱纹生于口角，当饿死之亚夫。

赤脉贯于瞳中，是难封之李广。

吕望耳毫纤细，石崇鼻孔圆收。

廉颇两眼尾以竖天，邓通双口角而向地。

亚夫两项绦垂下，文王一痣当胸。

因形见凡，足辨人之贵贱。

听声察色，便知人之贤愚。

嗟夫：

露齿卓眉，岂作朝廷任用。

攒眉撮口，难为台阁臣僚。

鼠目獐头，毕竟难登仕路。

蜂腰燕体，如何去问功名。

林泉有碧眼神仙，朝野无交眉宰相。

名高玉册，应知心宽体胖。

身拜丹墀，盖是天庭高阔。

龙行虎步，将军勇节制之臣。

狮鼻龙睛，廊庙作股肱之佐。

龟形鹤骨，乐道山林。

雀步蛇行，遭官囹圄。

逢凶有救，印堂静而黑不侵。

遇难无凶，福堂明而神不露。

眼深骨起，至亲恰似他人。

犬形猪视，常嫉忌之心。

鹞眼虾睛，不脱强梁之性。

下长上短，浪走他乡。

齿露结喉，难为眷属。

闻喜不喜，为金匮之有亏。

当忧不忧，缘玉堂之朝拱。

耳如纸薄，休望荣华。面似皮绷，莫言寿算。

天庭高阔，得上贵以提携。

地阁倾斜，招下人之诽谤。

若乃神与气清，虽色滞而不贫。

假若气弱神枯，纵色明而何用。

呜呼；

贫寒妇女，无非胸凸臀高。

淫夫娼妓，一定身粗面细。

杀夫声出雄壮，好欲面带桃花。

背负肩提，唇掀齿露。

倚门立户，鼻仰唇牵。

儿女刑伤，泪堂深黑。

田园卖尽，井灶撩天。

手脚摇动，平昔言而无信。

承浆丰满，晚年寿命有归。

纹理攒眉，年年不乐。

杂纹贯印，日日多忧。

说是说非，盖为唇轻舌薄。

不仁不义，亦因眉厚睛流。

有福者手似绵囊，无福者唇如黑葚。

女多子少，两眉只看两头垂。

父死母伤，额角方知生黑子。

尘生满面，其人不久前程。

黑子人中，抱养他人之子。

髭须拂右，定然妻弄夫权。

行坐端庄，定是子承父业。

若论运限，各部推之。

细辨根基，各寻元妙。

贤愚寿夭，莫逃此篇。学者观之。

第三节　烛謄经

人禀阴阳之正气，形似天地以相同。

面分金木水火土，色殃东西南北中。

中圣虽有全德，造化终无全功。

分清奇古怪之貌，班秀气纯厚之容。

清者寒潭秋月，奇者耸壑乔松。

古似嵯峨盘石。怪似峭壁孤峰。

人能有此，富贵隆钟。

秀若深根直干，异者舞凤回龙。

纯如良金美玉，重如泰岳华嵩。

有一于此，爵禄非庸。

陈平有冠玉之颜，身居九鼎。

卫青有覆肝之额，食禄万钟。

或三高六下而不等，或六劫三端而不克。

身有七尺之魁伟，面无一尺之丰隆。

早年发福，中岁困穷。

神昏气滞，初主迍蹇，末主亨通。

面粗身细者，多趋利达。

身粗面细者，少吉多凶。

道骨端圆，掇高科而登要路。

凤姿龙表，非世格而岂凡庸。

玉枕分品字者，超群特达。

伏犀贯顶门者，光祖荣宗。

骨肉停匀者，财通胡越。

身形粗满者，寿不穷窿。

天有阴阳寒暑，人有悔吝吉凶。

皆出身形之外，超乎骨格之中。

面部星辰如圆壮，时间气色欲鲜明。

日月侵于印堂，仕宦腾路。

山根驿马光显，动用皆成。

左额角偏，父必先亡。右额角陷，母必早丧。

下长上短，始于忧勤。下短上长，终于逸乐。

悬针印上，骨肉抛离。

黑痣印堂，夫妻隔角。

气哭声和，浅见易知。气缓神利，深机莫测。

面方耳大，官持一道之权。

口大声细，位至三台之列。

颧骨入鬓，清贵玉堂。

口弓朝天，姓名金阙。

面无肉，口缩囊，孤寡破财易飘蓬。

泪堂陷，山根折，少怀忠信何曾歇。

九丑者罹难，六反者灭绝。

天庭悬壁而方，早有腾升。

地阁尖削而短，终无发越。

鱼尾深凹，男子多淫。

奸门岠起，妇人少节。

金匮光明，儿孙利益。

眼下偏枯，妻子有刑。

闻喜不喜，多因印绶之模糊。当忧不忧，乃有阴功而保免。

行则摇头，处事阴谋。坐则低首，为人诡谲。

清奇拱应，少年龙虎榜中人。

古怪藏神，终岁凤凰池上客。

体滑如油如铁，鬼魅胞胎。

肌肤似兰似馨，非凡骨骼。

鹤形龟体，心灵变化若鲲鹏。

龙脑凤睛，浩气凌摩于雕鹗。

手眼脚身带破，未免徒刑。

面耳鼻发焦枯，必无余剩。

发乱之人，仁义多疏。

腮凹之汉，情性更虚。

妇人骨起，阴反于阳，定孤克。

男子肉绦，阳生于阴，必夭寿。

川纹印上，数损忧煎。

水字如弓，终主愚顽。

颧高颐突，剥削鳏夫寡妇。

面蓝色脱，靠子假妻穷汉。

学者先宜熟观此鉴，然后依各部相之，祸福有准。

第四节　罗真人相赋

　　贵贱前缘何须怨天，山根断而幼遭疾苦。颐颏尖而老受迍邅，莫教言语凄鸣，必防儿女。倘若耳轮反露，定破田园。开唇露齿，黑子多咎切记。承浆平阔，善能杯酒。山林井灶，缺而乏食。印堂明，而官不休。体香必有官位，尸殖定知无寿。手短若蹄，昏迷可知。少资金人面尘土，多妻妾人杨柳眉。贫贱下卑。卧若尸而食若鼠，终难富贵。坐如山而行若龟，虚步稀逢，钟声少遇。眼睛明白男聪智，头发稀疏妇刑克。是以如碧油红旆，因印堂广而封卫青。眉秀阁黄与额骨隆而王石勒。日月有角，不公即卿。行旁观而定无子，仓陷唇缩应没情。鹤形仙态，龟背寿形。骨明大方居头，一生获福。耳白长光过面，四海张名。胸高骨露，鼻窍毫长，唇齿露龈而子孙薄。獐目凸睛，而兄弟少。舌上有两条红络，食禄天仓。眉间有三道横纹，死于兵刃。骨法虽备，荣年未至。伎艺外巧，聪明内惠。骨重身轻，获财之俊。上长下短，官印得禄之位。动而心乱，先卑而后荣。长而性悟，始贫而后富。双眉入鬓，胸襟怀冠世之才。黑睛如环，蕴藉抱出群之器。有禄有寿，却见三堂之贵。位极人臣，肉润骨刚之秀。五岳丰而贵永。三才缺而殄殃。项后露颊，田园广而私佞多。眉散目黄，结喉露，而子孙少。睡神入耳，禄承紫绶以何虚。龟息藏形，贵显庙堂之半代。眉浓多滞，目在岘而不可观。下视偷窥，言洁冷而自判。目有四白而义少，忽低首者而杀人。神不藏而横夭。口眼小而寿短。近观内明远视者大贵。耳大轮漫者寿永。双眸有力者禄昌。耳窍有金丝，三寸贵而一寸富。目视有神光，阳左显而阴右昌。前后不见耳虽贵，语言轻作必强。随口和人者，内空。低言频语者，内刚。阴头有厣，位至侯伯，岂非扬。双手龟纹，禄庆终而官自久。时有先后贫富。睡易醒难，初中坎坷，白首孤单。目乏盖而终身贫贱。耳无轮而眉若担山，唇掀齿露，遭冻饿以何疑。纵口理纹，图口食而寡聚。手足应纹，医卜为术而妙道。喟叹在口，平生一日不舒颜。披裘贵显，荣禄优闲。有发无髭，不可与之同侣。髭髯大密，得艺术以翻翻。发鬓全美，有禄位而极寿。鬓下垂而口小，离乡失业。顶平额广，眼黄眼碧，为僧为道以高荣，受平生之福德。

第五节　麻衣杂论

　　凡人之相，必以清奇古怪而为贵，恶俗贫薄而为败。清奇则名高位显，古怪则贯朽粟陈。恶俗则贫贱之徒，孤薄则刑害之子。贵人则身重脚轻，小人则身轻脚重。齿似干而湿，目似水而干。手掌热如火，软如绵，色常润者，乃福人也。眉高则名高，鼻高则职高。眼长而有学，口方而有辨。名在眉、职在鼻、计在口、俊在目、寿在耳、贵在额、福在背、富在腹。上视高贵，下视阴毒。远视贤，近视愚，平视德，高视激，下视狠，斜视盗，乱视淫，猛视暴。凡有此视者，必有此验矣。欲食贵人禄，须生贵人齿。欲穿贵人衣，须生贵人体。贵人头上少发，贱人身上无毛。人有金木水火土之相，金不嫌方，木不嫌瘦，水不嫌肥，火不嫌尖，土不嫌重。纹宜深而不宜浅，深则志深，浅则志浅。用则神施于外，收则神合于心。近观有志，远观有威，瞻视有力，睡卧易醒，此乃神之全也。气之为气，要内坚。即须音润和畅，不在刚健。震鸣急促，内蕴则和，外施则畅。在清中之浊，则内轻而外重。有浊中之清，则内蔽而外明。浙人气重而不明，闽人气明而不重，南人气清而不厚，北人气厚而不清。所以阴阳朗而出川秀，日月出，天地明，此乃气之谓也。色须形于面目，皮肤欲深而不欲浮，宜聚而不宜散，发于五脏之表，为一身之光彩。有所得而喜主于内，有所失而忧生于中。或有老而色嫩者，谓之弱也。或有少而色老者，亦弱也。面有三光，鸟有四泽，鸟有三暗。形与神相照，气与色相附。神全则气全，气全则色全矣。

第六节　贵贱相法

夫人之生为万物之贯，怀天地五常之性，抱阴阳二气之灵。虽秉异之本同，肖容貌之非一。观其人当观其气色，知其相则知其贤愚也。是以龙犀，为帝王之形。龟鹤，为公卿之器。于谷下丰，则知其有后，李广数奇，则宜其不侯。龟形鹤骨，而终军弃需。虎头燕颔，而班超授策。学堂既莹，岑文本立显词章。兰台已全，范仲淹身居辅弼。乃知相法，端造元机，乃观次第。盖先观其额，而别其眼，然后察其形，而听其声。乃取貌形，细观气色，贵贱不逃于藻鉴，灾祥了若于筮龟。善有则善之形，恶有则恶之相。有善藏于恶之内，有恶隐于善之中。善为福之基，恶乃祸之兆，颇得其意。始举其凡是，必头耸脑丰。面方印阔，眼湛寒波而分明清媚，眉弯秋月而疏淡秀长，兽耳下垂，狮鼻隆起，发疏细而染漆，口方厚而含丹，语无嗫唇，笑不露齿，腹垂而腰厚，肩周而背平，人中长而井灶明，山根厚而仓库满，三方皆正，五岳俱全，言简且清若流泉之响幽谷，坐端又直如钉石，而起浮云，下陷无亏，非贵则富，如权秉均衡，悬壁方厚，掌欲微红，面生润白，眼下阴阳有光，鼻边法令修长，凡赋此相，皆为善相。以上相之善者。其眼虽长而眉促，额颜广而头尖，背隆骨润而挠其腰，耳耸唇方而坑其脑，形魁而雀步。骨细而鸭声，语清而神似凝，色莹而坐不正，皆有深浅之善恶，岂无先后之吉凶。此言善中之恶者。

或男颧低而女颧高，或女手软而男手硬。准或斜曲，头或欹偏，眉或低昂，具或疏缺，其为妒害，岂其寻常。甚而肉缓、皮粗、发焦、唇薄、猴睛、鼠耳、马口、鸡胸，手短而脚长，身大而音小，脊高眉缩，额尖鼻低。眉曲则非愁而若愁，目视侧不怒而似怒，色昏而神不粹，语泛而步如奔。贪而不厌，浅识难明。或有青浮赤缓，或有脸发青蓝，乃不令之形神，为非常之厌恶。以上相之恶者。

然而体虽薄而额广，头虽偏而气清，两目粗大而身滑如苔。及眼迷蒙而声闻似瓮，耳虽似薄起，唇上之覆丹，牙或有尖耸，额中之圆鼓，未易置善恶之论，亦可为富贵之人。此言恶中之善者。

凡欲定其容貌，可不取于形状。欲知飞走，巧以推寻。要仿佛以略求，不必拘泥于全似。凤眼龙眼者，为文贵。蜂睛豹声者，为武荣。猿背猿声，未有不登科甲。虎视虎骨，当知定至兵刑。龟鹤者，益年龄。牛猪者，丰衣食。鹰嘴，须防于蜂虿。鸟喙，必蓄于狼心。如蛇，则少食而孤。似羊，则多淫而夭。以上飞走取形。随众形而为喻，特片语之强名。与其形似于群类之殊兮，未若细绎于五行之妙。金方木瘦水圆火尖土主肥厚，形分差别。有体形之相生，克则为实，生财为福。但看或肥或瘦须要旋成旋就。以上五行取彩。

虽然论相而论形，尤必观气而观色。发有本末，应有深浅。如蚕口吐丝，似蜂唇桃粉。取五行而论五色，按四季而定四方。更有一日之间，缀以八年之内，气色由微至者，占往知来，在心目之妙观非唇舌之可述。其初入孔孟之室，浪登许负之门，唐举许负集诸子百家，不胜千岐万辙，或彼此之相反，吉凶之未详，剪其繁芜，撮其枢要，先缉简易之数语，继陈次第于篇中，倘有补于缺辞，不敢望于同志。

第七节　心镜歌

大凡相法有两般，须看三停端不端。五岳四渎要端正，一长一短不须论。额要阔兮鼻要直，口方四字丰衣食。头圆像日照天庭，眉曲弯弯多学识。眉头昂昂禀性刚，纵纹不使入天堂。下眼观人多毒害，羊睛四白定孤孀。鼻曲之人多孤独，项短结喉神不足。男面似女女似男，心中怀事多淫欲。眼眇微小有重睛，披缁学道有音声，红润相兼秋水色，男人文学女多情。耳形虽小有轮廓，衣食自然多不错。直须高耸平印堂，定挂金章膺品爵。眉清秀而终不散，入鬓云鬓多灿烂。若教散短又无光，兄弟断然不相盼。唇要红兮怕紫色，细润分明富贵客。嘴尖唇薄招非辱，紫黑多伤凶暴厄。手要长、怕指劣，节纹红红如噀血，软红长细定高攀，形如鼓槌衣食难。眼睛露，口唇反，男忧犯盗女忧产。坐要端、立要直、不端不直人不识，先笑后语人非良，万言不语人难测。声音细，语言小，必在人间随众走。鬓发长，如盖漆，形似虎狼当贵职。那堪红紫短而干，孤独一生无福德。发细长而黑且润，不盖天庭聪与俊。委曲卷旋若盖垂，水色人情多少信。

第八节　照胆经

一、目

木主春，春主肝，肝主目，目主仁。长生之行也。额之上，目为主，眉为客。目力多，相可学，眼无角，作事错。目下赤，休斗敌。目定而光，志气高强。黑眼端定，七十终命。牛头虎视，富贵无比。蜂目豺声，能武事人。点睛近下，多陷山野。目下黑枯，绝子妨夫。目纹入耳，老有官利。坐而斜视，所思不正。目无光彩，望尘而拜。点睛近上，习下劣相。赤纹贯睛，死不全身。睛朝鼻管，谨谨和缓。目视人头，杀害相谋。目不相似，异母兄弟。猪目常瞪，刑福相仍。羊目直视，妨妻害子。鹰视狼顾，心怀嫉妒。羊目四白，外夫入宅。猴目多穷，鱼目多凶。猪眼羊眼，睛黄者贱。目拗瞰倔强，目头为泪堂。目下一字平，所作皆分明。目下卧蚕纹，当生贵子孙。眼眶黄气发，修道终须达。目光兼媚好，积德多阴报。青色在中央，七月在灾殃。目中赤砂起，法死须防已。露目不露光，为官亦无妨。两目不分明，不过三十八。目反及颧高，一生不称意。眼尾两边垂，一生多别离，眼中忽白黄，作客路中亡。黑晕及两眼，三日中散财。黑雾长居三阳上，家中必主自缢人。两睛凸出兼无貌，平生事事难称意。眉目俱长睛如点漆，富贵不日。目下无肉，一子相逐，亦主阴毒。目要神光，颧势相朝。黑多者贵。眉目皆露黑，睛又深，必陷极法，目下肉圆方，亦可入庙堂。更主子孙昌。视远者多智，视下者多毒，视平者多德。若瞻视无力，不可与其共事。洪目龙颡，丝轮定掌。黑气入两目，六十日亡。只入右目，百二十日亡。左目小防妻，右目小防夫。左目小先损父，右目小先损母。虎目鸢肩与牛腹，贪利无厌足。两目白色通井灶，百日内暴亡。视专者多阴狠，视反者多阴贼，睛屡转者多奸计。左目属日，父象也。右目属月，母象也。重瞳卿相位，目大多贪爱。近觑无远知识。鸡目蛇目好作窃贼。龙目黑睛大，凤目长入发，猴目白多黑少，目圆而金色，全似者贵。目多青色真贵人。目为神游息之宫。目小终无禄，睛悬主狱亡。目角有三角，心性凶恶。目左右为卧蚕部，若肥起及光彩者，主大富。女人目下青黄平安，赤黑产厄。目上下堂青黑，忌妻阴人亡。两目无神光，不病似病者，谓之神去，六十日里亡。左目为三阳，右目为三阴，三阴三阳俱在眉上眉下眉头。太阳、中阳、少阳乃财禄之库，如见赤色，慎火防瘟。目有些小病，必定主心毒。病轻毒轻，病重毒重。两头为牢狱部，若见赤气，形如鹰嘴，主徒形。目忽肿赤，或误损者，不出十日有喜。男左女右吉。

左目头下青，一月内哭父、兄弟、长男。从左目头下，第一是父、次兄弟、次是长男。右目头下青，哭母，次姨妹，次女，依前断之。眼似含笑，心里不良。两目头直下如见白气与红相合者，主哭泣，亦主宅内不宁，宜祷祠。若丹砂灌于两目，白下者，宅内必久有阴私奸盗事，目大眉小，中年厄。紫黄气从印堂直也，侵两目头，主孕子孙之喜。先看三阳上，青气是男，后看三阴上，红气是女。若见黑白灌之，主子母离隔，睛睛朝眼尾，多轻忽。目尾后有穴，如粟大，谓之聪眼。眼生朦溟，名曰天罗入目，浅主破家，深主失禄，庶人亡。目有浮气。欺心而多贪及终必败。诸位明白，终身无过。男女单目者，谓之桃花杀，常爱色欲。目赤好杀。两目尾为奸门，要光净，如破陷，多奸盗牢狱事。以子午卯酉岁占之，亦名妻位。

二、口

火主夏，夏主心，心主舌，舌主礼。丰盛之时也。口之主唇朱，名诵堂。开口睡，命夭滞。唇微缺，财歇灭。舌宫秃，财不足。唇青厚，命不久。水星得地，唇口必方。唇多纹理，子孙必贵。黑子在唇，有食之人。口不见唇，主兵马权。黄色临，横财入手。口宽舌薄，凡好歌乐。唇如四字，多财有智。口如缩螺，常乐独歌。口开齿露，无基失所。语若见唇，有禄不存。口急见齿，志不成立。唇下黑气，冬有春亡。口上紫色，贪财好色。口如缩囊，多子多孙。唇细横长，多言少信。口如吹火，无子饥寒。哆口食物，无情轻忽。唇口不佳，出言不信。口边无媚，好扬人恶。舌上长理，当为三公。舌至准头，必主封侯。唇急齿露，亲朋不顾。唇有黑子，防害长子。口部黄气起，千日内朱紫。唇紫足衣食，唇赤是上客。唇宽端正，好出语，有文章。唇上下相应，必好习文章。唇上薄下厚，母位化成尘。口薄两角垂，多是被人欺。口小食美食，食罗多呕逆。齿来覆唇下，刑伤破家财。唇红齿白食天禄，多艺多才又多福。未语唇先进，心性奸邪多不足。女人唇齿不相盖，妨产终伤害。下唇过上必妨夫，上唇过下又多痴。口边黑色贯地阁，切是防毒药。唇上下不相覆，常怀偷物，终身不富。上唇不盖下，主刀兵下亡。唇红过面。五十七年称意。口薄，人不提携，被人毁誉。口大言多妄，鼠口谗毁人。口尖爱争竞。纵理入口，多饥饿。口急如禽语，或撮聚多口舌。女唇紫，夫早死，亦妨子。唇黑色，路死厄。下唇长，贪食亡。口大，小贵。法令纹入口角，填沟壑。妇人贵在唇红齿白，纵有貌而齿黄黑者，终贱。唇薄与齿齐，富贵兼是非。孕妇左畔青色至口是男，右畔红色至口是女。黑气从口中入耳，七日内亡。左男右女。绕口青色女多奸，口部青，百二十日多灾。白，九十日破财，黑，一千日内亡父母。唇蹇齿露，虽是恶相，视其唇与舌而红色，观其口方正有棱角，视其齿清白而平长，如此六招，自不妨贵。

三、鼻

金主秋，秋主肺，肺主鼻，鼻主义。收藏之节也。面之兰台起，声誉美。鼻端妍，声誉传。鼻高昂，主官昌。鼻如截，富不歇。鼻柱薄，主立诺。鼻破缺，多薄劣。鼻梁小，无胆志。蜣螂鼻，无意志。鼻广而长，技艺非常。鼻如悬胆，财帛积万。鼻偏无妨，得地须正。鼻如狮子，聪明达士。鼻如缩囊，至老吉昌。兰台黑色，防州县厄。鼻梁柱折，男多防厄，鼻梁柱曲，男多淫欲。鼻有黑子，子不得力。鼻孔仰天，贪色无厌，亦主客亡。鼻不分明，无禄位人。鼻有纵理，主养他子。鼻高而孤，一子相呼。鼻毛出外，谤毁亡害。无准相应，作事不准。鼻头短小，意智浅少。鼻上多横，有胡者贵。鼻曲人情薄，鼻小永无官。毒人鹰嘴鼻，准小休求禄。山根青，三日内逢贵人。山根紫，七日内得财。山根黄，七日内远书喜至。山根白，多疾厄。黄白，病。黑斑驳，主宿疾，或犬伤。山根平美及有奇骨伏起，为婚骨，主得极贵妻。先看骨法有势无势，鼻要直至山根上无破，一生怀抱忠信。山根黄色连准头地阁者，冬春得官。山根骨陷，子孙夭散。山根白，五十日内外服。山根黑，六十日内讼扰。山根赤，二七日内慎火。若山根陷，次看人中有不分明，及鼻有纹理，刑却不孤，止一子，不可只凭一处遽定子孙。余形准此。年上青，十日内得财。年上赤，一千日内死。年上白，外服厄。年上黑，怨至。年上黄，二十日内见阴人喜。年上紫，七日内生贵子。年上紫色下贯寿上者，喜至。年上红色紫赤，有官事。欲知食禄在久任者，先看年上发色长短，长一分主一年，二分二年，推此细详。若恶色相间者，当年不利。年上寿上赤色，十日内坠井。年上赤上黑子，四十日亡。年上寿上青色，主长病。年上寿上非时生气色，吉少凶多。年上寿上光，一生少病。寿上四时黄，官显而寿长。女人寿上黄，怀孕得平康、寿上黑，廿七日亡、寿上白，半月小口亡、寿上青，六十日家有殃。万物发生于土，土在鼻中央。五色之气或起于年上寿上。准气紫，七日内进阴人。准头四季生光吉。准头黄，与甲匮相连，称意立志。准势正者，老为五品官。绕准黄色转者，三日内得大财。准头黑色，百二十日亡。

准头白，九十日亡。准头赤，百二十日厄。准头青，九十日灾。准头红线赤如钩，损财及损牛。准头低曲鼻也小缩，悭吝无足。无兰台而有法令，官职终难进。兰台端正，升兰省。法令圆长，理讼平，左为兰台，右为廷尉，鼻窍上是也。两名鼻窍兰廷。鼻之势起于边地，乃学堂之基址。鼻要耸直而圆，阔而光，洪而长，厚而刚。鼻不高则山不灵，眼不深则渊不清。鼻乃面之主山。鼻狭高耸，兄弟少。鼻平无媚，主愚痴。鼻柱不平，主他姓。鼻上横理，主忧厄。中年鼻滞垂，末年万事无依。鼻若狭小，常有黑斑气贯之，主宿疾。男鼻有黡，主刑子。女鼻有黡，有私情。青色从鼻入风门，四十日内杀妻。鼻窍仰天，女淫不廉。鹤鼻鹭鼻，鼻急神漫，皆不过四十。鼻曲向左先损父，鼻曲向右先损母。鼻两窍下为风门，鼻大口小末年厄。

四、耳

水主冬、冬主肾，肾主耳、耳主智。万物伏匿之日也。头为主，左为城，右为阙。耳生毫，寿数高。耳露轮，无科名。耳穴塞，智见没。耳尖多辛苦。男耳如刀环，名勒燕山。耳如田字，名标青史。耳轮贴肉，满堂金玉。耳边无媚，心拙性鄙。耳无轮廓，久虚囊橐。头大耳小，多弱多拗。命门有痣，长寿多智。元珠有痣，主子孝义。青色出耳，不久官事。天轮有痣，欢乐百岁。天城有痣，一品之位。耳穴深圆，心虚而识玄。耳根双黑子，定去他乡死。耳青黑而皮又粗，为客居异乡。耳薄卖田无祖业，晚年纵得自营生。肥人耳下肉自生，防病多灾危。青黑气在两耳下，宿冤索命冤难释。耳白过面，声闻天下，亦主五十七年遂意。善相耳，先相色，后相形。耳高于目，命受他禄，后为人师。耳高眉一寸，永无病无贫困。须朝大海，轮窍要分明，垂肩方是贵。耳孔注，骨节曲，没意智。命门黑子，男聪明，女夫缺。女人左耳厚先生男，右耳厚先生女。耳上尖者，一生无积财；中反者，作事无记；不等，主异父母，左异父，右异母。鼠耳全，似杀之不死，亦主偷物。耳反，人无识。耳不明，不过三十。耳门外有三立理纹者，学道成立。在神光后有青色入左右耳，乃阴阳相通，不久父母灾。青黑色从左耳直连福堂上横过，乃元索之气，七日内自缢死。黑气从耳来至地阁下，亡。从耳到食仓上来卯巳月亡。青色从耳出到年上寿上，名曰垂阔，若子有灾父，父有灾子，女有灾母，母有灾女，兄有灾弟，弟有灾兄，姊有灾妹，妹有灾姊，夫有灾妻，妻有灾夫，详细验之。两耳忽出赤气，十日内坠马卒。耳大，末无知。似禽者，不相。耳鼻如鸾凤者，虽耳鼻不佳，人中短促，自不防贵与寿。以理推之，禹耳三漏，文王四乳，然则世人亦有四乳者，驽马一毛以骥也。

五、人中

土主夏，夏主脾，脾主唇，唇主信。万物结实之月也。人中之主，人中赤，多谇斗。人中曲，爱淫欲。人中浅，多破败。人中广平、养子不成。人中横纹，若朋非朋。人中交纹，溺水招魂。人中白色，七日哭声。人中短小，子孙失天。人中高厚，寿命不久。人中平长，有寿无郎。人中分明，正直如神。人中立理，妨子无义。人中青白气，必定见乖离。人中不分明，无子是非人。人中黑入口，百日内受绥。人中双黑子，妇人必双生。人中青，十日内喜至。人中紫，七日内得财。人中黄，百十二日内生贵子。人中上狭下阔，巧计人。人中黑子，主养他子，亦主善终。人中虽深阔，中间却高，子晚方成。人中有痣，娶妻容易。

六、眉

尧眉入彩，舜目重睛，非以其似八字也。眉毛平，尊贵人。眉过目，智过人。眉露骨，多夭卒。眉间黄，喜事长。眉细弯弯，学识多般。眉直头昂，意气雄强。眉有阵云，武艺成名。眉疏而散，暂富终贫。眉毛立理，女妨夫婿。眉过鬓生，常怀不足。眉浓发厚，心贼损寿。眉过眼角，兄弟五六。眉如扫帚，兄弟八九。眉毛婆娑，儿少女多。眉短于目，多主孤独，纵有兄弟，非是同腹。眉分八字，眉里三纹，女终再嫁，男主再婚。眉中黑子，必有艺术，男主妨妻，女必妨夫。眉心赤气满三阳，七日妻满床。眉毛左右旋，豪子正当权。重眉主勇健。眉如弓者，善。眉连，休望禄，又好偷钱谷，不得强。蹙眉，多招横祸随。郭林宗曰："久蹙则纹深。"深者，谓之破家煞。眉中直上有纹，耽酒赌钱人。眉心有纹如水字，虽贵终狱死。倒生眉，多是非。眉毛逆起，怨双亲。眉缺，无信。眉如书者，一生得阴人财。眉上有骨陡高者，谓之久缩骨，常上包含之志重。眉上为官禄，其上要横而阔，润而光，一生无官殃。眉重，初年厄。眉心十月丹砂如云雾起者，乃牢狱发。眉头两边为交友，驿马青主失脱，白则不宜出入，主半路回程。左边眉尾淡，妨三妻；右边眉尾淡，妨四妻。两眉尾都淡，果有患。眉为山，鬓为林，眉粗阔而厚重者多滞，有髭须相应者亦可也。

第十八章　男女形相配婚法

第一节　五形配婚法

世间任何物质都具有五行属性，人体也不例外。世界上有六十余亿人口，均各具有独特的五行物理性质，由于构成每个人身体的五行物质能量不同，因此人的形体容貌也各不相同，并且每个人的身体健康状况、智慧、个性及其体内分泌情况也各不相同，导致产生了人相学上各种不同的五行特征。人相学上将各种不同类型的人物特征，归纳为金、木、水、火、土五形。物质必定带电，带电物质又必定放射出电质素，因此每个人从体内放射出的电质素亦有所不同。男女结婚，是两种不同的健康、智慧、个性和两种不同的内分泌及电质素的相互平衡和契合，夫妻二人身心发生相生相助的效果；如夫妻彼此的健康、智慧、个性和内分泌及电质素不平稳不契合者，夫妻二人之身心就会发生相克相制的效果。此种五形质素相生、相助、相克的现象，不但应验在夫妻身心的关系上，还表现在父子、兄弟、姐妹、朋友以及长官和部属之间。

金形配金形

男女金形配金形不吉。男女同属金形，彼此个性均刚强、偏执、主观，既缺柔性，又易动怒，彼此意见相左，易生摩擦，争吵不休，甚至动武。不但会影响家庭的兴旺，子女的身心，最终夫妻由爱转恨，走上离婚之路，难享婚姻和家庭的快乐。男方金形带水，女方金形带土者，另当别论。

金形配木形

男女金形配木形不吉。金的物理属性正好压制木的物理属性，如金木二形之人配婚，虽不时产生争吵，也没有离婚的可能，但木被金克，木形之人必长期疾病缠绵，终于变成懦夫或弱女，严重者甚至病亡。男女双方金木相配，夫妻难以携手合作和兴家创业，或难生优秀的子女。男方为木形，女方为金形者，不吉之情况减分论。

金形配水形

男女金形配水形者吉。金之物理属性正好与水之物理属性能发生相生相化作用。男金女水或女金男水，夫妻双方必意气相投，同甘共苦，相互提携，开创事业，建立幸福美满的家庭，并白头偕老，子秀孙贤。男女双方肉色五行相生相化者，诚为天作之合，大吉大利。

金形配火形

男女金形配火形者不吉。火之物理属性正好压制金之物理属性，因火必克金，男女双方除感情不睦外，家运亦难以兴旺。火形一方必会影响金形一方的健康和寿命。

金形配土形

男女金形配土形者吉。金之物理属性与土之物理属性能发生相生相化作用。若是男金女土，象征土来生金，夫受妻助，夫唱妇随，兴家创业，丁财两旺，如男土女金，夫必疼妻，恩爱逾恒，白头偕老。

木形配木形

男女金形配木形者吉。木之物理属性为条达、生发，如男女均属木形，双方物理属性互不克制，反而有相和相助的作用，故婚后夫妻和睦，相敬如宾，同甘共苦，举案齐眉，男勤女俭，共同兴家创业。如得男女双方肉色五行相生相化，或双方之木形兼水气者，诚为天作之合。

木形配水形

木之物理属性为与水之物理属性有相生相化作用，故木形与水形配婚，不论男木女水，还是男水女木，夫妻双方均无刑克且可收到滋润的效果，能兴家创业，可贵可富，所生子女亦优秀。

木形配火形

木之物理属性与火之物理属性有相生相化的作用，木火二形人配婚，婚姻美满可期。夫相木形，妻相火形，妻可助夫创业兴家，由穷转富。

木形配土形

木之物理属性与土之物理属性会相克相制。如男方属木而女方属土，因木拔土气，女必体弱多病；如女方属木而男方属土，则男方必多病且事业无成。

水形配水形

水之物理属性与水之物理属性相配为同性相斥，互不生化。若男女双方均为水形，则婚后夫妻将无安适之日，不是事业失败，就是双方多病，或难生育子女，或子女体弱多病而夭折。若一方水形带金，而另一方水形带木，可转凶为吉。

水形配火形

水之物理属性与火之物理属性相克相制。水火二形男女配婚，若是男相属火，女相属水，则夫被妻克，身体日渐衰弱，最终难有发达之日；若是夫相属水，妻相属火，则妻被夫克，健康自然有损。

水形配土形

水之物理属性与土之物理属性相互克制。如男相水形，女相土形，土来克水，水必断流，则男方有死亡之灾厄；如女相属水，男相属土，则夫妻感情空虚，难互谅互爱，女方会红杏出墙且难生育。如男女两方均水形兼金局，则可转凶为吉。

火形配火形

火之物理属性为温热及炎上，如男女同属火形，为火上加火，婚姻生活欠美满，不离即克，同时祸及子孙（必生劣子败孙）。如男女双方均为火形兼土，是形不合而局合，可按半吉论断。

火形配土形

火之物理属性与土之物理属性有相生相化的作用，火来生土，土力愈强。夫妻双方不论任何一方属火属土，均可兴家创业，双双富贵到老，福寿双全；如男女双方肉色五行相生相化，则诚为天作之合。

土形配土形

土之物理属性为载物及生化，如男女同属土形，乃同类相助，彼此个性相容，必能兴家创业，负重致远，子孙繁衍，富贵到老。但土逢土乃厚重加濛，夫妻感情难达极致，生活缺少情趣。如土形男女有一方兼水或兼木，另一方兼金或兼火，则为大吉大利之佳配。

第二节　五官配婚法

五官配婚法，是以男女双方五官的长相作为配婚的依据。面相为百部之灵，人的面相五官长相调顺丰满，象征人的五脏六腑功能优良。

人的五官各有其特殊的相理意义。眉毛象征气量是否宽宏，个性是否优良；眼睛象征聪明智慧之高低，对事物的观点是否正确；鼻子象征意志力是否坚定，身体是否健康；口部象征生活品位之高低，爱情生活有无情趣；耳朵象征福分的厚薄，幼少运及家庭背景的优劣。男女双方如能在气量、个性、聪明、智慧、观点、意志、健康、生活、爱情、福分和家庭背景等方面均相配，象征男女双方的五官均为阴阳顺配（男为阳女为阴），婚姻生活幸福美满；如果男女双方的五官有一项为阴阳反错，那么他们婚姻就难以幸福美满。

一、眉相配婚法

婚姻关系美满与否，与双方个性是否相投有绝对的因果关系，在男女婚配中，眉毛处于关键地位。男女配婚时，如男方眉毛粗浓，女方亦宜粗浓；若男方眉毛疏淡，女方亦宜疏淡。否则，男女双方必因个性不合而常生摩擦，时有争吵，如再加其他五官再不相配或其他配婚条件不相契合，最终仍会走上离婚之路。

二、眼相配婚法

男女配婚时，男方眼睛大，女方眼睛亦宜大；男方眼睛长，女方眼睛亦宜长；男方眼睛小，女方眼睛亦宜小；男方眼睛双眼皮，女方眼睛亦宜双眼皮；男方眼睛单眼皮者，女方眼睛亦宜单眼皮；男女一方眼睛内双眼皮，则对方无论单、双眼皮，均可相配。否则，男女双方必因人生观与价值观不相同而常生摩擦、时有争吵，如再加其他五官不相配或其他配婚条件不相契合，最终仍会走上离婚之路。

男女配婚，眉、眼二官绝对不可不相配，如眉、眼二官不相配，即使因其他五官和其他配婚条件相配，而未离婚，但对子女仍然不利，不是子女个性不良，就是子女健康智慧不良或不能生育子女。

三、鼻相配婚法

鼻子为男性和女性的财星，亦为男性的妻星和女性的夫星。男女配婚，如男性的鼻子高隆长大，则女性的鼻子应比男性的鼻子略低略短，而且双方的准头要丰圆端正，鼻翼亦应相辅相应，此乃阴阳顺配，可保婚姻幸福美满；如男女两方的鼻子同样高隆长大，乃阳相配阳相，夫妻个性不合，婚姻生活难以幸福美满，如再加其他五官不相配或其他配婚条件不相契合，最终仍会以离婚收场；如男方鼻子凹塌不起，女方鼻子高隆长大，此乃阴阳反配（男阳女阴），女方必刑克男方，要么男方事业不顺，要么男方健康受损，如再加其他五官再不相配或其他配婚条件不相契合，男方必被刑克致死；男女双方鼻子均凹塌不起，此乃阴相配阴相，夫妻婚后互损运气，难有兴旺之日并感情平淡。

四、口相配婚法

口为情爱宫，凡人口唇的厚、薄、大、小、尖、垂、揭、缩、扁、平、正、歪、凸、陷及唇色美恶，均会对人的婚姻有所影响。

男女配婚，如男方口大而凸，女方口就宜小而平，此乃阴阳顺配，夫妻婚姻美满幸福，家庭兴旺并子女优秀；男女配婚，如男女双方的口形同样大而凸，乃阳相配阳相，夫妻婚后个性不和，终日吵闹不休，婚姻生活难以幸福美满，如再加其他五官再不相配或其他配婚条件不相契合，最终仍会以离婚收场；男女配婚，如男女双方口型均小而平，此乃阴相配阴相，夫妻婚后必定互损运气，难有兴旺之日且感情平淡；如女方口形大而凸，男方口形小而平，此乃阴阳反配，女方必刑克男方的健康，男方事业亦不顺，如其他五官再不相配或其他配婚条件不相契合，婚姻结局非离即克。

五、耳相配婚法

耳为采听官，又称为"情恩宫""福星"和"禄星"。男性福禄是指一生在事业上成就大，收获多；女性福禄则来自丈夫，即丈夫身体健康、事业成功为女性之福禄。如女方的耳大过男方的耳，或男女两方的耳朵均长而厚大，耳的位置高过于眉，轮廓分明，色鲜白润，耳孔宽大，垂珠朝口，整耳抱头贴脑，再加其他五官相配或其他配婚条件契合，诚属天作之合。

男女配婚，如不能做到双方耳朵均长大且厚实，起码也要女方耳朵比男方耳朵长大且厚实，因女方长一对有福有禄的耳朵带来福气，男方身体必健康，事业必顺利，同时家庭兴旺，子女优秀。反之，如男方耳朵大而厚，而女方耳朵小而薄，即使不离婚，亦会促使丈夫健康不佳，事业不顺，子女不优秀，家庭不兴旺，夫妻感情不和睦。

第三节　三停配婚法

面相三停可观看出人的青年、中年、老年三个时期的运程吉凶，同时亦象征人青年、中年、老年三个时期身体的强弱和电质素的优劣。男女配婚，应着重于人体内部电能强弱的合理相配以及电质素的相生、相化、与相助，若男女两方电能差距小，电质素能相生相化相助，婚姻生活就会幸福美满，彼此身心两健，家庭兴旺，子女优秀。

一、上停配婚法

古籍载"男重天庭，女重地阁"。男女配婚，男方天庭应骨相丰隆而起，且平正又方阔，其峻势有似悬壁，又如覆肝；女方天庭应圆秀，不可太高，此乃阴阳顺配，夫妻婚后主夫唱妇随，兴家创业，子女优秀，生活幸福美满。男女双方天庭同高同宽，此乃阳相配阳相，夫妇婚后必各自发展事业、互争长短，婚姻生活难以幸福美满；如男女双方天庭均低窄平塌，此乃阴相配阴相，夫妻婚后必定互损运气，难以兴家创业，夫妻感情平淡，子女亦不优秀；如女方天庭高且宽过男方天庭，此乃阴阳反配，男方的心情必定郁闷不乐，事业难有成就，如再加其他部位不相配，婚姻肯定不美满，非离即克。

二、中停配婚法

中停的范围包括眉、眼、鼻、颧、耳等部位。男女配婚，男方的中停应比女方的中停宽长，男方的颧骨最宜插天仓，女性的颧骨最宜隐藏圆秀（笑时有颧，不笑时无颧），这才是阴阳相配，主夫妻婚后，感情牢固，互相扶持，兴家创业，子女优秀。若男方中停过短，而女方中停过长，男方鼻小颧平，而女方鼻大颧高，主夫妻婚后，婚姻感情生活欠美满，不是牝鸡司晨，就是家道中落，子女亦必顽劣，如再有其他部位不相配者，其婚姻肯定不美满，非克即离。

三、下停配婚法

女性地阁第一要"天地相朝"，象征其待人处事中庸之道，不会偏颇乖张，一生旺夫兴家；第二要地阁丰厚圆小，象征其个性优良，心性善良，必是贤妻良母，与公婆姑嫂相处和睦；第三要有双重地阁，象征其人善于持家，善于守财，晚年身体健康、福泽深厚。男性地阁与女性地阁的标准则不一样，男性地阁与腮骨相连，形成下腭部位既方阔又圆厚的相理。下停除地阁以外，还包括人中、法令、口等部位。男女双方的人中均须深长而且上窄下阔，法令部分男方须长过口角下面，并愈长愈好，女方法令则只宜长至口角，不宜过长。男女双方结婚年龄在 34 岁前，不论法令。男女配婚，如下停各部位均为阴阳顺配，诚乃天作之合，婚姻必幸福美满，爱情甜蜜，天长地久，家庭必兴旺发达，子秀孙贤；男女双方下停各部分如阴阳反配，婚姻必欠美满，夫妻二人在感情上必定不合，并互相克制，贫病交迫，或子女不孝，六亲疏离。

第四节　六府配婚法

一、上二府配婚法

上二府位于面相额部的两侧，其范围上起辅角、下至天仓（一百三十部位的辅角和天仓），横向包括日月角等部位。

男女配婚，男方额的两侧（上二府）要长有奇骨，即额两侧的山林骨及佐串骨要突起，女方额的两侧宜丰满圆秀，此乃阴阳相配，夫妻婚后互相扶助，兴家创业，婚姻生活幸福美满。如男女双方的上二府，均同样高隆饱满或均有奇骨，此乃阳相配阳相，主夫妻婚后互争长短，感情不睦，或夫妻双方互相刑克；如男女双方的上二府均低平，此乃阴相配阴相，夫妻婚后互损运气，难有兴创，感情平淡，子女亦欠优秀；如男方上二府低平不起，而女方的上二府反而高隆饱满或有奇骨，此乃阴阳反配，女方必刑克男方，男方事业上难有成就与收获，如再有其他部位不相配，男方有被克死的危险。

二、中二府配婚法

中二府位于上起命门下，至附耳，横向包括颧骨等部位。

男女配婚，男方的中二府宜高耸饱满，女方宜丰满圆秀，此乃阴阳顺配，主夫妻婚后互相扶持，兴家创业，婚姻幸福美满，子女优秀；如男女双方的中二府均高耸饱满，此乃阳相配阳相，主夫妻婚后常有争吵，感情不睦，或夫妻双方互相刑克；如男女双方的中二府均低平不起，此乃阴相配阴相，夫妻婚后互损运气，平淡度日，难兴家创业；如男方的中二府低平不起，而女方的中二府高耸凸露，此乃阴阳反配，女方必刑克男方，男方事业上难有成就与收获，身体健康亦会有损，如再有其他部位不相配，则男方有被克死的危险。

三、下二府配婚法

下二府位于归来至地阁，包括腮骨等部位。

男女配婚，男方的下二府要宽广坚实，女方的下二府宜丰满圆秀，此乃阴阳顺配，夫妻婚后互相扶持，兴家创业，子女优秀，晚年婚姻幸福美满；如男女双方的下二府均宽广坚实，此乃阳相配阳相，主夫妻愈老愈难沟通，并难享子孙福；如男女双方的下二府均瘦削，此乃阴相配阴相，主夫妻婚后互损运气，难以兴家创业，子女不优秀；如男方下二府瘦削无势，而女方下二府宽广坚厚，此乃阴阳反配，女方必拖累夫运，男方事业上难有成就与收获，如再有其他部位不相配，则主婚姻不顺，非离即克。

第五节　十二宫配婚法

一、命宫配婚法

命宫即印堂。不论男女，印堂忌窄不忌宽，窄者为凶相，宽者为吉相，但女性印堂的宽度，不宜宽过自己食指和中指合并的宽度。男女配婚，男方印堂应比女方印堂略宽，此乃阴阳相配，主夫妻婚后思想观念一致，心胸气量相同，感情和睦，同心兴家创业，婚姻幸福美满，子女优秀；如男女双方印堂均宽广，此乃阳相配阳相，主夫妻婚后互争长短，感情不睦，难以兴家创业，子女亦欠优秀；如男女双方印堂均窄不容一指，乃阴相配阴相，主夫妻婚后互损运气，平淡度日，难以兴家创业，子女不优秀；如男方印堂过窄，而配印堂过宽的女性，此乃阴阳反配，女方必刑克男方，男方事业难有成就与收获，健康亦甚差。

二、父母宫配婚法

父母宫即日月角。男性属阳，额上有日月角为吉相；女性属阴，额上有日月角为凶相。男女配婚，男方额上有日月角，女方的头额圆秀而无日月角，此乃阴阳相配，象征男女双方父母的遗传均优良，夫妻婚后互相扶持，同心兴家创业，婚姻幸福美满，子女优秀；如男女双方额上均有日月角，乃阳相配阳相，主夫妻婚后互争长短，感情不睦，或互相刑克。如男女双方日月角部位均低陷不起者，此乃阴相配阴相，主夫妻婚后互损运气，难以兴家创业，子女不优秀；如男方无日月角，而女方有日月角，此乃阴阳反配，女方必刑克男方，男方事业难有成就与收获，并有灾厄凶险，如再有其他部位不相配，婚姻必不美满，非离即克。

三、田宅宫配婚法

田宅宫即上眼睑。不论男女，男宅宫宽度以能容自己手指两指宽度者为吉相，不足一指宽度者为凶相。

男女配婚，男方田宅宫应比女方田宅宫略宽，此乃阴阳相配，则夫妻婚后相互扶持，感情和睦，兴家创业，婚姻幸福美满；如男女双方田宅宫均超过两指的宽度，此乃阳相配阳相，则夫妻婚后互争长短，感情不睦，子女不优秀或无子；如男女双方田宅宫均窄不容一指，此乃阴相配阴相，则夫妻婚后互损运气，平淡度日，难以兴家创业，子女不优秀；如男方田宅宫狭窄不容一指，女方田宅宫宽过两指，此乃阴阳反配，女方必刑克男方，男方事业难有成就与收获，健康不佳，如再有其他部位不相配，婚姻必不幸福美满，非离即克。

四、男女宫配婚法

男女宫即子女宫，位于眼下（泪堂）。男女配婚，男女两方的子女宫均应饱满、丰润、色黄，又无任何瑕疵，此乃阴阳相配，夫妻婚后相亲相爱，子女多而贤能；如男女双方的子女宫均低平而不起，此乃阴相配阴相，则夫妻婚后，感情平淡，子女稀少或子女不贤能；如男女双方的任何一方子女宫有恶纹、恶疾，则主夫妻婚后感情不睦，并难生育子女，如其他部位再配合不当，主终身不育而至老绝嗣。

五、疾厄宫配婚法

山根年寿为疾厄宫。男女配婚，男方之山根年寿应略高于女方之山根年寿，双方之山根年寿又均丰隆润泽者为阴阳顺配，主夫妻婚后相互扶持，兴家创业，婚姻生活幸福美满，子女优秀。如男女两方之山根年寿均同样高隆者，此乃阳相配阳相，主夫妻婚后，互争长短，感情不睦，子女不优秀。如男女两方之山根年寿均低平不起者，此乃阴相配阴相，主夫妻婚后互损运气，平淡度日，难有兴创，子女不优秀。如男方山根年寿低平不起，女方山根年寿丰隆高凸者（女性有此相者为丈夫相），此乃阴阳反配，女方必刑克男方，男方事业难有成就与收获，健康亦受损。如再有其他部位不相配者，婚姻必不幸福美满，非离即克。

六、财帛宫配婚法

　　鼻部的准头及鼻翼为财帛宫。男女配婚，男方准头应略高略大于女方之准头，男方的鼻翼应略宽于女方的鼻翼，主夫妻婚后财星高照，兴家创业，婚姻幸福美满，子女优秀；如男女双方的准头均高大，主夫妻婚后必互争长短，感情不睦，子女不优秀；如男女双方的准头均平塌不起，鼻翼均细小，主夫妻婚后互损运气，平淡度日，难有兴创，子女亦不优秀；如男方准头平塌不起，且鼻翼细小，而女方鼻如孤峰，女方必刑克男方，男方必一生虚耗、难聚财，健康亦受损，如再有其他部位不相配，婚姻必然难以幸福美满，非离即克。

七、妻妾宫配婚法

　　妻妾宫即婚姻宫，位于眉尾及眼尾的奸门鱼尾一带部位。男女配婚，男女双方眼尾丰实，鱼尾纹不多不少，奸门饱满，而且男方的奸门宽于女方的奸门，主夫妻婚后相互扶持，感情和睦，兴家创业，婚姻幸福美满，子女优秀；如男女双方的奸门均宽广，主夫妻婚后互争短长，感情不睦，互有外遇，子女不优秀；如男女双方奸门均狭窄，主夫妻婚后互损运气，平淡度日，难以兴家创业，子女不优秀；如男方奸门过窄，而女方奸门宽广，女方必刑克男方，男方事业难有成就与收获，健康亦受损，如双方再有其他部位不相配，女方必克夫缺德，红杏出墙，生离死别。

第六节　克杀格互相搭配法

　　破配破、杀配杀的配婚法，是专门为有刑克相及离婚相的男女所配置的配婚方法，俾防患刑克与离婚于未然。但破配破杀配杀，必须男女双方之部位相同，例如男子鼻子有克妻相，女方之鼻子亦有克夫相，男方之奸门有离婚相，女方之奸门亦有离婚相，男方之手中有川字纹，女方之手中亦有川字纹，同时其他配婚条件亦有半数相契合者始验。

男方有刑妻相，女方有克夫相，或男女双方均有离婚相而结为夫妻，即称为破配破杀配杀。男女两方结婚数十年既未刑克亦未离婚，这就是破配破杀配杀的原因，或强配强硬配硬的原因。因破格配破格和杀格配杀格，可收"负负得正"之效，但是，破格及杀格的个性必急躁倔强，怪癖多，而个性是先天遗传所致，后天能改变者最多十分之三而已，因此夫妻二人虽未发生刑克离婚的情事，但夫妻二人终日打打闹闹过日子。在这样的家庭气氛下，丈夫的事业难以兴旺发达，子女亦难言优秀。

破配破、杀配杀的夫妻，婚后恩爱异常，家庭兴旺发达，子女健康聪慧，其美满幸福程度，甚至胜过各部位均阴阳相配的婚姻。究其原因，他们的配婚条件必是大部分相契合，同时男女双方的面相手相亦均为富贵格局，再加夫妻二人必定有祖德荫庇以及自身有修持。

第七节　女性鼻颧相理与婚姻好坏

一、女性鼻子相理

鼻子长相的好坏，象征一个人五脏六腑的健康与否，同时象征一个人意志力和欲望的强弱。鼻子为女性的"夫星"，可以从女性的鼻子看出其丈夫成就的大小及本身是否旺夫。

1. 女性鼻高额大，象征其人意志力强，欲望亦大，因此大多为高级职业妇女或企业领导人。

2. 女性鼻形高大，准头横张，主其个性刚强，婚姻不美满，必定为职业妇女或小本经营者。

3. 女性鼻子露骨，主其夫运不佳，难享夫福，其必为职业妇女或小本经营者。

4. 女性鼻小面大，主其必为职业妇女，终身难享夫福，须靠自力谋生。

5. 女性鼻小面方，主其欠孝心，丈夫多灾难，须依靠自力谋生过活。

6. 女性鼻子的大小与面庞比例相当，主其个性优良，温柔贤淑，勤俭持家而又旺夫；同时夫妻感情和睦，终身可享夫福，夫妻可白头偕老。

二、女性颧骨相理

女性颧骨圆秀隐藏（笑时有颧，不笑时平满），象征其个性不急不躁，待人处事圆通，能做贤妻良母。女性颧骨阔大且高耸，象征其精力旺盛有男儿性格。女性颧骨过于高大，象征个性倔强，好走极端，有妻夺夫权牝鸡司晨的倾向，如眼睛再大者尤甚。女性颧骨阔大且横张，其个性既急又强，同时喜插手丈夫的事情，或行为乖张，个性执拗，无理欺夫，又喜搬弄是非，眉毛位置再高者尤甚；颧骨高大横张（面有横肉）的女性，其丈夫容忍功夫到家可保家庭平静，否则家庭祥和气氛难以维持，夫妻常因家庭琐事争吵，如面相五官其他部位再有瑕疵，离婚在所难免。

第八节　男女迟婚的相理

现代社会里，男女青年事业心重，终日忙于工作，而疏于婚事。特别是现代的男性，不像古代农业社会的男性，年龄到达二十岁左右就由父母作主提亲结婚，而是先要完成学业或服完兵役，然后找工作，有了一定的经济基础后才决定结婚。现在的女性，可从工作中获得收入而能经济独立，故不急于结婚。因现代教育普及，一般具有高学历的男性和女性，结婚对象的要求标准颇高，选择婚恋对象需要经过一段相当长的时间而迟婚。也有因家庭原因，或奉养父母，或照顾弟妹，或帮忙家务而迟婚。或因恋爱一直不顺，或一直无恋爱机会而迟婚。或因个人健康不佳，或身体有某种缺憾，或面貌过于丑陋不雅而未能结婚。或因战乱，或在军中长期服役而迟婚。

依照人相学的观点，凡超过适婚年龄而未结婚的根本原因，在于追求配偶的电能放射不足以及个性不良所致。追求配偶电能放射不足，是先天遗传成胎不良，五脏六腑骨髓脑髓和生殖泌尿系统及内分泌系统，存在或大或小的瑕疵，然后在心性上产生孤独心态或在行为上存在有意无意排斥异性的倾向，在与异性交往时感觉不良。凡迟婚的男女，均可用药物加以治疗，或改善饮食、增加运动以及做心理治疗等，以增强求偶电能的放射量，及增加与异性相互来电的机会。个性不良是因为五脏六腑、骨髓、脑髓和生殖泌尿系统及内分泌系统存在或大或小的瑕疵，尤其是心、肝、肺三者着床不良和脑细胞排列组合不当所致，然后在个性上形成骄傲自大、伶牙俐齿、脾气急躁、主观偏执、孤芳自赏、自卑感重、啰嗦唠叨、不能合群、易走极端、欠缺圆通、自私自利、无责任心、行为怪僻、不能从俗、多愁善感、有神经质、自命风流、游戏人间、乱交异性、只重物欲而不重精神、不修边幅、不重小节、行为羞缩、精神萎靡而形如病人、不知储蓄阮囊常空、过于吝啬视钱如命。不论男女，凡具备以上各种个性特征三项以上的人，都会超过适婚年龄而结婚。

迟婚男女的相理具有下列特征：

1. 骨相——人的头部有罗汉骨主其终身难嫁娶，这是典型的孤独相格，多数成为僧尼之人。罗汉骨是指头上长的骨不圆或耳后起骨许多块。

额部有仙桥骨，主因个性高傲而难有婚嫁，多数成为宗教信徒或孤芳自赏。仙桥骨是指山林骨横入发际。

后枕有小圆骨凸起，会因个性不良而迟婚。头部额部有隐逸骨、金阙玉山骨、玉楼骨及耳根骨凸起、面横骨粗等，均会因孤傲心态而招致迟婚。

2. 面相——男性面相，印堂过窄，不足一指半宽，主迟婚。

女性面相，额头过高，超过三指并拢的宽度，主迟婚。男性女性耳内无廓，又无垂珠，均主迟婚。

眉棱骨高，眉疏鬓疏，眉少发厚，眉头常蹙，罗汉眉，眉毛粗浓，不论男女均主迟婚。

眼尾垂下，形似羊眼，眼光流散，眼睛凸露，泪堂深陷，田宅宫过窄，或有伤疵，奸门有痘痕，卧蚕凹陷，眼睛过大，睫毛过长，不论男女均主迟婚。

不论男女，鼻高无眉，颧高无眉，鼻子过短，鼻柱肉薄，鼻有三凹，鼻翼无形，山羊鼻，山根断折，山根伤疵，均主迟婚；女性山根过高，女性面大鼻小，主迟婚。

女性生国字面形，男性人中平满或人中有直纹，女性人中有横纹，均主迟婚。

无论男女，口大唇薄，口小唇薄，手小眼小，口尖如鸟嘴，口角过分上翘，口角左右高低不一，均主迟婚；女性上唇汗毛过多过长，地阁凹入，腮骨外张，主迟婚。

3. 其他相理——男性有女声，女性有男声，男女声音沙哑破锣，男似女形，女似男形，男女面庞左右大小不一或子午不正，男女肚脐凸露或过小过浅，女性胸肌发育不良，女性笔杆腿等，均主迟婚。